Bernhard Gelderblom
Sie waren
Bürger der Stadt

Bernhard Gelderblom

Sie waren Bürger der Stadt

Die Geschichte der jüdischen Einwohner Hamelns im Dritten Reich

Ein Gedenkbuch

Verlag CW Niemeyer

Die Deutsche Bibliothek – CIP-Einheitsaufnahme

Gelderblom, Bernhard:
Sie waren Bürger der Stadt : die Geschichte der jüdischen Einwohner Hamelns im Dritten Reich ; ein Gedenkbuch / Bernhard Gelderblom. – Hameln : Niemeyer, 1996
ISBN 3-8271-9024-X

Umschlagbild:
Rosa und Wilhelm Löwenstein
mit den Töchtern Inge und Margarete

Layout Winfried Mende
Gesamtherstellung poppdruck, Langenhagen
Printed in Germany
ISBN 3-8271-9024-X

Inhaltsverzeichnis

Vorwort

Dieses Buch ist den Bürgerinnen und Bürgern jüdischen Glaubens gewidmet, die früher in Hameln lebten. Viele von ihnen wurden im Dritten Reich ermordet, die übrigen in alle Welt verstreut. Ihr Weg in die Vernichtung oder in die Emigration begann vor unserer Haustür. Wir dürfen diese Menschen nicht vergessen.

Die Arbeit am Buch hat sehr spät begonnen. Viele Angehörige der Ermordeten, viele Vertriebene sind inzwischen gestorben. Der Schmerz der Erinnerung hält auch bei der zweiten Generation unvermindert an. Gerade bei diesen Menschen ist das Bedürfnis groß, die Erinnerung an das furchtbare Geschehen aufzubewahren. Das Buch lebt von den zahlreichen Gesprächen, die in Israel und in Hameln mit Überlebenden und den Angehörigen von Deportierten geführt werden konnten. Hinzu tritt ein umfangreicher Briefwechsel. Dem Buch kamen dabei die Kontakte zugute, die die Stadt Hameln und die Gesellschaft für christlich-jüdische Zusammenarbeit über Jahre mit den ehemaligen jüdischen Bürgerinnen und Bürgern der Stadt gepflegt haben.

Am Schauplatz der Katastrophe, in Hameln, sind die meisten Spuren jüdischen Lebens längst verwischt. Viele Menschen, die das schreckliche Geschehen als Zuschauer verfolgt haben, sind gestorben. Bei den meisten Bürgern der Stadt Hameln scheint die Erinnerung an das, was geschah, schon verblaßt. Hier löste die Ausstellung „Abgeschnittene Lebensläufe", die im Rahmen der Anne-Frank-Wochen im Jahre 1994 im Hochzeitshaus zu sehen war, manchen Menschen die Zunge. Im Angesicht der Bilder und Dokumente waren einige bereit zu sprechen. Bei mehreren Stadtrundgängen ergaben sich weitere kleine und kleinste Hinweise. Zahlreiche Zeitzeugengespräche wurden seither geführt. Viele Details, die die schriftlichen Quellen nicht enthalten, konnten so ans Licht befördert werden.

Die Darstellung des schlimmen, fast ganz in Vergessenheit gesunkenen Schicksals der „in Mischehe" lebenden Juden und ihrer Kinder lebt sehr stark aus mündlichen Zeugnissen. Die Gespräche mit Angehörigen aus diesem Personenkreis waren häufig besonders erschütternd. Die Angehörigen dieser Menschen leben heute in der Regel noch in Hameln. Um sie zu schützen, werden ihre Namen nur abgekürzt gebracht.

Voraussetzung für die Gespräche war stets, eine Atmosphäre des Vertrauens zu schaffen. Nur zögernd waren die meisten Menschen bereit, ihre Erinnerungen zu erzählen. Mehrere Gesprächspartner wünschten, aus noch immer vorhandenen Ängsten heraus anonym zu bleiben. Deswegen wurde grundsätzlich auf eine Namensnennung verzichtet, obwohl damit auch manch mutige Tat ohne Namen bleibt. Die Problematik mündlicher Überlieferung ist offensichtlich. Die eigene Erinnerung kann trügen; sie neigt dazu, persönliches Versagen zu verdrängen. Informationen aus mündlicher Quelle werden deswegen nur berücksichtigt, wenn sie sich in den Rahmen des von schriftlichen Quellen und der historischen Forschung Bezeugten einfügen. Gespräche mit Zeitzeugen vermitteln in besonderer Weise die Atmosphäre des Dritten Reiches. Die Gespräche lehren auch, vorsichtig zu sein mit Kritik und Verurteilungen unserer Väter und Großväter. Ohnehin kann es nicht Absicht des Buches sein, ein Scherbengericht zu veranstalten.

Ein Buch, das aus Sympathie für die Opfer geschrieben wird, muß zugleich der historischen Genauigkeit verpflichtet sein. Die Arbeit basiert auf Materialien aus zahlreichen Archiven. Die Hauptbestände liegen im Stadtarchiv Hameln sowie im niedersächsischen Hauptstaatsarchiv Hannover. Offenbar haben sich die Hameln betreffenden „Judenakten" weitgehend vollständig erhalten. Sie dokumentieren in vielen erschreckenden Einzelheiten die Verfolgung der jüdischen Bürger der Stadt.

Das Buch kann sich auf Vorarbeiten stützen. Der Stadtjugendwart Sielaff hat relativ früh – 1964 – eine Korrespondenz mit überlebenden Juden der Stadt geführt. Bruno Scharf hat in einer ungedruckten Examensarbeit im Jahre 1977 die vorhandenen Quellen erstmals weitgehend vollständig gesichtet und auch die Korrespondenz mit überlebenden Juden wieder aufgenommen. Der ehemalige Stadtarchivar Manfred Börsch hat mit seinem mutigen Aufsatz „Hameln – eine Stadt religiöser Toleranz?" aus dem Jahre 1978 eine Sensibilität für das in der Öffentlichkeit weitgehend vergessene Thema geschaffen. Schließlich hat Johann Wittkowsky im Jahre 1990 eine Arbeit „Zur Geschichte der Juden in Hameln 1919–1943" vorgelegt, die freilich auf die Verarbeitung der mündlichen Überlieferung weitgehend verzichtete.

Das Buch beschreibt ein Kapitel lokaler Geschichte, das den Bürgern der Stadt nicht zur Ehre gereicht. Die Vernichtung der jüdischen Bürger der Stadt war nicht ausschließlich eine Untat, die in Berlin befohlen und in weit entfernten Lagern ausgeführt wurde. Sie war ein Verbrechen, das seinen Anfang in dieser Stadt nahm, in vertrauter Umgebung, in unmittelbarer Nachbarschaft. Nationalsozialismus war nicht das absolut Fremde, das sich von außen der Heimat bemächtigte. Die Bereitschaft mitzulaufen, mitzuhandeln, war in dieser Stadt groß.

Einige wesentliche Prinzipien, denen die vorliegende Darstellung folgt, sollen genannt werden.

Die Ereignisse in Hameln können isoliert nicht verstanden werden. Sie erschließen sich häufig erst, wenn man sie auf dem Hintergrund der „Judenpolitik" des Dritten Reiches sieht. Deswegen ist es nötig, auch in einer Lokalgeschichte die Grundlinien der offiziellen Politik darzustellen. Von unschätzbarem Wert waren hier die beeindruckenden Bücher von Raul Hilberg, „Täter, Opfer, Zuschauer", sowie die Tagebücher von Victor Klemperer.

Die Akten aus den Archiven sprechen zumeist die Sprache der Täter: gewaltbereite SA-Männer vom Schlage eines Richard Kalusche auf der einen Seite, Beamte der städtischen Verwaltung auf der anderen Seite. Um einen Eindruck von der Sprache des Dritten Reiches zu bekommen, werden viele Zeitdokumente breit zitiert oder als Reproduktion gebracht. Die Kommentierung tritt bewußt zurück.

Übrigens ist es ein großes Problem, in der Darstellung die Sprache des Dritten Reiches zu vermeiden. Ist doch schon die Bezeichnung „Jude" nach dem Selbstverständnis der deutschen Menschen jüdischen Glaubens ein schlimmer Mißgriff.

Die notwendig nüchterne Darstellung der Geschehnisse wird unterbrochen von der Schilderung der Leiden und der Widerfahrnisse einzelner Menschen. Immer wieder wird die Perspektive der Opfer gesucht. Die namenlosen Opfer sollen wieder Personen werden mit Anschrift und Beruf und Verwandtschaft, mit Wünschen, Hoffnungen und Ängsten. Faßbare, gar heilsame Erinnerung kann nur die Erinnerung an das Schicksal eines einzelnen Menschen oder einer Familie sein.

Das Buch will ein „Gedenkbuch" sein. Deswegen führt es im abschließenden Teil alle Opfer mit Namen auf und schildert die Lebensläufe der ehemaligen jüdischen Bürger der Stadt, deren Weg in die Deportation in Hameln begann. Die Dokumentation der Namen und Schicksale konnte nicht einfach durch Abschreiben von anderen Aufstellungen gewonnen werden. Sie ist Resultat einer sehr langwierigen und aufwendigen Suche in den verschiedensten Archiven und Quellen. Diese Arbeit war besonders dadurch erschwert, daß die wichtigste Quelle, die Hamelner Einwohnermeldekartei, beim Brand des Rathauses im April 1945 vernichtet worden ist.

Einhundert Namen von Ermordeten verzeichnet das Gedenkbuch. Niemand vermag heute zu sagen, ob die Liste der Namen als abgeschlossen gelten kann, niemand auch, ob die Schicksale ganz richtig erfaßt wurden. Es ist dem Dritten Reich nicht nur gelungen, die Menschen zu vernichten, sondern auch ihre Namen.

Es ist vielfältiger Dank auszusprechen. An erster Stelle gilt der Dank den jüdischen Zeitzeugen, die ihr Schicksal und das ihrer Angehörigen, Nachbarn und Freunde schilderten. Dank gilt auch den Bürgern dieser Stadt, die sich zu Interviews bereit gefunden haben.

Die Mitarbeiter des Stadtarchivs Hameln und des Hauptstaatsarchivs in Hannover waren stets außerordentlich hilfsbereit. Frau Brachmann-Teubner vom Bundesarchiv Potsdam hat die Vorarbeiten zur Neubearbeitung des „Gedenkbuches" zur Verfügung gestellt und in besonderer Weise mit Informationen geholfen. Herr Peter Schulze, Hannover, hat den umfangreichen Datenbestand, den er zur Dokumentation der hannoverschen Opfer für das Mahnmal am Opernplatz gesammelt hat, zugänglich gemacht. Herr Arkadij Dreijzer, Hameln, hat einen Teil der Hamelner Adreßbücher ausgewertet. Herr Rüdiger Schlott hat abgelegene Literatur besorgt, Frau Helga Ziesenіß das Manuskript durchgesehen und bei den Korrekturen geholfen.

Verlag und Druckerei, allen voran Frau Brigitte Mück und Herrn Winfried Mende, ist für die sorgfältige Gestaltung des Buches zu danken.

Die Gesellschaft für christlich-jüdische Zusammenarbeit Hameln e.V. hat den Druck des Buches mit einem Zuschuß gefördert.

Am meisten danke ich meiner Frau. Über mehrere Jahre hin hat sie das Werden des Buches mit großer Geduld begleitet.

Bernhard Gelderblom

Die jüdische Gemeinde der Stadt Hameln vor dem Jahre 1933

Am Anfang soll eine kleine Skizze der jüdischen Gemeinde der Stadt Hameln am Vorabend der sogenannten Machtergreifung stehen.

Die Hamelner jüdische Gemeinde ist eher klein. 1933 zählt sie bei einer Gesamtbevölkerung der Stadt von ca. 26000 Einwohnern 136 Mitglieder. Auch vorher, während ihrer Blütezeit Ende des 19. Jahrhunderts, übersteigt sie kaum die Zahl von 200 Personen. Der Anteil der jüdischen Bevölkerung lag in der Stadt immer deutlich unter einem Prozent. Innerhalb der fast rein protestantischen Bevölkerung der Stadt bildete sie die größte Minderheit.

In einer Zeit, in der religiöse Zugehörigkeit wichtigstes Merkmal zur Charakterisierung eines Menschen war, wußte in der Kleinstadt Hameln jedermann vom Bekenntnis seines Nachbarn. Wer Jude war, das war allgemein bekannt, und dies nicht nur wegen der besonderen religiösen Bräuche, die die Juden pflegten. Für einen außenstehenden Betrachter waren die Berufe der Juden auffällig. Überwiegend waren es Kaufleute. Im Straßenbild der Innenstadt sprangen die Ladengeschäfte, die in jüdischem Besitz waren, ins Auge[1].

Die größeren unter ihnen sollen hier kurz dargestellt werden.

Da gab es seit der Jahrhundertwende das Geschäft für Herren- und Kinderkonfektion des gebürtigen Holländers Salomon (Sally) Keyser[2] in der Ritterstraße 1. Dort konnte man für damalige Verhältnisse billige Kleidung „von der Stange" kaufen.

Das Konfektions- und Schuhwarengeschäft Keiser in der Ritterstraße um 1905

Ende der zwanziger Jahre eröffnete einer der Söhne von Salomon Keyser, Moses Louis Keyser, ein ausgesprochen modernes Geschäft für Schuhwaren mit großflächigen Schaufenstern und aufwendiger Reklame am Markt 1.

In der Bäckerstraße 45 stand das große, über zwei Etagen ausgedehnte Warenhaus der Brüder Alfred und Karl Friedheim – überhaupt das erste Warenhaus der Stadt.

Gleich nebenan in der Bäckerstr. 47 verkaufte Moritz Blankenberg seit 1900 Damen- und Herrenkonfektion sowie Schuhwaren, und schräg gegenüber in der Bäckerstraße 9 gab es den Haushaltswarenladen von Julius Rosenbaum.

1 Dazu findet sich in den Adreßbüchern und Steuerlisten reiches Material.
2 Die Schreibweise des Namens wechselt: Keiser, Kaiser, Keycer, Keyser, Keyzer.

Alte Hamelner Bürger können sich noch an die „Kleinpreistage" bei Bernstein erinnern. Das Manufakturwarengeschäft von Karl Bernstein stand am Münsterkirchhof 14. Mit gut zehn Angestellten zählt es zu den bedeutenden Hamelner Geschäften. Bei Bernstein kauften auch viele Menschen aus den Dörfern.

Louis Hammerschlag hatte sein tatsächlich eher bescheidenes „Berliner Kaufhaus" (ebenfalls Konfektion) 1895 in der Osterstraße 7 eröffnet. 1933 führen seine Söhne Hermann und Ernst ein Geschäft in der Bäckerstraße 2, ein weiteres in der Emmernstraße 28.

In der Osterstraße 11 gab es außerdem das Schuh- und Konfektionsgeschäft von Albert Löwenstein.

Damit sind nicht alle Ladengeschäfte mit jüdischen Inhabern genannt. Die Konzentration jüdischer Inhaber auf dem Gebiet der Kleiderkonfektion und Manufakturwaren ist unübersehbar – und die Nationalsozialisten gehen in ihrer Propaganda darauf auch besonders ein.

Eine weitere seit alters bestehende jüdische Domäne im Geschäftsleben ist der Vieh- und Pferdehandel sowie der Landhandel.

Am Ostertorwall befand sich die glänzende Pferdehandlung von Salomon, Hugo und Arthur Goldstein. Bescheideneren Umfang hatten die Viehhandlungen von Karl und Albert Katz am Pferdemarkt 8, von Albert und Arthur Jonas in der Baustraße 16 sowie von Louis und Julius Weinberg in der Alten Marktstraße 14.

Eine Getreidehandlung führte seit der Jahrhundertwende Max Frankenstein in den großen Räumlichkeiten des Komplexes Neue Marktstraße 13/ Hummenstraße 1. Moses Löwenstein besaß ein Weizengeschäft in der Baustraße.

Das Schuhgeschäft Keiser Am Markt 1 um 1930

Die häufig jüdischen Pferde- , Vieh- und Getreidehändler waren Ende des 19. Jahrhunderts von den umliegenden Dörfern in die Kreisstadt Hameln gezogen; Eisenbahn- und Straßenbau hatten die Konzentration und Vergrößerung der Geschäfte ermöglicht.

Ein jüdisches Bankwesen, das – entwickelt aus der Pfandleihe – noch bis zur Jahrhundertwende auch in Hameln eine bedeutende Rolle gespielt hatte, gab es nach dem 1. Weltkrieg nicht mehr. Mit dem Bankhaus Silberschmidt war im Jahre 1903 das bedeutendste jüdische Kreditinstitut der Stadt bankrott gegangen und von der Deutschen Bank übernommen worden. Das letzte jüdische Bankhaus der Stadt von Moses Katzenstein wurde 1919 aus dem Handelsregister gelöscht. Die großen deutschen Geschäftsbanken, aber auch die städtische Sparkasse waren an die Stelle des jüdischen Kreditwesens getreten.

Zwei Geschäfte sollen noch erwähnt werden.

Moritz Marcus betreibt in dem großen Gebäudekomplex Osterstraße 13 nicht nur einen Möbelhandel, sondern auch – allerdings durch einen Pächter – die Kammerlichtspiele, ein wichtiges Hamelner Kino.

Und da ist – gegründet 1867 – die anspruchsvolle Musikalienhandlung Wilhelm Oppenheimer in der Bäckerstraße 58. Wilhelm Oppenheimer hatte vor der Jahrhundertwende mit der Veranstaltung von Konzerten das Musikleben der Stadt sehr stark geprägt. Jetzt wird das Geschäft, dem auch ein Musikverlag angegliedert ist, von der unverheirateten Tochter Ida Oppenheimer weitergeführt. Ida spielte Klavier und gab auch öffentliche Liederabende.

In der Phase der gesetzlichen Gleichstellung seit 1860 hatten viele deutsche Juden eine akademische Laufbahn eingeschlagen, waren vor allem Ärzte und Rechtsanwälte geworden. Eine Stadt von der Größe Hamelns bietet diesen Berufsgruppen eher kleine Wirkungsmöglichkeiten, und so treffen wir recht wenige jüdische Ärzte und Rechtsanwälte an.

Da gab es den in der Bevölkerung sehr beliebten Arzt Dr. Siegmund Kratzenstein, der am Kastanienwall 3 praktizierte; Dr. Kratzenstein muß eine beeindruckende Persönlichkeit gewesen sein. Vielen älteren Hamelnern ist er noch heute vertraut, weil er auch als Schularzt tätig war. Der noch recht junge Dr. Ernst Herzberg arbeitete in der Deisterstraße 8, der zionistisch orientierte Zahnarzt Dr. Hermann Gradnauer am Kastanienwall 3.

Außerdem gab es zwei junge jüdische Rechtsanwälte in der Stadt, Dr. Ernst Katzenstein und Harry Binheim.

Mit den Familien Blank und Josefs, die die Teppichwerke O. Kuhlmann besaßen, mit Albert Steinberg, der Inhaber der Vereinigten Wollwarenfabriken in der Marienthaler Straße war, und mit Moritz Salm – Direktor der Wesermühlen – weist die Berufsstatistik auch einige Fabrikanten auf.

Es gab auch Arbeiter und Angestellte unter der jüdischen Bevölkerung der Stadt. Ihre Zahl ist aber eher gering. In der Generation der Zwanzig- bis Dreißigjährigen finden wir erstmals auch berufstätige Frauen. Ilse Hohenstein war als Assistentin bei der Stadtverwaltung beschäftigt; Anneliese Jonas ist als Stenotypistin ausgebildet. In Großstädten wie Hannover und Berlin dürfte die Anzahl vor allem von Angestellten deutlich größer gewesen sein. Eine Kleinstadt wie Hameln repräsentiert das Judentum jedoch in einer stärker traditionellen Form.

Von ihren Berufen her gehörte ein Teil der Hamelner Juden also dem eher gehobenen bürgerlichen Mittelstand an. Wir finden jedoch auch einzelne Personen, vor allem unverheiratete Frauen, am unteren Ende der sozialen Rangfolge. Die beiden Schwestern Martha und Hertha Cohn werden sich von ihrer kleinen Putzmacherei nur bescheiden ernährt haben. Die Schwestern Adele und Selma Löwenstein lebten zeitweise von der städtischen Fürsorge.

Bereits 1929 beklagte die jüdische Gemeinde in einem Schreiben an den Magistrat den großen Anteil der Kleinrentner, so daß sich die finanziellen Lasten nur auf wenige große Steuerzahler verteilten[3].

Tatsächlich gab es eine größere Zahl unverheirateter oder verwitweter Personen, die vom Besitz eines kleinen

[3] Nds. HStA Hannover Hann 180 Hann e2, Nr. 124.

Hauses, Mieteinnahmen oder Renten lebten.

Die unverheiratete Johanne Michaelis hatte lange Jahre ihrem Bruder Julius den Haushalt geführt. Nach dessen Tode im Jahre 1934 lebte sie von den Mieteinnahmen aus ihrem Hause Osterstraße 7.

In der Weltwirtschaftskrise brach das Frankensteinsche Getreidegeschäft zusammen. Die Witwe von Max Frankenstein, Emilie, ließ in den Speichern der Häuser Neue Marktstraße 13 und Hummenstraße 1 Wohnungen einbauen und lebte mit ihren beiden Kindern von der Miete.

Das Bild trügt, schaut man, wie es die Nationalsozialisten in ihrer Propaganda taten, nur auf die größeren jüdischen Geschäfte. Tatsächlich ist die kleine jüdische Gemeinde stark nach Wohlstand und Einkommen geschichtet und weicht wohl nur unerheblich vom Durchschnitt der Bevölkerung ab.

Mit der gesetzlichen Gleichstellung, der sogenannten Judenbefreiung, um die Mitte des 19. Jahrhunderts war der traditionelle Antijudaismus nicht erledigt. Er erwacht vielmehr neu als nun auch rassistisch geprägter Antisemitismus.

Bis in die Mitte des 19. Jahrhunderts hinein war den Juden der Besitz an Boden verboten und die Zugehörigkeit zu einer Handwerkszunft verwehrt. Damit seit alters her auf den Handel gewiesen, hatten sich die Juden traditionell dem Kleinhandel, dem Landhandel, der Pfandleihe und dem Kreditgeschäft gewidmet.

Der allgemeine wirtschaftliche Aufschwung im Zeitalter der Industrialisierung und die Änderung der Wirtschaftsformen hin zu Wettbewerb und Konkurrenz in der zweiten Hälfte des 19. Jahrhunderts hatte die Juden in besonderer Weise begünstigt, denn das waren wirtschaftliche Formen, die sie im Handel schon immer hatten ausüben müssen.

Die Kleider- und Schuhkonfektion hatte sich im Zuge der Industrialisierung und zum Schaden des Schneider- und Schuhmacherhandwerks überhaupt erst im späten 19. Jahrhundert entwickelt. Es waren vor allem jüdische Geschäftsleute gewesen, die die Konfektion am Markt durchsetzten und dabei mit dem Warenhaus und dem Versandhandel auch moderne Verkaufsformen verwirklichten.

Die viele Jahrhunderte lang erzwungene Konzentration auf den Handel wirkte auch in Zeiten weiter, als rechtliche Schranken der Berufswahl gefallen waren.

Ende des 19. Jahrhunderts erreicht ein Teil der jüdischen Minderheit in kurzer Zeit einen raschen Wohlstand und einen recht hohen Grad der Bildung, während ursprünglich wirtschaftlich stärkere Gruppen wie das Handwerk sozial absteigen. Diese Umkehrung schafft schnell ein antijüdisches Klima, das von wirtschaftlichen und religiösen Vorurteilen genährt wird. Die großen sozialen Umwälzungen Ende des 19. Jahrhunderts geben dem traditionellen Antijudaismus neue Nahrung.

Es ist nun interessant zu sehen, wie die Hamelner jüdische Gemeinde mit dem nach 1874 neu aufbrechenden Antisemitismus umgeht.

Die Hamelner jüdische Gemeinde hat immer wieder massive Anzeichen von Judenhaß erlebt. Zu erinnern ist etwa an die Jahre 1875 und 1876, als der städtische Magistrat der jüdischen Gemeinde die leerstehende Garnisonskirche zur Einrichtung einer Synagoge verkaufen wollte. Damals waren es einzelne evangelische Pfarrer gewesen, die ein massiv antijüdisches Klima in der städtischen Bevölkerung erzeugten[4]. Der Magistrat sah sich dadurch schließlich gezwungen, von seinem Angebot zurückzutreten. Die jüdische Gemeinde mußte notgedrungen auf einen ungeliebten Bauplatz in der abgelegenen Bürenstraße ausweichen.

Um 1920 – im Gefolge der deutschen Niederlage von 1918 und der Diskussion um die Ursachen der Niederlage – gibt es erneut einen starken antisemitischen Schub in der deutschen Bevölkerung.

In dieser Zeit weiht die jüdische Gemeinde „dem Gedächtnis ihrer gefallenen Söhne“ eine bronzene Gedenktafel in der Synagoge.[5]

Interessant ist die Rede, die der langjährige Prediger und Lehrer der Gemeinde, Salomon Bachrach, am 12. Dezember 1920 anläßlich der Einweihung der Gedenktafel hält.

> „Niemand hat das Recht zu sagen, der deutsche Jude habe im Kriege seine Pflicht versäumt. Auf unserer Tafel stehen sechs Namen. In jeder jüdischen Gemeinde unseres Vaterlandes kann man solche Tafeln errichten, und auf jeder stehen Namen von gefallenen Juden. Wir dulden nicht, daß man ihr Andenken schmäht. Wir stehen im Geiste vor einem einzigen großen Grabe. Die drinnen schlummern, sind Deutschlands Söhne. Für uns sind sie gestorben. Wir grüßen sie in dieser Stunde, die Tapferen, die uns erst recht mit Banden der Liebe und Treue an unser deutsches Vaterland und an unseren heiligen Glauben ketten.“ [6]

Den Verleumdungen des Antisemitismus entgegnet Bachrach, indem er sich noch stärker zu Deutschland bekennt.

Die Gedenktafel für die Gefallenen der jüdischen Gemeinde in der Synagoge

[4] Vgl. den unveröffentlichen Vortrag von Renate Cramer, „Wie Hameln zu seiner Synagoge kam.“ Das Thema ist breit vertreten in den Hamelnschen Anzeigen der Jahre 1875 und 1876.
In den achtziger Jahren des 19. Jahrhunderts nahmen antisemitische Strömungen in Hameln erneut stark zu. Am 27. 6.1883 berichten die Hamelnschen Anzeigen von Zerstörungen an der Synagoge. Fenster waren eingeworfen worden, Steine aus der Fassade herausgebrochen worden. Das Thema Antisemitismus ist in den Hamelnschen Anzeigen bis 1893 ständig vertreten. Das Blatt bemüht sich um eine Abwehr des Antisemitismus.

[5] Die anspruchsvoll gestaltete Tafel wurde von dem Bildhauer Kattentidt in Berlin-Wilmersdorf entworfen und von der Württembergischen Metallwarenfabrik in Geislingen gegossen. Bei der Zerstörung der Synagoge am 9. November 1938 wurde sie vernichtet.

[6] DWZ vom 14. 12. 1920.

Die Gemeinde betont die eigene staatstreue Einstellung und verweist immer wieder auf die im Kriege für Deutschland erworbenen Verdienste. Gegenüber dem Antisemitismus gerät die Gemeinde in die Defensive. Konzept ist, sich in seinem Lebenszuschnitt von Christen des gleichen Standes überhaupt nicht zu unterscheiden. Mit dem Antisemitismus hat die Gemeinde zu leben gelernt: sie duckt sich, paßt sich noch vollkommener an, verhält sich unauffällig.

Steingewordenes Zeugnis staatstragender Gesinnung ist das Gotteshaus der Hamelner Juden. Der Architekt der Synagoge, der Jude Edwin Oppler aus Hannover, hatte 1879 bei der Einweihung formuliert: „Der deutsche Jude muß im deutschen Staate auch im deutschen Stil bauen. ... Der romanische Stil ist durch und durch deutsch. Der Rundbogen ist das Sinnbild der Kraft und des Ernstes und der Ruhe. Darum wähle ich diesen Stil."[7]

Dem entspricht die architektonische Formensprache des Hamelner Bauwerks: große Wand- und Dachflächen, einfache Rosetten- und Rundbogenfenster ohne Maßwerk, sparsame Gesimse, gedrungene Rundtürme, ein schlichter und einprägsamer und zugleich monumentaler Bau, der die überwiegend konservative und nationale Haltung der Gemeinde eindrucksvoll verkörpert.[8]

Wenn die kleine Hamelner Gemeinde sich eine so große Synagoge[9] baut, so ist das gewiß Ausdruck tiefer religiöser Überzeugung, aber zugleich auch der Versuch, sich als gleichberechtigte und selbstbewußte Gruppe in der

7 Peter Eilitz, Leben und Werk des königl. hannoverschen Baurats Edwin Oppler, S. 136; vgl. Hans-Peter Schwarz, Die Architektur der Synagoge, S. 225.

8 Die Gemeinde selbst spricht vom „germanischen Stil"; vgl. Hamelnsche Anzeigen vom 6. 7. 1879.

9 Die Synagoge hatte im Erdgeschoß 188 Männersitze und auf den Emporen 128 Frauensitze, insgesamt also 316 Sitzplätze bei einer Größe der Gemeinde von etwa 200 Männern, Frauen und Kindern.

Die Synagoge in der Bürenstraße um 1900

Kommune darzustellen. Bei der Einweihung der Synagoge am 2. Juli 1879 ist es der Bürgermeister, der auf Bitten der jüdischen Gemeinde das neue Bauwerk feierlich eröffnet. Zur Feier des fünfzigsten Synagogenjubiläums im Jahre 1929 werden erneut Landrat, Magistrat und die Bürgervorsteher geladen.[10]

Tatsächlich fühlten sich viele der jüdischen Familien Hamelns eng mit ihrer Stadt verbunden, obwohl die konservative Judengesetzgebung des Königreiches Hannover sie stets von kommunalen Ämtern ausgeschlossen hatte[11]. Viele der jüdischen Familien lebten schon mehrere Generationen lang in der Stadt. Und ihre enge Beziehung zur Stadt kommt zum Beispiel darin zum Ausdruck, daß in den Jahren nach 1866 immer wieder von jüdischer Seite Spenden zum Wiederaufbau der verfallenen Münsterkirche gegeben werden.[12]

Bezeichnend sind die Vereine bzw. Verbände, zu denen sich die Hamelner Juden zusammenschließen.[13]

Da ist der „Reichsverband für jüdische Frontsoldaten" des Weltkrieges, der in Hameln die stattliche Zahl von 30 Mitgliedern hat. Viele jüdische Männer hatten am Weltkrieg teilgenommen, mehrere sich auch freiwillig gemeldet, obwohl das preußische Militär den Juden den Zugang zur Offizierslaufbahn noch 1914 verwehrte.

Der Reichsverband hatte auch die bronzene Gedenktafel für die jüdischen Gefallenen in der Synagoge angeregt.

10 Niedersächsische Volksstimme vom 8. 7. 1929. Die evangelischen Geistlichen fehlten sowohl bei der Einweihung der Synagoge wie beim fünfzigjährigen Synagogenjubiläum.

11 Vgl. die Dokumente bei Homeyer, S. 66–97.

12 Vgl. die entsprechenden Hinweise in den Hamelnschen Anzeigen; Spenden für das Kriegerdenkmal im Anschluß an den deutsch-französischen Krieg von 1970/71 verzeichnen die Hamelnschen Anzeigen am 21. 4. 1872.

13 Nicht eingegangen wird hier auf die beiden Vereine zur Wohlfahrtspflege; vgl. dazu unten S. 81.

Kriegsfreiwillige nach der Vereidigung im Herbst 1914. Unter den abgebildeten Personen befinden sich sechs Juden. 1. Reihe von links: L.M. Keyser, S. Bernstein, Münchhausen, J. Schloß; 2. Reihe 2. von links M. Birnbaum, rechts Weinberg.

In Hameln noch stärker vertreten als der Reichsverband ist der „Centralverband deutscher Staatsbürger jüdischen Glaubens". Sein Name ist Programm: die in Deutschland lebenden Juden verstehen sich als Deutsche. Ihr Judentum ist ihnen Konfession, kein nationales Merkmal. Ihre „Assimilation", ihre „Einpassung" ins „Deutschtum" betrachten diese Menschen als erfolgreich, als abgeschlossen. Als Beweis dient stets die unbedingte und intensive Hinwendung zur deutschen Kultur und Lebensweise. Politisch ist dies Judentum überwiegend konservativ, zum Teil deutschnational eingestellt.

Liberaler ausgerichtet war offenbar der „Verein für jüdische Geschichte und Literatur in Hameln". Seine Gründung war von dem schon erwähnten Prediger Salomon Bachrach angeregt worden. Der Verein organisiert öffentliche Vorträge in der Stadt, die auch in der Presse Beachtung finden.[14]

Die zionistische Bewegung spielte unter den Hamelner Juden bis 1933 nur eine sehr geringe Rolle[15]. Der Zionismus hatte aus dem immer wieder auflebenden Antisemitismus Konsequenzen gezogen und die jüdische Assimilation abgelehnt. Infolgedessen betonte er das Besondere der jüdischen Identität.

Um den Zahnarzt Dr. Hermann Gradnauer sammelten sich einige junge Leute, die der zionistischen Bewegung angehörten. Sie kritisierten ihre Elternhäuser scharf, lehnten den Weg der Assimilation als Irrweg ab und betonten gerade ihre Identität als Juden. Judentum wird so zum nationalen Merkmal, ist nicht nur religiöses Bekenntnis. Beeinflußt von Jugendbewegung und Wandervogel gingen die jungen Leute auf die Dörfer um Hameln, besonders Aerzen und Griessem, versuchten ein kommunitäres Leben zu organisieren und bereiteten sich auf das Leben in Palästina vor. Der „Kibbuz Cherut" sandte mehrmals Gruppen von Freiwilligen nach Palästina. Aus Hameln hatten neben Dr. Gradnauer nur der junge Rechtsanwalt Dr. Katzenstein Kontakt zu der Gruppe, deren Mitglieder aus ganz Deutschland stammten. Von den jungen Hamelner Juden wurde niemand dort Mitglied. Die Hamelner Gemeinde hat diese kleine zionistische Gruppe als geradezu staatsgefährdend abgelehnt, bedrohte sie doch ihr Selbstverständnis, Deutsche jüdischen Glaubens zu sein, und gefährdete damit das Gelingen der Assimilation.

Auf religiösem Gebiet befindet sich das deutsche Judentum in der zweiten Hälfte des 19. Jahrhunderts in einer raschen Entwicklung. Innerhalb von zwei bis drei Generationen wächst es heraus aus stärkster religiöser Gebundenheit hin zur Möglichkeit völliger Lösung von der jüdischen, ja von jeder Religion, und auch der damals häufige Übertritt zum Christentum ist kein religiöser Akt, sondern das „Eintrittsbillett" in die bürgerliche Gesellschaft. Die religiöse Identität ist gelockert: Mischehen – im 19. Jahrhundert noch die große Ausnahme – sind im beginnenden 20. Jahrhundert recht häufig.

Für die Situation in Hameln ist eine von den Schulleitern angefertigte Aufstellung über die „Rassenzugehörigkeit" der Schüler der Hamelner Schulen aufschlußreich. Sie stammt aus dem

14 Vgl. z.B. DWZ vom 17. 2. 1930: ein Vortrag im Hotel Bremer Schlüssel. Vorsitzender ist im Jahre 1932 der Kaufmann Karl Friedheim; vgl. Führer durch die jüdische Gemeindeverwaltung und Wohlfahrtspflege, S. 125.

15 Dr. Katzenstein ist Vorsitzender der kleinen zionistischen Ortsgruppe Hameln. Sie spielt bis 1933 in Hameln fast keine Rolle; vgl. Führer durch die jüdische Gemeindeverwaltung und Wohlfahrtspflege, S. 125.

Jahre 1935 – eine erste Konsequenz aus den Nürnberger Rassegesetzen.[16] Von sechzehn erfaßten Schülern sind vier „Vierteljuden", haben also nur eine jüdische Großmutter oder nur einen jüdischen Großvater; sie gelten als „Mischlinge 2. Grades". Von den verbleibenden zwölf Schülern sind sieben „Volljuden" und fünf „Halbjuden"; von ihrer Konfession her sind darunter nur fünf, die sich noch zur jüdischen Gemeinde rechnen, aber sechs sind evangelisch und ein Schüler ist schließlich katholisch. Die religiöse Identität der jüdischen Bevölkerung löst sich auf![17]

Die Gemeinde ist – typisch für das deutsche Judentum dieser Generation – überaltert. Es werden nur wenige Kinder geboren: 1921 gibt es 36 jüdische Schulkinder, 1928 sind es nur zwölf.[18]

Der Zuzug vom Lande, aus den Dörfern, der mit der Industrialisierung eingesetzt hat, wird bald durch einen Wegzug in die Großstädte mehr als kompensiert; die Zahl der Gemeindemitglieder geht schon in der Weimarer Zeit zurück. Kurz nach der Jahrhundertwende hatte die Zahl der in Hameln lebenden Juden mit 237 ihren Höhepunkt erreicht, um bis 1916 wieder auf 210 zu sinken.[19]

Kein Zweifel, der Zustand, in dem sich die Gemeinde am Vorabend des Dritten Reiches befindet, ist nicht gut. In ihrer religiösen und sozialen Identität ist sie bedroht, gegenüber dem immer lauter lärmenden Antisemitismus ohne Konzept. Man muß auch fragen, ob der traditionelle soziale Zusammenhalt in der Gemeinde noch stark genug war, um die erheblichen sozialen Gegensätze auszugleichen.

16 Nachweisungen vom 12. 10. 1935; der Oberbürgermeister von Hameln an den Regierungspräsidenten in Hannover; StA HM 1, 833.

17 Die Volkszählung von 1939 ermittelt für das Jahr 1939 61 „Voll- und Dreivierteljuden", 25 „Halb-" und 10 „Vierteljuden". Vgl. Bundesarchiv Potsdam, Sonderaufbereitung der Volkszählung von 1939; Stand 15. 11. 1995.
Dr. Ernst Herzberg, Vorsitzender der beiden vorgestellten Vereine, hat eine katholische Frau geheiratet, läßt seinen Sohn katholisch taufen und schickt ihn auf die katholische Volksschule!

18 Bei Wittkowsky, Zur Geschichte der Juden in Hameln, S. 6 f. In der bedrängten Situation nach 1933 werden nur ganz vereinzelt noch jüdische Kinder geboren.

19 Vgl. Wittkowsky, a. a. O., S. 2.

Die Jahre 1933–1935

Die Märzpogrome und der Boykott der jüdischen Geschäfte am 1. April 1933

Die sogenannte Machtergreifung vom 30. Januar 1933 hatte Hitler nicht die ganze Macht gebracht. Er stand als Kanzler einer Koalition mit der DNVP vor und hatte auf seinen konservativen Partner Rücksicht zu nehmen. Erst die von der NSDAP gewonnenen Reichstagswahlen vom 5. März 1933 und das sogleich anschließend verabschiedete „Ermächtigungsgesetz“[20] machten Hitler zum Alleinherrscher. Nach den Reichstagswahlen sehen NSDAP und vor allem die SA ihr Ziel einer nationalen Revolution nahe gekommen. Überall in Deutschland gehen sie nun auf die Straße. Auf den Tag der Reichstagswahl folgen im ganzen Reich Ausschreitungen gegen Sozialdemokraten, Kommunisten, Gewerkschaftler und gegen die jüdischen Kaufhäuser und Geschäfte.

In Hameln wird sogleich am Morgen des 6. März auf dem Rathaus und auf dem Kreishaus die Hakenkreuzflagge aufgezogen.[21] Auch hier sind neben Sozialdemokraten, Kommunisten und Gewerkschaftlern[22] jüdische Geschäfte und Einrichtungen Ziele von Boykottmaßnahmen und Anschlägen. Wir sind über die Vorfälle deswegen gut informiert, weil die Deister- und Weserzeitung (DWZ) in diesen Tagen noch offen berichten kann. Noch ist Goebbels nicht Reichspropagandaminister, ist die Presse nicht „gleichgeschaltet“.

Am 6. März werden Polizei und Feuerwehr früh um 6 Uhr alarmiert: Vor dem Portal der Synagoge in der Bürenstraße waren zwei gefüllte Benzinkannen in Brand gesteckt worden. Ein Ausbreiten des Feuers kann verhindert werden.

20 „Gesetz zur Behebung der Not von Volk und Reich“ vom 24. 3. 1933, bei Walk, S. 5.

21 DWZ vom 6. März 1933.

22 Brieden, Die Polizei griff ein ..., S. 149–224.

* **Brennende Benzinkannen vor der Synagoge.** Heute früh um 6 Uhr wurden Polizei und Feuerwehr alarmiert, da vor dem Portal der Synagoge in der Bürenstraße zwei gefüllte Benzinkannen in Brand gesteckt worden waren. Die Kannen — es handelt sich um vierkantige, etwa je 2 Liter fassende Blechgefäße — standen in unmittelbarer Nähe des Einganges. Die Feuerwehr löschte die brennenden Kannen, und es wurde eine sorgfältige Durchsuchung des Gebäudes vorgenommen, die aber keine Anhaltspunkte für die Täterschaft erbrachte. — Es ist selbstredend, daß derartige Handlungen, gleichviel, wer die Anstifter seien, von sämtlichen anständig denkenden Menschen verurteilt werden.

DWZ vom 6. März 1933

Die DWZ berichtet nicht nur über den Vorfall, sondern sie kommentiert ihn auch: „Es ist selbstredend, daß derartige Handlungen, gleichviel, wer die Anstifter seien, von sämtlichen anständig denkenden Menschen verurteilt werden.“[23]
In der Nacht des 12. März werden die Fensterscheiben des Schuhgeschäftes Keyser, Am Markt 1, eingeschlagen.[24]

Geschahen die genannten Vorfälle noch im Schutze der Dunkelheit, so finden die folgenden Ausschreitungen in aller Öffentlichkeit statt:

Am 13. März stehen zum ersten Mal SA-Männer mit Schildern vor jüdischen Geschäften und zwingen die Inhaber zur Schließung. Die Aufschriften auf den Schildern lauten:

„Kauft nicht bei Juden!“
„Die Juden sind unser Unglück.“
„Wer beim Juden kauft, schädigt das deutsche Reich.“
„Ich bin Jude. Deutsche kauft bei Deutschen.“

Am folgenden Tage meldet die Lokalzeitung, daß „in der Stadt heute wieder Beruhigung“ eingetreten ist. „Die Nervosität, wie sie sich gestern durch die Ungewißheit über die Besetzung des Hochzeitshauses und andere Ereignisse verbreitet hatte, ist geschwunden und das Leben geht seinen gewohnten Gang. Sämtliche Geschäfte haben wieder geöffnet.“[25]

Die Beruhigung hält nicht lange an. Am 16. März geschieht das Folgende:
„Mit einem Galgen, den sie auf einen Handwagen montiert hatten, zogen SA-Leute vor ein hiesiges jüdisches Geschäftshaus. Dort luden sie das Gerüst ab, stellten es auf und hielten den Vorübergehenden Plakate hin, auf denen eine Aufforderung zu lesen war des Inhalts: Kauft deutsche Waren!“ [26]

In der folgenden Nacht werden erneut Fensterscheiben eingeschlagen; diesmal auch in verschiedenen Privathäusern.[27]

Noch einmal – am 30. März – berichtet die DWZ: Die große Schaufensterscheibe eines jüdischen Kaufhauses in der Bäckerstraße wurde eingeschlagen. Vermutlich handelt es sich um das Kaufhaus Friedheim.

Höhepunkt und in gewisser Hinsicht auch Abschluß der gegen die Juden gerichteten Kampagne ist der große Boykottag am 1. April 1933. Ihm vorausgegangen war ein auch in der DWZ[28] abgedruckter Aufruf der Parteileitung der NSDAP „zum planmäßigen Boykott jüdischer Waren, jüdischer Ärzte und jüdischer Rechtsanwälte“. Der Tag selbst wird publizistisch eingeleitet mit einer ganzseitigen Anzeige in der DWZ.[29]

23 DWZ vom 6. 3. 1933.
24 DWZ vom 13. 3. 1933. Bereits am 4. März – also noch vor der Wahl – hatte die DWZ berichtet: „Auch diesmal ist wieder die schon bei früheren Wahlen gerügte Rüpelei zu vermelden, daß in der vergangenen Nacht Schaufensterscheiben zweier Geschäfte in der Bäckerstraße mit Teer besudelt wurden.“
25 DWZ vom 14. 3. 1933.
26 Vgl. DWZ vom 17. 3. 1933.
27 DWZ vom 17. 3. 1933. Möglicherweise galten die Anschläge u.a. der Wohnung von Dr. Katzenstein in der Deisterstraße. Der junge, zionistisch orientierte Rechtsanwalt Dr. Katzenstein berichtet von derartigen Anschlägen auf seine Wohnung; s.u., S. 32.
28 DWZ vom 29. 3. 1933.
29 DWZ vom 1. 4. 1933.

Deister- u. Weserzeitung / Zweites Blatt

Nr. 78 — Hameln, Sonnabend, den 1. April 1933 — 86. Jahrg.

Aufruf

an die deutschen Schwestern u. Brüder in Hameln=Stadt u.=Kreis!

Nach der gewaltigen Erhebung des deutschen Volkes am 5. und 12. März, nach der Uebernahme der Regierungsgewalt durch nationale Männer in Deutschland, nach dem gewaltigen Siege der nationalsozialistischen Freiheitsbewegung mit ihrem Führer Adolf Hitler, dem Führer des Volkes, der durch seinen Charakter und den genialen Geist das Gewaltigste erreichte und noch erreichen wird, Kanzler des deutschen Volkes wurde, ging eine Gärung durch den restlichen Teil der Bevölkerung und auch eines bestimmten Teiles der übrigen Völker der Erde. Es scheiden sich

die Charaktere	von den Charakterlosen
die geistig Gesunden	von den geistig Angefressenen
die rassischen Teile des deutschen Volkes	von den Degenerierten
die gerecht Denkenden	von den Verstockten und Ungerechten
die ehrlich Arbeitenden und ehrlich Wollenden	von den Schiebern, Wucherern, Betrügern und Gesinnungslumpen
die Deutschen	von den Juden.

All Juda lehnt sich auf gegen das neue Deutschland, gegen das Deutschland, das im Begriff ist, sich von Lug und Trug, Elend und Not, Schande und Erniedrigung, Entrechtung und Entehrung zu befreien.

Die Maßnahmen der deutschen Regierung richten sich gegen den Vernichtungsbazillus, der in das deutsche Volk gesetzt wurde, es verseuchte auf allen Gebieten,

das deutsche Recht verdrehte und entdeutschte,
die deutsche Wissenschaft vergiftete,
die deutsche Kunst entsittete,
die Landwirtschaft durch Wucher und Zinsknechtschaft vernichtete,
dem Handel sein deutsches Prinzip, Treue und Glauben stahl,
dem Handwerker seinen goldenen Boden raubte,
dem Arbeiter sein Brot nahm, ihn arbeitslos machte ihn zum Brudermord und Bruderhaß aufhetzte, ihn in den Klassenkampf, zum Klassenhaß trieb und ihn heute noch in den Judenknechtsparteien, Kommunismus und Marxismus, aufpeitscht zu Mord und Totschlag, zu Brandstiftungen und Vergiftungen.

Er ist der Gründer der Lügen und Freimaurereien. Auf der einen Seite den Arbeiter in den offenen Kampf treibend, auf der anderen Seite die geistig höher stehenden Persönlichkeiten für ihre Zwecke als schleichendes Gift freimaurische Logen gründete. Das ist der ewige Jude, der die ganze Welt sein eigen nennt, trotzdem er in Bezug auf die Einwohnerzahl nur ein Bruchteil ausmacht. Durch die Greueltaten und Boykotthetze in der ganzen Welt der jüdischen Rasse gegen das deutsche Volk reißt sich diese Rasse die Maske selbst ab. Die jüdische Rasse glaubt, sie könne die Maßnahmen der deutschen Regierung, die sie zum Wohle des deutschen Volkes ergreifen mußte, zu Fall bringen. Deutsche Waren werden in allen Ländern durch die Juden boykottiert. Unsere Volksgenossen im Auslande werden belästigt und mißhandelt.

Auf Anordnung der Reichsleitung der NSDAP. mit Unterstützung der Reichsregierung ist im ganzen deutschen Reiche, auch in der Stadt Hameln und im Kreise Hameln-Pyrmont, ein Aktionskomitee zur Durchführung des Boykotts jüdischer Geschäfte, jüdischer Waren, jüdischer Aerzte und gegen jüdische Rechtsanwälte eingesetzt. Laßt die Juden nur schreien, hetzen und boykottieren, sie haben lange genug geschachert, mögen sie jetzt einmal eine Schmälerung ihres Profits hinnehmen.

Juda hat Deutschland den Krieg erklärt, es liegt an ihm, wieder Frieden zu schließen. Die Bedingungen aber diktieren wir.

Jüdische Geschäfte, Aerzte und Rechtsanwälte:

Dr. Herzberg,	Deisterstr. 8	**Kammerlichtspiele,**	Osterstr.
Dr. Kratzenstein,	Kastanienwall 3	**Binheim,**	Deisterstr. 12
Gebr. Friedmann,	Bäckerstr. 19	**Katzenstein,**	Deisterstr. 10
Blankenberg,	Bäckerstr. 47	**L. Goldstein,**	Ostertorwall
L. Hammerschlag,	Bäckerstr.	**Max Goldstein,**	Krondorf
A. Löwenstein,	Osterstr.	**Jonas,**	Baustr.
Bernstein,	Münsterkirchhof	**Katz,**	Pferdemarkt
Markus,	Osterstr.	**Maybaum,**	Kaiserstr. 78
Oppenheimer,	Bäckerstr.	**Weinberg,**	Alte Marktstr.
Keyser,	Bäcker- u. Ritterstr.	**Kamenetzky,**	Bahnhofstr.
Friedheim,	Bäckerstr.	**Geschw. Bloch,**	Osterstr.
Rosenbaum,	Bäckerstr.	**Adler,**	Deisterstr.
Zann, Schuhgeschäft	Bäckerstr.	**Michaelis,**	Osterstr.
Preiß,	Bäckerstr.	**Bertold Leopold,**	Deisterstr.
Löwenstein, Frau	Emmernstr.		

Bei der Durchführung des Boykotts fordert die eingesetzte Kommission alle Parteigenossen und deutschen Volksgenossen auf, den Boykott auf der ganzen Linie durchzuführen. Ein Deutscher, der trotzdem noch beim Juden kauft, mit Juden Handelsgeschäfte abschließt, sei es Vieh, Getreide, Kunstdünger oder sonst etwas, wer zum jüdischen Arzt oder zum jüdischen Rechtsanwalt geht, um sie zur Hilfeleistung oder für Vertretung in Anspruch zu nehmen, begeht

Volksverrat

und hat die Folgen zu tragen. Die Bestimmungen der [illegible] sind streng einzuhalten. Das Zertrümmern von Fensterscheiben, Einrichtungen ist streng verboten, Anpöbelungen und Mißhandlungen sind stren[illegible].

Der Boykott gegen die jüdischen Geschäfte, die an besond[illegible] namhaft gemacht [illegible], beginnt am 1. April 1933, 10 Uhr vormittags.

Alle für einen und einer für alle für das deutsche [illegible] Vaterland ist unser [illegible]

Aktionskomitee zur Abwehr der jüdischen Hetze im Auslande.

Schatz. [illegible] **Melcher.**

Der Boykottaufruf – Anzeige in der DWZ vom 1. April 1933

Der Geschäftsboykott vor dem Schuhgeschäft Keiser, Am Markt 1. Im Eingang steht ein SA-Mann mit Schild

„Juda hat Deutschland den Krieg erklärt.“ Der Boykott der jüdischen Geschäfte, Ärzte und Rechtsanwälte ist Notwehr; er dient der „Abwehr der jüdischen Hetze im Auslande“.

Der „Aufruf an die deutschen Schwestern und Brüder in Hameln Stadt und Kreis“ nennt insgesamt 29 Namen von Geschäften, Ärzten und Rechtsanwälten, und er gibt auch deren genaue Adressen an.

„Ein Deutscher, der trotzdem noch beim Juden kauft ..., wer zum jüdischen Arzt oder zum jüdischen Rechtsanwalt geht, ... begeht Volksverrat. ... Das Zertrümmern von Fensterscheiben, Einrichtungen ist streng verboten, Anpöbelungen und Mißhandlungen sind streng untersagt. ... Der Boykott beginnt am 1. April 1933, 10 Uhr vormittags.“[30]

Der Boykottag am 1. April war von höchster Ebene, von Hitler selbst, für das ganze Reich angeordnet worden. Hitler wollte einerseits seine treuesten Anhänger in den Kreisen der SA nicht enttäuschen, die eine soziale Revolution forderten. Andererseits wollte er

[30] Unterschrieben ist der Aufruf von Wilhelm Melcher, Kreisleiter der nationalsozialistischen Betriebszellenorganisation (NSBO) und der Deutschen Arbeitsfront (DAF); der zweite Name ist unbekannt. Zu Melcher s. u., S. 42.

doch die anwachsende und kaum noch zu kontrollierende Pogromstimmung unter Kontrolle und zu einem Abschluß bringen. So gab er die ausdrückliche Weisung, den Boykott am Abend des 1. April zu beenden.

Der Boykottag verläuft in Hameln offenbar planmäßig. Detaillierte Beschreibungen liegen nicht vor. Die DWZ[31] berichtet, daß eine zahlreiche Menschenmenge die Maßnahmen auf den Straßen mit Interesse verfolgt habe. Ein Kommentar der Zeitung fehlt diesmal.

Freilich bleibt es nicht bei den geplanten Aktionen: in derselben Nacht splittert wieder Glas. Bei Bernstein am Münsterkirchhof, bei Keyser in der Ritterstraße und beim Rechtsanwalt Katzenstein[32] werden Scheiben eingeschlagen. Und es kommt noch schlimmer: bei Keyser wird geplündert! „Aus den Schaufenstern in der Ritterstraße wurden Kleidungsstücke und ein Gedenkblatt entwendet, das dem Geschäftsinhaber beim Tode seines gefallenen Sohnes ausgestellt wurde."[33]

Die DWZ kann hier – fast zum letzten Mal – noch frei berichten. Wegen des Zeitungsberichtes sieht sich die NSDAP zu einer öffentlichen Rechtfertigung genötigt. Sie findet sich ebenfalls in der DWZ.[34]

> „Die Kreisleitung der NSDAP gibt zu den Vorfällen folgende Erklärung ab:
> In dieser Nacht sind mehrere Fensterscheiben zertrümmert und aus einem Schaufenster etliche Kleidungsstücke entwendet worden. Nach den sofort von der Leitung der NSDAP aufgenommenen Ermittlungen hat sich folgender Sachverhalt ergeben:
> Es ist nicht festgestellt worden, wer die Fensterscheibe zertrümmert hat. Dagegen sind die Täter, die die Kleidungsstücke aus dem Schaufenster von Keycer entwendet haben, ermittelt und hinter Schloß und Riegel gesetzt worden.
> Es hat sich herausgestellt, daß ein der Polizei bekannter Verbrecher, der noch nie Mitglied der NSDAP war, mit Namen Salomon, in Verbindung mit einigen bisher der KPD angehörigen Leuten, die sich erst seit drei bis vier Wochen bei der NSDAP angemeldet haben, die Tat ausführten.
> Einwandfrei ist erwiesen, daß Angehörige der SS, wie gerüchteweise verlautete, nichts damit zu tun haben. Der Kreisleiter hat selbstverständlich daraufhin die bei der NSDAP angemeldeten, aber noch nicht aufgenommenen Täter ausgeschlossen." ...
> Der Kreisleiter Scheller schließt mit dem Hinweis, der Verdacht liege auf der Hand, „daß die Täter in die Partei nur eintreten wollten, um die NSDAP zu schädigen und Spitzeldienste für die KPD zu leisten."

So peinlich ist der NSDAP der Vorfall, daß einen Tag später auch der Stabsführer der SA-Untergruppe Leine zu den Vorfällen Stellung nimmt.[35] Freilich muß klar sein, daß mit der Gleichschaltung der Presse, die in diesen Tagen erfolgt, in Zukunft die Not-

[31] DWZ vom 1. 4. 1933.
[32] DWZ vom 3. 4. 1933.
[33] DWZ ebd.
[34] DWZ ebd.
[35] DWZ vom 4. 4. 1933.

wendigkeit entfällt, sich öffentlich zu rechtfertigen. Über die Untaten des 9. November 1938 findet sich in der Hamelner Presse kein einziges Wort.

Überblickt man die Liste von Vorfällen, dann muß man für die Ereignisse des März und April 1933 in Hameln schon von pogromartigen Ausschreitungen sprechen. Sie finden in aller Öffentlichkeit statt, von der städtischen Verwaltung, der Polizei und den Bürgern tatenlos hingenommen. Noch ist die städtische Verwaltung aus der Zeit der Weimarer Republik mit dem Oberbürgermeister Dr. Scharnow und dem 2. Bürgermeister Dr. Harm an der Spitze im Amt, aber offenbar eingeschüchtert und gelähmt.

Der Fortgang der Boykottmaßnahmen und ihre Folgen: Die Ausschaltung der jüdischen Konkurrenz

Die Boykottmaßnahmen gegen die jüdischen Geschäfte blieben nicht auf den Tag des 1. April beschränkt. Sie gingen weiter, wurden – in schwächerer Form – Alltag. An sich ist die Zeit im Anschluß an den großen Boykott des 1. April eine Phase der äußeren Beruhigung. Hitlers Ziel war zunächst eine Konsolidierung seiner Macht. Er hatte ausdrücklich betont, zu gesetzlichen Maßnahmen zurückkehren zu wollen. Tatsächlich kommt es aber auf örtlicher Ebene zu zahlreichen Einzelaktionen gegen Juden, aber auch gegen Leute, die bei Juden kaufen oder mit ihnen verkehren.

Stürmer-Schaukästen neben der Synagoge in der Bürenstraße. Die Aufschrift auf dem rechten Schaukasten lautet: „Brecht die Judenmacht, dann erlöst ihr die Menschheit."

Bürger wurden von Hitlerjungen beim Betreten jüdischer Geschäfte fotografiert,[36] Fotos und Namen von Personen, die in Geschäften von Juden gesehen wurden, in den sogenannten „Stürmerkästen" veröffentlicht. In Hameln steht einer dieser Kästen gegenüber dem Hochzeitshaus, ein weiterer als eine besondere Schikane unmittelbar neben der Synagoge auf dem Grundstück der Kreiswaltung der Deutschen Arbeitsfront in der Bürenstraße 6.

Anzeigen wie die folgende belegen, wie geschäftsschädigend es war, als Jude zu gelten. Die neuen Inhaber der Kammerlichtspiele Albert und Emil Liermann annoncieren am 26. Februar 1934 in der DWZ:

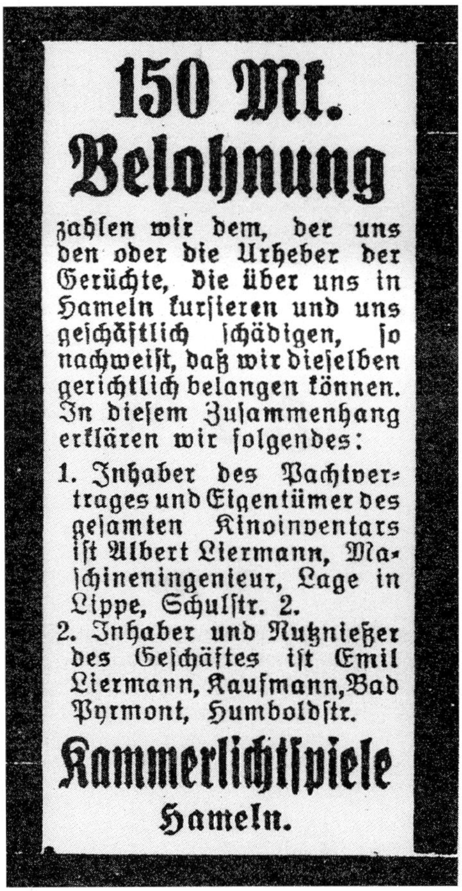

150 Mk.

Belohnung

zahlen wir dem, der uns den oder die Urheber der Gerüchte, die über uns in Hameln kursieren und uns geschäftlich schädigen, so nachweist, daß wir dieselben gerichtlich belangen können. In diesem Zusammenhang erklären wir folgendes:

1. Inhaber des Pachtvertrages und Eigentümer des gesamten Kinoinventars ist Albert Liermann, Maschineningenieur, Lage in Lippe, Schulstr. 2.
2. Inhaber und Nutznießer des Geschäftes ist Emil Liermann, Kaufmann, Bad Pyrmont, Humboldtstr.

Kammerlichtspiele

Hameln.

Offenbar wurde gestreut, die Brüder Liermann seien nur „Strohmänner" von Moritz Marcus, des bisherigen Besitzers.

Paul Müller, Inhaber der Firma Schuh-Müller, läßt am 20. August 1934 die folgende Anzeige in der DWZ erscheinen:

> „Es ist mir besonders in der letzten Zeit zu Ohren gekommen, daß häufig die Behauptung aufgestellt wird, ich sei von dem ehemaligen Inhaber Moses Keyzer oder seinem Vater Salomon Keyzer auf Rechnung der Herren Keyzer beauftragt worden; ich sei also nicht Besitzer des Schuhgeschäftes Schuh-Müller.
> Es wird ferner behauptet, Herr Keyzer ginge bei mir aus und ein, angeblich ein Beweis dafür, daß ich noch gesellschaftlich mit ihm in Verbindung stände.
> Diese Behauptungen sind nachweislich völlig aus der Luft gegriffen. Ich bin alleiniger Besitzer der Firma Schuh-Müller und keiner der Herren Keyzer hat irgendwelche Rechte oder Anteile an meinem Geschäft. In Zukunft werde ich jeden, der derartige irreführende Behauptungen aufstellt oder weiter verbreitet, wegen böswilliger Verleumdung und Geschäftsschädigung zur Verantwortung ziehen. Paul Müller. Alleiniger Inhaber der Firma Schuh-Müller, Oster- Ecke - Bäckerstraße."

Nichtjüdische Geschäfte, die sich Verdächtigungen ihre arische Herkunft betreffend ausgesetzt sehen, können „amtliche" Schilder mit der Aufschrift „Deutsches Geschäft" bzw. „Deutsche Gaststätte" erwerben und ins Schaufenster stellen. Die Vergabebedingungen sind freilich streng.

[36] Für das Geschäft von Bernstein am Münsterkirchhof belegt bei Scharf, S. 72.

Das Schild „Deutsches Geschäft“.

Der Verkaufserlös der Schilder wird für Arbeitsbeschaffung in Hameln verwendet.

Seit längerer Zeit bestehen in fast allen deutschen Städten Arbeitsgemeinschaften der SA.- und SS.-Selbsthilfe. Unser Berliner G. W. Mitarbeiter hatte Gelegenheit zu einer Aussprache mit dem Reichsleiter der SA.- u. SS.-Selbsthilfe-Arbeitsgemeinschaft, Pg. Thiers. Der Reichsleiter erklärte das Arbeitsprogramm sowie den Zweck und die Ziele der

SA.- und SS.-Selbsthilfe-Arbeitsgemeinschaft.

Es handelt sich um eine gemeinnützige Organisation, die von der obersten Leitung anerkannt wurde und deren Hauptzweck es ist, für die SA.- und SS.-Männer Arbeitsmöglichkeiten zu schaffen. Die Selbsthilfe-Arbeitsgemeinschaft ist völlig aus sich selbst heraus entstanden und erhält sich auch ganz aus sich heraus. Der Arbeitsbeschaffungsplan der Selbsthilfe-Arbeitsgemeinschaft der SA. und SS. ist in 8 verschiedenen Gruppen zusammengefaßt. Im besonderen werden die vom Reichspropagandaministerium amtlich anerkannten

Schilder mit der Aufschrift „Deutsches Geschäft“

von der Arbeitsgemeinschaft der SA. und SS. vertrieben. Die Einnahmen aus dem Verkauf der Schilder dienen für Arbeitsbeschaffungsmaßnahmen in Hameln.

Die Aushändigung der Schilder

geht nur nach sorgfältigster und strengster Prüfung der rein arischen Blutsverhältnisse der Geschäftsinhaber vor sich. Die SA.- und SS.-Kameraden in der Stadt Hameln suchen die Geschäftsleute als Werber auf und bieten den rein arischen Firmen das amtliche Schild „Deutsches Geschäft“ an. Die Werber haben einen amtlichen Ausweis, der die Unterschrift des Reichsleiters Thiers trägt und ein Lichtbild des Werbers aufweisen muß. Wenn sich ein deutsches Geschäft um das amtliche Schild bewerben will, so muß der Geschäftsinhaber an Eidesstatt erklären, daß er rein arischer Abstammung ist und in der Firma kein jüdisches Kapital arbeitet. Die schriftlichen Unterlagen zur Bewerbung des amtlichen Schildes „Deutsches Geschäft“ werden in den einzelnen Bezirken Hamelns gesammelt und von Hameln aus nach der Reichsstelle in Berlin zur nochmaligen Prüfung weitergeleitet. Erscheint der Aushändigung des Schildes nichts mehr im Wege zu stehen, so wird der Antragstellerin hiervon Mitteilung gemacht und das Schild „Deutsches Geschäft“ der Firma gegen eine festgesetzte Gebühr überwiesen. Das Schild trägt einen amtlichen Stempel und ist laufend numeriert. Stellt sich später eine Nichteinhaltung der Bestimmungen oder eine mißbräuchliche Benutzung des Schildes heraus, so wird die sofortige Einziehung des Schildes vorgenommen. Die für die verkauften Schilder eingegangenen Beträge fließen restlos der SA.- und SS.-Selbsthilfe-Gemeinschaft zur weiteren Arbeitsbeschaffung der SA.- und SS.-Männer in Hameln zu. Jeder Hamelner Geschäftsmann, der sich ein amtliches Schild „Deutsches Geschäft“ kauft, trägt zur Entlastung der Arbeitslosigkeit bei.

DWZ vom 7. 9. 1933

Erklärung.

Von Konkurrenzseite wird aus allzu durchsichtigen Gründen immer wieder versucht, mein Geschäft

„Westdeutsche Bekleidungswerkstätten“

als ein jüdisches Unternehmen hinzustellen. Immer wieder wird gesagt, die Firmeninhaber seien Juden. Demgegenüber betone ich, daß ich kein Jude bin, außer mir kein Geschäftsinhaber vorhanden ist, und auch die früheren Inhaber des jetzt von mir geführten Geschäftes keine Juden waren. Ich warne jeden, derartige Behauptungen zu verbreiten.

M. Asmus, Inhaberin der Firma **Westdeutsche Bekleidungswerkstätten.**

Geschäftsanzeige der Firma Asmus, DWZ vom 26. 2. 1934 und 31. 3. 1933

Es kann kein Zweifel daran sein, daß die Boykottaktionen Käufer und Geschäftsleute sehr stark eingeschüchtert haben; starke Umsatzverluste sind die Folge. Schon 1933, vermehrt 1934 kommt es zu Geschäftsaufgaben, Firmenverkäufen, Vergleichsverfahren und auch zu Konkursen. Es ist klar, daß es in dieser Situation außerordentlich schwer ist, bei Firmenverkäufen angemessene Preise zu erzielen.

Bereits Ende März 1933 wird vor dem Amtsgericht Hameln das Vergleichsverfahren über die Firma Albert Löwenstein in der Osterstraße eröffnet.

Im Juni 1933 kann Karl Friedheim nur mit Mühe einen Konkurs seines Warenhauses abwenden.

Im Jahr 1933 verkauft Moses Louis Keyser sein Schuhgeschäft.

Die Pferdegroßhandlung Salomon Goldstein erlischt im Juni 1934.

Die Gesellschafter der Teppichwerke O. Kuhlmann verkaufen ihre Anteile im April 1934.

Die Auflistung ließe sich beliebig fortsetzen. Die amtlichen Anzeigen der DWZ verzeichnen regelmäßig Verkäufe und Löschungen ehemals jüdischer Firmen.

Amtliche Anzeigen

In das hiesige Handelsregister ist eingetragen:

Abteilung A:

Unter Nr. 704 am 12. Mai 1934 die Firma **Otto Kuhlmann u. Co., Teppichwerk, Hameln**, als deren Inhaber Kaufmann **Hans Preis**, Wuppertal-Barmen, Dr. **Siegfried Preis**, Kaufmann, Wuppertal-Barmen, Dr. **Werner Preis**, Kaufmann, Berlin-Halensee. Dem Gustav Koch, Hameln, Grütterstraße 6, ist Gesamtprokura erteilt worden. Er ist ermächtigt, die Gesellschaft gemeinsam mit einem der Gesellschafter Dr. Siegfried Preis oder Dr. Werner Preis oder mit einem Prokuristen zu vertreten. Offene Handelsgesellschaft. Die Gesellschaft hat am 15. April 1934 begonnen. Dr. Siegfried und Dr. Werner Preis sind nur ermächtigt, die Gesellschaft gemeinsam oder in Gemeinschaft mit einem Prokuristen zu vertreten.

Neueröffnungen „arisierter" Geschäfte werden der deutschen Kundschaft oftmals groß annonciert.

> „Schuh-Müller hat das bisherige, bei der Kundschaft beliebte langjährige Personal des Schuhhauses Keiser voll übernommen. Sie werden daher im **deutschen** Schuhhaus Schuh-Müller, dessen alleiniger Besitzer der langjährige Fachmann Paul Müller ist, aufs beste bedient."[37]

Es ist vielleicht nicht überflüssig zu betonen, daß es sich bei den Boykottaktionen auch nach dem Rechtsverständnis des Dritten Reiches um ungesetzliche Maßnahmen gehandelt hat. Der nationalsozialistische Staat duldete die Ausschreitungen, und sie waren ihm wohl auch willkommen als angeblicher Nachweis des Volkswillens.

Staatliche, d. h. in Gesetzesform gegossene Maßnahmen gegen die Juden kamen eher zögerlich in Gang. Vor gesetzlichen Eingriffen in die Wirtschaft scheute der nationalsozialistische Staat noch zurück. Zu groß war die Bedeutung, die das jüdische Kapital für die deutsche Wirtschaft hatte. Die leichtesten Angriffspunkte boten die Beamten, die Ärzte und die Rechtsanwälte. Auf die Beamten hat der Staat, auf Ärzte und Rechtsanwälte haben die ständisch organisierten Berufsverbände Einfluß.

Verkäufe und Löschungen jüdischer Geschäfte, DWZ vom 17. 3., 22. 5. und 30. 6. 1934

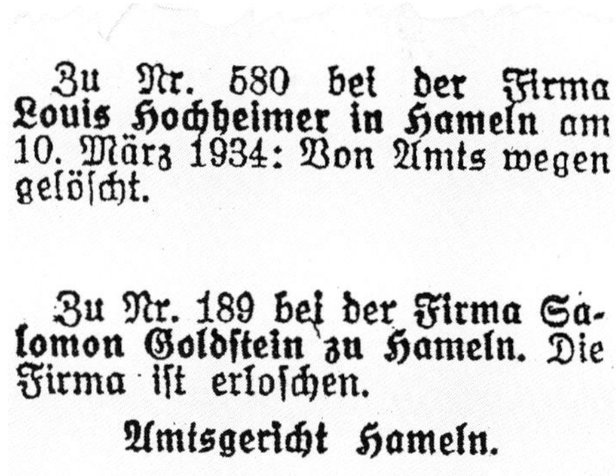

Zu Nr. 580 bei der Firma **Louis Hochheimer in Hameln** am 10. März 1934: Von Amts wegen gelöscht.

Zu Nr. 189 bei der Firma Salomon Goldstein zu Hameln. Die Firma ist erloschen.

Amtsgericht Hameln.

Das „Gesetz zur Wiederherstellung des Berufsbeamtentums"[38] vom 7. April 1933 hat die Entlassung jüdischer Beamter zur Folge. Das am selben Tag erlassene „Gesetz über die Zulassung zur Rechtsanwaltschaft"[39] bietet die Möglichkeit, jüdischen Anwälten die

[37] DWZ vom 14. 4. 1934 (fett gedruckt im Original); ähnlich Holtmann, vormals Friedheim, am 22. 8. 1934 in der DWZ und Fritz Oltersdorf, vormals Oppenheimer, am 11. 11. 1938 in der DWZ.

[38] Bei Walk, Das Sonderrecht für die Juden, S. 12.

[39] Bei Walk, ebd.

Grundlage ihrer beruflichen Existenz zu entziehen. Das am 22. April erlassene „Gesetz über die Zulassung von Ärzten zur Tätigkeit bei den Krankenkassen"[40] macht jüdischen Ärzten die weitere Berufsausübung nahezu unmöglich.

Das Gesetz über das Berufsbeamtentum kam in Hameln offenbar nicht zur Anwendung.

Allerdings dürfte Ilse Hohenstein, die als Angestellte bei der Stadtverwaltung arbeitete, bald entlassen worden sein.[41]

Direkt betroffen sind die Hamelner jüdischen Ärzte und Rechtsanwälte. Bereits im Juni 1933 verloren die beiden jüdischen Rechtsanwälte Harry Binheim und Dr. Ernst Katzenstein die Zulassung zunächst zum Landgericht Hannover, dann auch zum Amtsgericht Hameln. Das kam praktisch einem Berufsverbot gleich.

Der Entzug der Kassenzulassung traf in Hameln die praktischen Ärzte Dr. Kratzenstein und Dr. Herzberg. Das noch weitergehende grundsätzliche Verbot, arische Patienten zu behandeln, wird später folgen.[42]

Von den 29 im Boykottaufruf vom 1. April 1933 genannten Geschäften, Rechtsanwälten und Ärzten haben bis Ende 1935 über 20 aufgegeben. Der Oberbürgermeister formuliert im November 1935:

> „Bei einigen hier noch in jüdischen Händen befindlichen Geschäften schweben noch Verhandlungen zwecks Übernahme durch arische Kaufleute. In absehbarer Zeit wird in Hameln kein Geschäft von Juden mehr betrieben werden."[43]

Bleiben oder Auswandern?

Die Mitglieder der Gemeinde waren dem brutalen Antisemitismus, wie er sich in den Boykottaktionen darstellte, hilflos ausgeliefert. Mit Ausnahme des Kaufmannes Salomon Keyser, der die holländische Staatsangehörigkeit besaß, wagte es niemand, sich zu beschweren.[44] Das Vertrauen in die staatlichen Behörden war geschwunden.

Aus Berichten der Gestapo sind wir über die Diskussionen in der jüdischen Gemeinde informiert. Der Reichsbund jüdischer Frontsoldaten hielt trotz der öffentlichen Exzesse noch im Frühsommer 1935 an seiner alten Position fest; er „will die Jugend im Frontsoldatengeist erziehen und kämpft unter dem Motto ‚Deutsch und Jude'."[45]

Charakteristisch ist das Verhalten von Salomon Keyser. Sein Geschäft und das seines Sohnes waren in besonderem Maße Zielscheibe der Boykotte und nächtlichen Anschläge.[46] Im Bericht der DWZ über die Plünderung des Geschäftes am 1. 4. 1933 war von einem Gedenkblatt die Rede. Salomon Keyser hatte es anläßlich des Todes seines Sohnes an der Ostfront erhalten. Sein Sohn

40 Bei Walk, a. a. O., S. 16.
41 Wittkowsky, Zur Geschichte der Juden in Hameln, S. 21.
42 Mit Rücksicht auf den greisen Reichspräsidenten Hindenburg wurde der Vollzug des Gesetzes bei „Frontkämpfern" zunächst zurückgestellt. Dr. Herzberg sowie Dr. Kratzenstein verloren ihre Kassenzulassung zunächst noch nicht. Der Zahnarzt Dr. Gradnauer war zu dieser Zeit schon nach Palästina ausgewandert.
43 Berichterstattung in politischen Angelegenheiten vom 22. 11. 1935 an den Regierungspräsidenten; nds. HStA Hannover Hann 80 Hann II Nr. 800.
44 Dazu s. u., S. 33f.
45 Nds. HStA Hannover Foto 2 Hann 80 Hann II Nr. 799, Bl 341 f; Lagebericht vom 4. 7. 1935.
46 S. o., S. 22f.

Willy hatte sich wie viele andere 1914 von der Schulbank weg als Kriegsfreiwilliger gemeldet und war 1915 in Rußland gefallen. Salomon Keyser hatte das Gedenkblatt zusammen mit einem Bild seines gefallenen Sohnes ins Schaufenster gelegt. Bei der Plünderung des Geschäftes war auch das Gedenkblatt entwendet worden.

Soldatengrab von Willy Keyser in Rußland

Aus anderen deutschen Städten hören wir, daß Juden angesichts der Boykottmaßnahmen ihre Orden anlegten oder sie im Schaufenster auslegten, als Beweis der Zugehörigkeit zu Deutschland. Ein hilfloser, ein anrührender Protest gegen die Ausgrenzung! Das assimilierte deutsche Judentum verstand zunächst gar nicht die Gefahr, die ihm von einer rassistischen Ideologie drohte.[47] Die wenigen Zionisten haben in der Hamelner Gemeinde in den ersten Jahren des Dritten Reiches überhaupt kein Gewicht, und die profilierten unter ihnen wandern als erste aus.

Emigranten wandern nicht in Gruppen ab. Jeder potentielle Flüchtling muß für sich allein entscheiden, ob er seine Heimat verläßt, muß sich selber einen Zufluchtsort suchen. Für jeden Juden war die Entscheidung, die Heimatstadt und Deutschland zu verlassen, ein schwerer Entschluß. Er bedeutete die Aufgabe der Existenz und den Aufbau einer neuen. Die Einwurzelung in die Heimat war tief.

Hitler – würde er sich überhaupt lange halten? Und wohin sollte man gehen? Etwa nach Palästina, in ein Land ohne Zivilisation, zu den Zionisten, die die meisten doch so tief ablehnten? Antisemitismus gab es doch in vielen Ländern, nicht nur in Deutschland, und eine Zeitlang könne man es doch in Deutschland noch aushalten! – Einwände über Einwände! Für die Mehrzahl der Hamelner Juden lag es im Jahre 1933 nicht nahe, aus Deutschland auszuwandern. Zu stark war ihre Bindung an Deutschland.

So waren die ersten, die gingen, junge Leute. Ihre lebensgeschichtlichen Bindungen an Deutschland waren geringer als die der älteren. Die Generation der Zwanzig- bis Dreißigjährigen teilte nicht die Illusion ihrer Eltern von einer deutsch-jüdischen Symbiose. Sie sah früher als ihre Eltern die vielfältigen Anzeichen des Antisemitismus. Sie nahm Hitlers Drohungen ernst und verdrängte nicht die doch überdeutliche Gefahr.

47 Eine erste, vorsichtige Abgrenzung gegenüber dem nationalsozialistischen Staat wird in einer Versammlung der Ortsgruppe Hameln des Reichsbundes jüdischer Frontsoldaten vom 20. Okt. 1934 deutlich. Der Vorsitzende Max Birnbaum behandelt dort u. a. die Frage, „ob die jüdischen Kinder am nationalpolitischen Unterricht in der Schule teilnehmen sollen oder nicht. Birnbaum betonte, daß entgegen den Richtlinien des Kultusministers bei dem Unterricht doch aus Büchern vorgelesen würde, in denen der Verfasser die Juden als minderwertige Individuen darstellt. Er persönlich ließe seine Kinder nicht an einem solchen Unterricht teilnehmen." Vgl. Lagebericht vom 4. 11. 1934, nds. HStA Hannover, Hann 80 Hann II Nr. 798, Bl. 428.

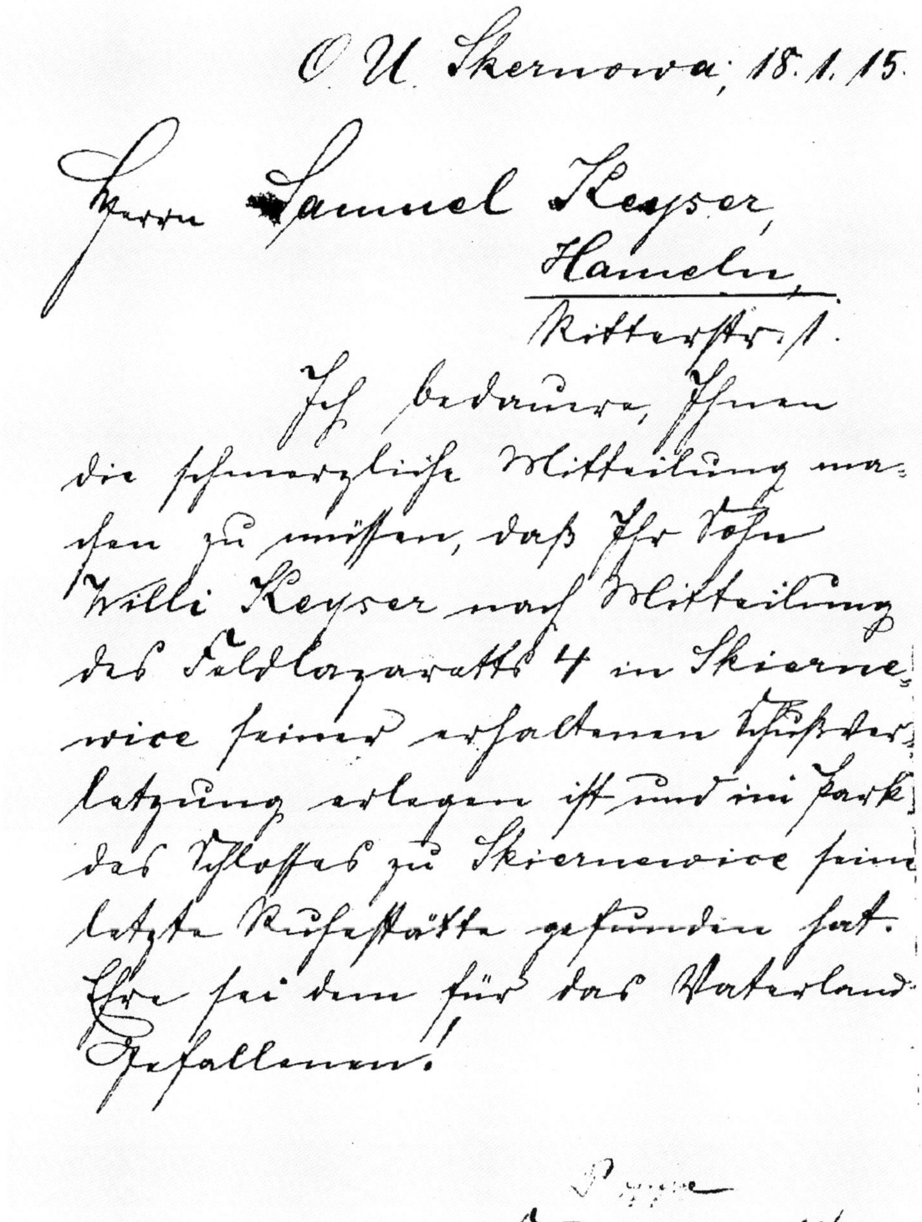

O. U. Skernowa, 18. 1. 15.

Herrn Samuel Keyser,
Hameln,
Ritterstr. 1.

Ich bedauere, Ihnen die schmerzliche Mitteilung machen zu müssen, daß Ihr Sohn Willi Keyser nach Mitteilung des Feldlazaretts 4 in Skierniewice seiner erhaltenen Schußverletzung erlegen ist und im Park des Schlosses zu Skierniewice seine letzte Ruhestätte gefunden hat.
Ehre sei dem für das Vaterland Gefallenen!

[illegible]
Feldwebel 4/231.

„Ehre sei dem für das Vaterland Gefallenen" – der Brief an den Vater Samuel Keyser

Werner Frankenstein

Werner Frankenstein wird im Jahre 1911 geboren, er ist 1933 also 22 Jahre alt. Er wächst in dem großen Haus Neue Marktstr. 13 auf, sein Vater ist Kaufmann, stirbt aber früh. Werner besucht das heutige Schiller-Gymnasium, erinnert sich an viele Freundschaften, aber auch an üble Beleidigungen: ein Mitschüler habe ihm, dem „dreckigen Juden", Seife schenken wollen. Freiwillig bricht er die Schulausbildung um die mittlere Reife ab und entschließt sich, Schlosser zu lernen. Diese Entscheidung dürfte auf zionistische und sozialistische Ideen zurückgehen; der junge Mann steht dem Kreis um Gradnauer und Katzenstein nahe.

Die Schlosserlehre macht er bei der Teppichfabrik O. Kuhlmann (später Oka, heute Vorwerk), die damals im Besitz der jüdischen Familien Blank und Josephs ist.

1933 – direkt nach der sogenannten Machtergreifung – sitzt er für zwei Tage im Hamelner Gefängnis in Untersuchungshaft, wegen Führerbeleidigung. Damals kann ihn noch ein Anruf seines Lehrherrn – eines Reserveoffiziers – aus der mißlichen Lage befreien. Diese Erfahrung gibt freilich den Ausschlag, das Deutschland Hitlers sofort zu verlassen. Die schon damals beschränkte Einreise nach Palästina gelingt, weil Werner Frankenstein ein Handwerk gelernt hatte. Der normale deutsche Gymnasiast kam nicht ohne ein Ausbildungslager der zionistischen Jugend ins Land.

In Palästina ermöglicht ihm sein Handwerk den Eintritt in einen Moschaw, eine bäuerliche Genossenschaft. Dort lernt er auch seine ebenfalls aus Deutschland stammende Frau kennen. Seit 1943 kämpft er in der jüdischen Legion innerhalb der englischen Armee in Italien gegen deutsche Soldaten.

*Er ist im Jahre 1945 nur kurz in Deutschland und in Hameln. Sein Eindruck von den Deutschen nach dem Besuch:
keiner habe etwas getan, niemand etwas gewußt.*

Werner Frankenstein hat unter seine deutsche Herkunft einen Strich gezogen. Heute heißt er Israel Paran.

Hilde Löwenstein

Hilde Löwenstein verläßt im Alter von 21 Jahren ihre Heimatstadt und geht nach Holland. In Hameln hatte sie den Boykott vor dem Geschäft ihrer Eltern erlebt, dem Geschäft für Herrenkonfektion und Schuhwaren von Albert Löwenstein in der Osterstraße 45. Während die junge Frau das Bedrohliche der Lage erkennt, bleiben ihre Eltern zunächst noch in Hameln.

Hilde Löwenstein als Schülerin

Hilde heiratet dann einen Holländer und geht mit ihrem Mann nach Batavia in Holländisch-Indien. Als Ausländerin wird sie bei Kriegsbeginn in einem Lager interniert und ihr Mann zum Kriegsdienst eingezo-

gen. Sie hat ihn nicht wiedergesehen und bleibt mit zwei kleinen Kindern zurück.

Als die Japaner das Land besetzen, haben die Lagerinsassen, vor allen Dingen die Juden, Furchtbares mitgemacht. „Wäre nicht mit Hiroshima das Kriegsende gekommen, wären wir alle der Vernichtung anheimgefallen", so Hilde Löwenstein. Pläne hierfür hätten bestanden.

Mit ihren halbverhungerten Kindern gelangt sie 1946 wieder nach Holland. Keine Ahnung, ob Eltern und Schwestern noch leben. Doch um so größer ist die Freude, sie alle wiederzusehen. Ihre Eltern und die ältere Schwester von Hilde hatten während der schlimmsten Zeit der Judenverfolgung in Holland untertauchen können.

Im Jahre 1965 heiratet Hilde den Witwer Philip de Jong und kommt mehrmals als Gast der Stadt Hameln zusammen mit anderen ehemaligen jüdischen Bürgern in ihre Vaterstadt zurück.[48]

Die gesetzlichen Maßnahmen der Regierung gegen Rechtsanwälte und Ärzte kommen Berufsverboten gleich. Sie sind praktisch zur Auswanderung gezwungen. Kein Rechtsanwalt oder Arzt kann von der Betreuung jüdischer Patienten bzw. Klienten leben.

Dr. Ernst Katzenstein

Ernst Katzenstein wurde am 11. Februar 1897 in Bodenwerder geboren. Nach dem Studium der Rechtswissenschaft läßt er sich im Jahre 1924 als Anwalt in Hameln nieder.

Über seine Zeit in Hameln berichtet er selbst in einem Brief:[49]

„Ich war in Hameln von 1924 bis 1933 als Rechtsanwalt zugelassen, verlor aber meine Zulassung, weil ich Jude war, bereits am 1. 5. 1933 und wanderte daraufhin nach dem damaligen Palästina aus.

Ich selbst wurde bereits vor dem 30. 1. 1933 von nationalsozialistischer Seite bedroht, belästigt und beleidigt; am späten Abend und in der Nacht kamen oft anonyme Telefonanrufe mit Drohungen und Beschimpfungen wie „Judenschwein". Einige Tage vor dem Boykott des 1. April 1933 empfahl mir ein Richter des Amtsgerichts Hameln, daß ich über den 1. April besser für einige Tage aus Hameln verschwinden würde. Ich habe den Rat befolgt, und tatsächlich kamen am 1. April auch SA-Leute an meine Hamelner Wohnung, um mir entweder meinen Reisepaß abzunehmen oder mich zu verhaften.

Am 1. April selbst wurden SA-Männer vor mein Büro gestellt, um Klienten den Zutritt zu versperren oder zu erschweren. In der Nacht davor waren sämtliche Fenster meines nach der Straße gelegenen Büros eingeschlagen. …

Ein Bruder von mir ist als Reserveleutnant im Jahre 1916 gefallen. Er war mit dem Eisernen Kreuz ausgezeichnet. In der Hitler-Zeit kamen SA-Leute zu meiner Mutter und zwangen sie, ihnen das Eiserne Kreuz herauszugeben, da es offenbar eines Juden unwürdig sei."

Der Zionist Ernst Katzenstein geht nach Palästina. Er scheut nicht den Aufwand, sich in ein völlig anderes Rechtssystem einzuarbeiten und eine fremde Sprache zu lernen. Bereits 1936 besteht er das Anwaltsexamen. Im gleichen Jahr geht er mit seiner Familie nach London, um auch noch das englische Recht zu studieren. Nach Jerusalem zurückgekehrt, wird er ein erfolgreicher Anwalt.

Nach Kriegsende arbeitet er für verschiedene jüdische Organisationen in Deutschland, zuerst als Direktor der Jewish Restitution Successor Organization in Nürnberg, dann als Deutschlandrepräsentant für die Conference on Jewish Material Claims against Germany

[48] Nach dem Artikel von Elsa Beier, DWZ vom 23. 8. 1986.
[49] An Bruno Scharf am 4. 5. 1977; bei Scharf, Dokumente, S. 344 f.

in Frankfurt. Dr. Katzenstein ist Fachmann für die gesamte Problematik der „Wiedergutmachung", und er hat die Entschädigungsgesetzgebung und das Rückerstattungsabkommen wesentlich mitgestaltet.

Dr. Ernst Katzenstein stirbt in hohem Alter am 19. 10. 1989 in Israel. In einem Nachruf heißt es über ihn: „Die Verfolgten des Naziregimes haben ihm außerordentlich viel zu verdanken."[50]

Dem praktischen Arzt Dr. Ernst Herzberg muß der Entschluß, Deutschland zu verlassen, ungeheuer schwer gefallen sein. Er selbst war „Frontkämpfer", Vorsitzender der Ortsgruppe des Bundes der jüdischen Frontsoldaten und des Centralverbandes deutscher Staatsbürger jüdischen Glaubens! Er hat eine katholische Frau geheiratet, den Sohn katholisch taufen lassen. 1935 verließ er mit seiner Familie Deutschland und ging nach Italien. Dort starb er an einem Lungenleiden.

Harry Binheim als „Rechtsberater" und Dr. Kratzenstein als „Krankenbehandler" blieben in Hameln.[51]

Die Mehrzahl der jüdischen Flüchtlinge aus Hameln bildeten die Geschäftsleute, und unter ihnen die mit einem gewissen Vermögen. Gegen die großen jüdischen Geschäfte der Stadt richteten sich die Boykottaktionen am stärksten. Für eine Auswanderung waren nicht unerhebliche Geldmittel aufzubringen.

So gelang dem Fabrikanten Ernst Josephs mit Ehefrau Berta und den Töchtern Marianne und Beate die Flucht nach Brasilien.

Albert Blank, Mitbesitzer der Teppichwerke O. Kuhlmann, emigrierte mit Gattin Luise und Tochter Eva nach London.

Der junge zionistisch geprägte Moses Louis Keyser ging Anfang 1934 nach Palästina.[52]

Andere entschlossen sich, Hameln zu verlassen, wo jedermann sie kannte, sie blieben jedoch in Deutschland.

Die Eheleute Friedheim verließen Hameln nach den deprimierenden Auseinandersetzungen um den Verkauf ihres Warenhauses. Sie gingen nach Leipzig in ein Altersheim. Von dort aus besuchte Frau Friedheim – ihr Mann war inzwischen gestorben – im Jahre 1937 ihre Tochter in Palästina, und sie kehrte nach Leipzig zurück! Von Leipzig aus wird sie dann im Jahre 1942 nach Theresienstadt deportiert.

Mehrere Hamelner Juden entschieden sich wie Frau Friedheim; sie verließen die enge Kleinstadt, in der jeder um ihr Judesein wußte, und gingen in die Anonymität der Großstadt.[53]

Wie steht es um die, die in Hameln bleiben? Wir können nur vermuten, was in ihnen vorgeht. Die Frage, ob es besser sei, zu bleiben oder doch auszuwandern, stellte sich täglich neu.

Von zwei Widerstandshandlungen erfahren wir aus den Akten.

Der schon angesprochene Salomon Keyser besaß die holländische Staatsbürgerschaft. Das gab ihm die Sicherheit, sich gegen die fortdauernden Belästigungen seines Geschäftes zur Wehr zu setzen. Im März 1934 ging er zum

50 Vgl. Neue Juristische Wochenzeitung 16, 1990, S. 1030; ein weiterer Nachruf erschien in der Allgemeinen jüdischen Wochenzeitung vom 3. 11. 1989.

51 Der Zionist und Zahnarzt Dr. Gradnauer hatte schon vor 1933 Deutschland verlassen und war in den Kibbuz Givat Brenner gegangen.

52 Vgl. den Nachruf auf Moshe Keyser von Günther Niemeyer in der DWZ vom 28. 4. 1984.

53 Z. B. Moritz Salm; der ehemalige Direktor der Hamelner Wesermühlen geht nach München; nach Hannover gehen z. B. Moritz und Elise Blankenberg; ebenso Hildegard Nußbaum und Hermann Rosenkranz, s. u., S. 103f.

Hamelner Oberbürgermeister. Dieser hält in einer Aktennotiz über das Gespräch fest, daß Keyser sich für den Fall erneuter Boykotte seines Geschäftes wieder, „wie schon in zwei früheren Fällen, an die holländische Gesandtschaft wenden werde."[54] Ob Keysers Protest Erfolg hatte, ist nicht festzustellen. Ohnehin ist zu fragen, welchen Einfluß der Oberbürgermeister auf die Hamelner SA hatte. Immerhin war das nationalsozialistische Deutschland stets ängstlich darum bemüht, Fälle von Judendiskriminierung nicht in das Ausland dringen zu lassen.

Wegen „Sachbeschädigung" wird der junge Heinz Rosenbaum vom Amtsgericht Hameln zu einem Monat Gefängnis verurteilt. Er hatte laut Bericht der DWZ[55] am 6. August 1935 „ein großes Plakat der NSDAP von einem Toreingang in der Kleinen Straße in Hameln abgerissen" und mit nach Hause genommen. „Deutsches Volk, horch auf" hatte auf dem Plakat gestanden.

Weitere Zeichen offenen oder versteckten Widerstandes von jüdischer Seite sind in Hameln nicht zu finden. Beide Proteste sind Einzelaktionen. Die jüdische Gemeinde hat gar nicht gewagt, über ihren Vorsteher gegen die fortdauernden Belästigungen und Entrechtungen zu protestieren. Aber wie sollte auch diese kleine Minderheit sich erfolgreich zur Wehr setzen, wenn ungleich mächtigere Gruppen wie Kommunisten, Sozialdemokraten und Gewerkschaftler so leicht zum Schweigen gebracht worden waren!

Es gehört in dieser Zeit Mut dazu, als Jude ein Ladengeschäft weiter offenzuhalten. Ein kleiner Teil der jüdischen Geschäftsinhaber steht die Boykotte durch und läßt sich nicht einschüchtern. Zu dieser Gruppe gehört Karl Bernstein. Er führt sein Geschäft weiter, und er findet offenbar auch weiterhin Kundschaft. Andere, die ihr Geschäft haben aufgeben müssen, arbeiten nun als reisende Kaufleute oder als Fabrikarbeiter. Salomon Kamenetzky hat sein Schuhgeschäft in der Bahnhofstraße 14 früh verkaufen müssen. Seit 1935 arbeitet er als Vertreter, später als Fabrikarbeiter. Aus den Steuerlisten, die für die Gemeindemitglieder bis zum Jahre 1938 vorliegen, kann man ersehen, wie sich die ökonomische Lage der Hamelner Juden von Jahr zu Jahr verschlechtert.[56]

In den Lageberichten, die der Landrat des Kreises Hameln-Pyrmont monatlich an den Regierungspräsidenten in Hannover erstatten muß, spielt die wirtschaftliche Situation der Juden stets eine besondere Rolle.

> „Im Viehhandel und Pferdehandel machen noch immer die Juden das Geschäft" (für Oktober 1934).[57]
>
> „Die Juden, die hier ihre Geschäfte nicht aufgegeben haben, klagen auch keineswegs über geringen Umsatz" (für Juni 1935).[58]

Für den guten Umsatz der verbliebenen jüdischen Geschäfte macht der Landrat verantwortlich, daß „vor allem frühere Angehörige der SPD und KPD ... nun erst recht bei den Juden kaufen" (September 1935).[59]

Der Umsatz der Juden, welche die Kundschaft bereisten, habe sogar zugenommen, weil „die Einstellung der Be-

[54] StA HM 1, 672, Notiz vom 19. 3. 1934.

[55] DWZ vom 14. 8. 1935. Vgl. auch den Bericht des Oberbürgermeisters von Hameln vom 21. 9. 1935, nds. HStA Hannover Hann 180 Hann Nr. 800, Bl. 88.

[56] StA HM 1, 440.

[57] Lagebericht vom 24. 11. 1934; a. a. O., Nr. 799, Bl. 26.

[58] Lagebericht vom 24. 7. 1935 , nds. HStA Hannover Hann 180 Hann II Nr. 799, Bl. 398–399.

[59] Aus dem Lagebericht des Regierungspräsidenten für den Monat September 1935, nds. HStA Hannover Hann 80 Hann II Nr. 800.

völkerung den jüdischen Händlern gegenüber vielfach nicht ablehnend" sei (für November 1935).[60]

Anfang 1935 hat sich die Lage der Juden anscheinend etwas stabilisiert. Zwar haben Ärzte, Rechtsanwälte und Beamte ihre Berufe verloren, mußten viele jüdische Geschäfte schließen. Aber wer als Jude sich unauffällig verhielt, lebte relativ unbehelligt. Nachdem die Kurve der Auswanderung 1933 nach oben geschnellt war, flacht sie nun ab.

Eine Vortragsveranstaltung, die im Februar 1935 in der Hamelner jüdischen Gemeinde stattfindet, steht unter dem bezeichnenden Titel: „Für unseren Arbeits- und Lebensraum – für deutsch-jüdische Zukunft." Auswanderung sei sinnlos. Die wenigen vorhandenen Auswanderungsmöglichkeiten sollte man jungen Juden vorbehalten. „Den hier verbleibenden Juden bliebe nichts weiter übrig, als sich auf die neuen Verhältnissse umzustellen."[61] So scheint sich um 1935 unter den Hamelner Juden die Meinung durchzusetzen, es sei möglich, sich unter dem Regime Hitlers einzurichten.

Spannungen in der „Judenpolitik" des Dritten Reiches

Am 6. August 1935 findet im „überfüllten"[62] Monopolsaal in Hameln eine „Massenkundgebung gegen die Staatsfeinde und Wühlmäuse" statt. Veranstalter ist die Hamelner NSDAP. Der Hauptredner, ein Parteigenosse Sandrock aus Göttingen, geht nacheinander auf die Katholiken, die Freimaurer und die Juden ein. Die Rede mündet in die Aufforderung:

„Wir wollen keine Schaufensterscheiben zertrümmern, aber wir wollen diese Leute (= die Juden) legal, wie wir an die Macht gekommen sind, aus Deutschland hinausbefördern (Beifall). Und diejenigen, die immer noch in jüdischen Geschäften kaufen: prangert sie von morgen ab an! (Starker Beifall.)"

Am Schluß der Veranstaltung gibt der Kreispropagandaleiter Krüger dann bekannt, daß ihm aus den Reihen der „alten Kämpfer" ein Antrag zugeleitet worden sei, der für den Hamelner Oberbürgermeister bestimmt sei. Diesen Antrag liest er nun vor:

„An den Oberbürgermeister der Stadt Hameln.

In der letzten Zeit haben wir erleben müssen, wie das Judentum mit seinen Bundesgenossen nicht nur im Deutschen Vaterland, sondern auch in unserer nächsten Umgebung (Hessisch-Oldendorf und Hemmendorf)[63] wieder frecher denn je sein

60 Aus dem Lagebericht vom November 1935, nds. HStA Hannover Hann 80 Hann II Nr. 800.

61 Lagebericht des hannoverschen Regierungspräsidenten an den Reichsminister des Innern für die Monate Februar / März 1935, nds. HStA Hannover Hann 180 Hann 799, Bl. 260–271 (Grundlage ist ein Bericht des Hamelner Oberbürgermeisters vom 21. 3. 1935); bei Mlynek, Gestapo Hannover meldet, S. 349. Der Vortrag wurde gehalten von Dr. Werner Grunsfeld aus Hamburg. Grunsfeld war Funktionär des „Centralverbands deutscher Staatsbürger jüdischen Glaubens".

62 Bericht in der DWZ vom 7. 8. 1935.

63 Zum angeblichen Fall von Blutschande in Hess. Oldendorf s. u., S. 50f; der Bezug auf Hemmendorf ist unklar.

Haupt … erhebt. … In Erkenntnis dieser Tatsache soll jetzt ein rücksichtsloser aber legaler Kampf gegen die Juden und Judenknechte sowie alle Staatsfeinde einsetzen, und ich stelle daher im Namen der alten Pgg. (= Parteigenossen) von Hameln folgenden Antrag:

1) An den Stadteingängen Tafeln anzubringen mit der Aufschrift: Juden sind in Hameln nicht erwünscht.
2) An den verkehrsreichsten Stellen der Stadt, Plätze auf Antrag für Anbringung von Stürmerkästen zu genehmigen, um die Volksgenossen aufzuklären.
3) Kein Handwerker und Geschäftsmann oder sonst ein Volksgenosse erhält Arbeit oder Aufträge von der Stadt, der bzw. dessen Familienmitglieder beim Juden kaufen, mit Juden Verkehr pflegen oder jüdische Ärzte und Rechtsanwälte in Anspruch nehmen.
4) Einen Beschluß herbeizuführen, daß Zuzug von Juden, auch wenn getauft, nach Hameln unerwünscht ist und daß ein Verkauf von Grundstücken jeder Art an Juden untersagt wird.
5) Juden zu verbieten, in offenen sowie geschlossenen Badeanstalten zu baden."[64]

In dem laut bejubelten Antrag, der eine demonstrative Verschärfung der „Judenpolitik" fordert, offenbart sich eine erhebliche Unzufriedenheit vieler Parteimitglieder gegenüber der offiziellen „Judenpolitik". Diese Kritik wird freilich an den Hamelner Oberbürgermeister adressiert. Auch die abschließende Rede des Kreispropagandaleiters Krüger zielt mit ihrer Kritik auf die Verwaltung der Stadt: „Es sei zu verstehen, wenn gerade aus den Reihen der alten Kämpfer im Fanatismus zum Teil über das Ziel hinausgeschossen werde. Es sei sogar zu begrüßen, daß bei ihnen auch in Hameln der alte Geist noch lebe, zumal die Wochen, die hinter uns lägen, gezeigt hätten, daß wir in Hameln nicht nur schlafen, sondern schnarchen." [65]

Im Sommer 1935 herrscht in Hameln eine große Unzufriedenheit bei den kleinen Parteigenossen, den „alten Kämpfern" und in den Kreisen der SA angesichts der Behandlung der „Judenfrage" durch Regierung und Behörden. Den Boykottaktionen gegen die Juden, für die sie auf die Straße gegangen waren, sind keine entsprechenden Maßnahmen der Regierung und der Stadtverwaltung gefolgt. In Hameln müssen die kleinen Parteigenossen erleben, daß wieder „beim Juden" gekauft wird.

Sogar Mitglieder der NSDAP sind in jüdischen Geschäften gesehen worden. Der Kreisleiter der NSDAP Hameln-Stadt, Dr. Ahlswede, sieht sich zu der folgenden Bekanntmachung im „Weserecho", dem amtlichen Organ der NSDAP für den Hamelner Raum, gezwungen:[66]

„Bekanntmachung
Es ist mir gemeldet worden, daß in letzter Zeit wiederholt Parteigenossen und Mitglieder der NS-Frauenschaft mit Abzeichen oder sogar im Dienstanzug in nichtchristlichen Geschäften gekauft haben.
Ich weise darauf hin, daß es nach wie vor für Mitglieder der Partei und deren Untergliederungen verboten ist, in nichtchristlichen Geschäften zu kaufen.

[64] DWZ vom 7. 8. 1935; vgl. auch nds. HStA Hannover Hann 310 I B Nr. 56 I, Bl. 152.
[65] DWZ vom 7. 8. 1935.
[66] Weserecho vom 9. 4. 1934.

Ich werde daher in Zukunft gegen Parteigenossen oder Mitglieder der NS-Frauenschaft, die in nichtchristlichen Geschäften gesehen und mir gemeldet werden, unnachgiebig vorgehen.
Dr. Ahlswede, Kreisleiter."[67]

Aus Unzufriedenheit über die Erfolglosigkeit der Boykottmaßnahmen kommt es in der ersten Jahreshälfte 1935 in Hameln und in vielen Orten Deutschlands zu einer neuen Welle antisemitischer Ausbrüche. Käufer werden beim Betreten jüdischer Geschäfte fotografiert und angepöbelt, in Stürmerkästen mit Namen veröffentlicht und diffamiert. An den Ortseingängen werden Schilder („Juden unerwünscht") aufgestellt. Diese Vorgänge sind es, die der Kreispropagandaleiter Krüger rechtfertigen möchte, wenn er formuliert: „Es sei zu verstehen, wenn gerade aus den Reihen der alten Kämpfer im Fanatismus zum Teil über das Ziel hinausgeschossen werde." In Hameln hat sich bei vielen Parteigenossen eine große Unzufriedenheit aufgestaut.

So sehr hat sich in der Stadt die Situation zugespitzt, daß es im April 1935 zu neuerlichen Anschlägen auf die Synagoge kommt. „In Hameln wurden in der Nacht zum 15. bzw. zum 17. 4. 1935 auf dem Grundstück der Synagoge Sachbeschädigungen verübt. In einem Falle wurde das Tor vorsätzlich beschädigt, und im anderen Falle wurden Fensterscheiben der Synagoge eingeworfen. ... Anhaltspunkte für die Täterschaft haben sich ... nicht ergeben."[68]

Es ist interessant zu sehen, wie die Situation im August 1935 von Seiten der Behörden dargestellt wird. Ich zitiere aus dem Lagebericht der Staatspolizeistelle Hannover:

„Die letzten Monate standen im Zeichen eines verschärften Kampfes gegen das Judentum. Abgesehen von den zahlreichen Einzelaktionen, die sich im August ... gegen Juden und solche Personen, die sich mit Juden geschäftlich oder im sonstigen Verkehr eingelassen hatten, ereigneten, kam die judengegnerische Propaganda in der Öffentlichkeit dadurch besonders zum Ausdruck, daß in fast allen Orten Schilder angebracht wurden, die in mehr oder weniger scharfen Worten darauf hinweisen, daß Juden unerwünscht sind. ... Nach der neuen Gesetzgebung in der Judenfrage (=den Nürnberger Gesetzen) wird die Frage aufgeworfen, ob diese Warnungstafeln nicht allgemein wieder zu entfernen sind.
Ferner ist man in fast allen größeren Gemeinden dazu übergegangen, Stürmer-Kästen anzubringen. In mehreren Gemeinden hat man in diesen Kästen auch die Namen solcher Personen veröffentlicht, die beim Juden gekauft oder mit Juden Geschäfte gemacht haben. In manchen Gemeinden wurde auch fortgesetzt eine Kontrolle durch Posten oder Photographen darüber ausgeübt, wer Judengeschäfte betritt.
Wer für die Stürmer-Kästen und die Aushänge in ihnen verantwortlich ist, läßt sich nicht feststellen. ... Die Veröffentlichung von Namen in den Stürmer-Kästen hat zur Folge ge-

67 Im Sprachgebrauch herrscht bis 1935 eine eigentümliche Unsicherheit. Der Kreisleiter benutzt das Gegensatzpaar christlich – nichtchristlich; nach der Verabschiedung der Nürnberger Gesetze lautet das Gegensatzpaar Arier (Volksgenosse) – Jude (Nichtarier).

68 Lagebericht der Staatspolizeistelle Hannover an Geh. Staatspolizeiamt Berlin vom 4. 5. 1935, nds. HStA Hannover Foto 2 Hann 80 Hann II Nr. 799, Bl. 295; vgl. Mlynek, Gestapo Hannover meldet, S. 352.

habt, daß vor den Wohnungen einzelner Personen, die im Stürmer-Kasten genannt waren, Demonstrationen stattfanden.
Es ist die Frage aufgeworfen worden, ob nicht bei Anprangerung von Personen in Stürmer-Kästen, soweit dies nicht überhaupt auf Grund der ergangenen Erlasse zu verbieten wäre, in Zukunft verlangt werden muß, daß die Namen derjenigen, die für die Bekanntmachung verantwortlich sind, angegeben werden müssen. …
Bei der Durchführung der Aktionen in der Judenfrage hat sich als besonders peinlich ergeben, daß zwischen den Parteidienststellen und den Behörden keine genügende Fühlung bestand. Bei den örtlichen Stellen der Bewegung bestand zweifellos die Auffassung, daß Einzelaktionen erwünscht seien. … Regelmäßig haben sich die Vorfälle überall so abgespielt, daß der Anprangerung von Personen, die mit Juden Geschäfte gemacht haben, Demonstrationen vor den Häusern folgten und daß polizeilicherseits die Betroffenen zu ihrem Schutz in Sicherheitsverwahrung genommen werden mußten. …
Es ist unhaltbar, daß die Partei … eine scharfe Kampflinie einhält, während für die Staatsorgane durch Geheim-Erlaß schärfstes Einschreiten gegen Zusammenrottungen verfügt wird. …"[69]

In der antijüdischen Politik des nationalsozialistischen Deutschland werden in dieser Zeit Spannungen sichtbar.[70] Es gibt erhebliche Meinungsverschiedenheiten darüber, mit welchen Methoden und Zielsetzungen gegen die Juden vorzugehen sei.

Da ist der „Radauantisemitismus", der sich in pogromartigen Straßenaktionen Luft schafft. Er wird angeführt von antisemitischen Hetzern wie Julius Streicher und Josef Goebbels und ausgeführt von SA-Leuten, einfachen Parteigenossen, „alten Kämpfern". Das erhebliche Aktionspotential der SA – auf vielen Gebieten von Hitler gebremst – sucht sich immer wieder die Juden als Opfer. Ein brutaler, sehr emotionaler, demonstrativer Antisemitismus lebt sich hier aus. Zu seinen Forderungen gehört z.B. das Schächtverbot[71], das Verbot, Badeanstalten zu benutzen, das Aufstellen von Stürmerkästen u.a.m. Der oben zitierte Antrag der alten Kämpfer an den Oberbürgermeister ist ein treffendes Beispiel für diese Spielart des Antisemitismus.

Die vom Staat in den Jahren bisher ergriffenen gesetzlichen Maßnahmen gegen jüdische Beamte, Rechtsanwälte und Ärzte reichen dem „Antisemitismus der Straße" nicht aus. Seine Hauptforderung, die Juden aus dem Wirtschaftsleben auszuschließen, bleibt unerfüllt.

Gegenüber dem „Antisemitismus der Straße" gibt es im nationalsozialistischen Staat erhebliche Vorbehalte. Den konservativen Eliten, aus denen sich die leitende Bürokratie rekrutiert, gilt er als unzivilisiert. Das Reichswirtschaftsministerium fürchtet Nachteile für den deutschen Außenhandel und warnt grundsätzlich vor Eingriffen in die deutsche Wirtschaft, in der jüdisches Kapital eine große Rolle spielt. Nicht zuletzt stehen auch große Teile der deutschen Bevölkerung dem „Ra-

69 Nds. HStA Hann Hann 80 Hann II Nr. 800, Bl. 103–105; aus dem Lagebericht der Staatspolizeistelle Hannover an Geh. Staatspolizeiamt Berlin vom September 1935.
70 Vgl. Ulrich Herbert, Von der „Reichskristallnacht" zum „Holocaust", S. 58 f.
71 Das Schächtverbot gilt in Hameln bereits ab 28. 3. 1933; vgl. DWZ vom 29. 3. 1933.

dauantisemitismus" ablehnend gegenüber. Auch in den Spitzen der Partei scheint es Vorbehalte gegenüber dem Kurs von Goebbels und Streicher zu geben.

Hitler selbst hatte Pogrome stets abgelehnt und statt dessen die planmäßige gesetzliche Bekämpfung der Juden und ihre Entfernung aus Deutschland gefordert.[72]

So ergibt sich für die Jahre 1933 bis 1935 eine eigentümliche Unklarheit. Der „Radauantisemitismus" hat mit seinen demonstrativen „Aktionen" und Gemeinheiten die Öffentlichkeit besetzt. Regierung und Behördenapparat halten sich dagegen zurück und verlangen ein strikt gesetzliches Vorgehen gegen Juden. Die Angst der lokalen Behörden vor dem Druck der Straße ist jedoch offensichtlich.

Anschauliches Beispiel für den Konflikt zwischen dem „Radauantisemitismus" und den lokalen Behörden, die die wirtschaftlichen Interessen des im Aufbau befindlichen Dritten Reiches im Auge haben, ist der folgende Vorfall. Da erwartet die Hamelner Teppichfabrik Bessert, Nettelbeck & Mertens (Besmer) im September 1935 Einkäufer eines großen ausländischen Konzerns, der in jüdischem Besitz ist. Sie wendet sich nun an den Hamelner Oberbürgermeister mit der Bitte, ein judenfeindliches Plakat, das vor dem Geschäftsgebäude in der Fischbecker Straße steht, entfernen zu lassen. Im Anschluß an den Geschäftsbesuch schreibt die Firma den folgenden Brief an den Magistrat:

> „Sie waren so freundlich, uns ... heute morgen telefonisch Nachricht zu geben, daß das erwähnte Plakat ... entfernt würde.
> Die Herren sind hier gewesen, waren jedoch im Einkauf sehr zurückhaltend und haben sich sehr beschwert über die Verhältnisse in Deutschland, und wie man sie behandelte. Leider war trotz Ihrer Zusage das Schild **nicht** entfernt, so daß wir es vorgezogen haben, die Vorhänge vorzuziehen, um so zu verhindern, daß sie noch mehr vergrämt wurden. Die Herren haben es nicht gewagt, wie sie ursprünglich vorhatten, im Hotel „Sonne" Wohnung zu nehmen, sondern sind weiter nach Berlin gefahren. ...
> Im volkswirtschaftlichen Sinne wäre es zu begrüßen, wenn man gerade auch in der Industriestadt Hameln dafür sorgen würde, daß Ausländer unbehindert und ungekränkt ihren Geschäften nachgehen können, zumal wir gerade von Seiten der Regierung immer wieder auf die enorme Wichtigkeit hingewiesen werden, Devisen für das Reich zu erarbeiten."[73]

Der Oberbürgermeister gibt das Schreiben der Firma an den damaligen Kreisleiter der NSDAP Kopprasch weiter. Dessen Stellungnahme sei im vollen Wortlaut wiedergegeben:

> „Herrn Oberbürgermeister Schmidt
> Betrifft: Schreiben der Firma Bessert, Nettelbeck & Mertens
> Ich erblicke in diesem Brief geradezu eine Unverschämtheit, die nicht zu überbieten ist.
> Erstens haben die aufgestellten Plakate mit irgend welchen Privatunternehmungen gar nichts zu tun und es kann daher auch keine Firma deren Entfernung verlangen.
> Zweitens ist es unglaublich, wenn eine deutsch sein wollende Firma überhaupt Beschwerden von Ausländern und Juden entgegen nimmt, denn dafür sind nur das Auswärtige Amt und die Polizeidienststellen zuständig.

72 Vgl. Jäckel, Hitlers Herrschaft, S. 91 f.
73 Am 18. 9. 1935, StA HM 1, 672.

Den Gipfel der Gemeinheit bedeutet es jedoch, wenn davon geschrieben wird, daß Ausländer in Hameln irgendwie belästigt werden oder ihnen die Unterkunft verweigert wird. Bis heute ist mir kein derartiger Fall zu Ohren gekommen, sonst wäre ich dagegen eingeschritten. An Hand dieses Schreibens kann ich mich der Auffassung nicht verschliessen, die schon früher von Parteidienststellen gegenüber dieser Firma eingenommen worden ist.
Heil Hitler!
Kopprasch. Kreisleiter."[74]

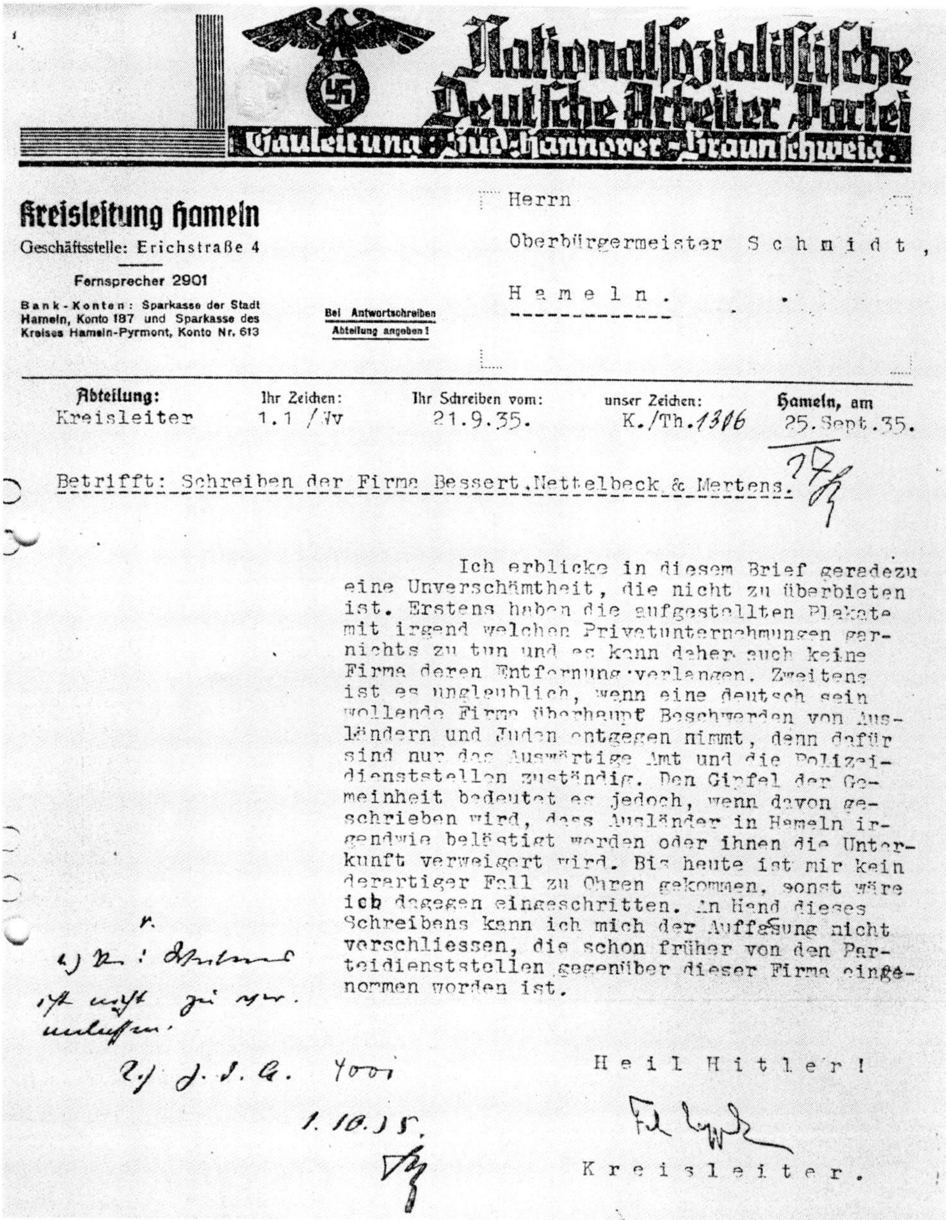

Nationalsozialistische Deutsche Arbeiter Partei
Gauleitung Süd-Hannover-Braunschweig

Kreisleitung Hameln
Geschäftsstelle: Erichstraße 4
Fernsprecher 2901
Bank-Konten: Sparkasse der Stadt Hameln, Konto 187 und Sparkasse des Kreises Hameln-Pyrmont, Konto Nr. 613

Bei Antwortschreiben Abteilung angeben!

Herrn
Oberbürgermeister Schmidt,
Hameln.

Abteilung:	Ihr Zeichen:	Ihr Schreiben vom:	unser Zeichen:	Hameln, am
Kreisleiter	1.1 /Wv	21.9.35.	K./Th.1316	25.Sept.35.

Betrifft: Schreiben der Firma Bessert,Nettelbeck & Mertens.

Ich erblicke in diesem Brief geradezu eine Unverschämtheit, die nicht zu überbieten ist. Erstens haben die aufgestellten Plakate mit irgend welchen Privatunternehmungen garnichts zu tun und es kann daher auch keine Firma deren Entfernung verlangen. Zweitens ist es unglaublich, wenn eine deutsch sein wollende Firma überhaupt Beschwerden von Ausländern und Juden entgegen nimmt, denn dafür sind nur das Auswärtige Amt und die Polizeidienststellen zuständig. Den Gipfel der Gemeinheit bedeutet es jedoch, wenn davon geschrieben wird, dass Ausländer in Hameln irgendwie belästigt werden oder ihnen die Unterkunft verweigert wird. Bis heute ist mir kein derartiger Fall zu Ohren gekommen, sonst wäre ich dagegen eingeschritten. An Hand dieses Schreibens kann ich mich der Auffassung nicht verschliessen, die schon früher von den Parteidienststellen gegenüber dieser Firma eingenommen worden ist.

Heil Hitler!

Kreisleiter.

[74] StA HM 1, 672.

Das bewußt rüde und drohend formulierte Schreiben charakterisiert das Niveau der Hamelner NSDAP. Die führenden Männer in Partei und SA legen einen demonstrativ radikalen Ton an den Tag.

Charakteristisch für die Hamelner Partei ist die Gestalt von Richard Kalusche. Der gelernte Monteur ist Parteimitglied in Hameln seit 1925. Er zählt damit zu den ältesten Nationalsozialisten der Stadt. Kalusche gründet 1929 den Hamelner SA-Sturm 33, der 1932 zur Standarte 164 erhoben wird. In der eigentlichen Phase der „Machtergreifung" ist er aus ungeklärten Gründen nicht im Amt. Für die schlimmen Übergriffe im März und April 1933 ist er also nicht persönlich verantwortlich zu machen.[75]

Am 24. August 1933 wird Kalusche wieder in sein Amt als Standartenführer eingeführt. Der Akt endet mit einem feierlichen Fackelzug vor Thiemanns Hotel.[76]

Kalusche, der in Hameln als verkrachte Existenz galt, trat in der Öffentlichkeit in der Regel mit Reitpeitsche auf und war häufig angetrunken. Im September 1936 scheidet er aus dem SA-Führerkorps aus – angeblich aus Gesundheitsgründen. „Zu diesem Zeitpunkt gab es allerdings bei der SA-Gruppe Niedersachsen auch schon Bestrebungen, Kalusche ‚im Interesse des Ansehens der SA' aus Hameln zu entfernen, da er bei verschiedenen Gelegenheiten – meist in angetrunkenem Zustand – in der Öffentlichkeit unangenehm Aufsehen erregt hatte."[77] Kalusche galt als nicht mehr tragbar.

SA-Standartenführer Richard Kalusche

Zeitweiliger „Führer" der NSDAP Hameln-Stadt war der Hauptmann und Kreisleiter Scheller. Scheller war von Juli bis Dezember 1933 sogar mit der kommissarischen Verwaltung der Stelle des Oberbürgermeisters beauftragt worden. Bereits im Dezember 1933 wird er wegen eigenmächtiger Personalpolitik und unmoralischen Lebenswandels vom Regierungspräsidenten aus seinen Ämtern entfernt, im Januar 1934 schließlich auch aus seinem Parteiamt.[78]

75 Vgl. Rollfing, Nationalsozialismus in Hameln, S. 3.

76 DWZ vom 25. 8. 1933.

77 Vgl. Rollfing, a. a. O., S. 3.

78 Rollfing, Die Machtübernahme, S. 20 und ders., Nationalsozialismus in Hameln, S. 1. Im Aufsatz von Kreisleiter Erich Teich, Die politische Organisation (erg. der NSDAP in Stadt und Kreis Hameln) abgedruckt in „Hameln-Pyrmont. Ein Heimatbuch des Kreises", S. 1–4, wird der Name Schellers nicht einmal erwähnt.

Kreisleiter Erich Teich

Kreisleiter der NSDAP für Hameln-Land war seit 1. 2. 1932 Erich Teich. Er selbst bekennt sich öffentlich zu folgendem Stil: „Der Kasernenhofton und die damit verbundene selbstverständliche soldatische Kameradschaft sind unsere Umgangsformen, auch seitdem wir nach dem 30. Januar 1933 ‚salonfähig' geworden sind. Der ewige Spießer mag sich ärgern, wir verstehen uns und wissen, was wir wollen."[79]

Der Hamelner Oberbürgermeister berichtet über die „Umgangsformen" des Kreisleiters an die Stapostelle Hannover: „Das Verhalten des Kreisleiters Teich, Hameln-Land, erregt Aufsehen. Teich hat ... am 18. 10. 1934 den Pächter einer Kantine im angetrunkenen Zustand angeblich ohne Grund körperlich mißhandelt und beleidigt."[80]

Teich wurde offenbar erst im Mai 1935 von seinen Funktionen in Hameln abgelöst und ging nach Hann.-Münden.[81]

Wilhelm Melcher war Kreisbetriebszellenleiter der nationalsozialistischen Betriebszellenorganisation (NSBO) und Kreisleiter der Deutschen Arbeitsfront (DAF). Wegen Unregelmäßigkeiten in der Kassenführung wurde er im Oktober 1934 zu einem Jahr Gefängnis verurteilt.[82]

Welche Ausmaße die Mißstände in der Führungsspitze der Hamelner NSDAP hatten, zeigt eine zusammenfassende Beurteilung im Lagebericht der Stapostelle Hannover für November 1934: „Das Verhalten einzelner gewissenloser Elemente im Kreise Hameln hat das Ansehen der Bewegung dort aufs Schwerste geschädigt."[83]

Der besondere Radikalismus der Hamelner NSDAP, der sich stets in besonders wilden Aktionen gegen Juden sein Betätigungsfeld sucht, ist offensichtlich. Er liefert auch die Erklärung für die Heftigkeit der Pogrome im März und April 1933 in Hameln. So sind die Differenzen zwischen dem „Radauantisemitismus" und den städtischen Behörden in Hameln auch besonders scharf.

79 Hameln-Pyrmont. Ein Heimatbuch des Kreises, 1934, S. 2.

80 Im Lagebericht der Stapostelle Hannover an Gestapo Berlin für November 1934, nds. HStA Hannover Hann 180, Hann 798, Bl0.441–455; bei Mlynek, Gestapo Hannover meldet, S. 268.

81 Rollfing, Nationalsozialismus in Hameln, S. 1.

82 Vgl. Rollfing, Nationalsozialismus in Hameln, S. 11; StA HM 1, 604. Melcher hatte den Boykottaufruf vom 1. April 1933 unterschrieben.

83 Der Bericht beruht auf einem Bericht des Hamelner Oberbürgermeisters; nds. HStA Hannover Hann 180 Hann 798, Bl. 441–455; bei Mlynek, Gestapo Hannover meldet, S. 268.

Die Jahre 1935–1938

Die Verschärfung der antijüdischen Politik im Gefolge des Nürnberger Reichsparteitages

Im Jahre 1933 war Hitler der wilden Ausschreitungen gegen die Juden Herr geworden. Er wußte, er durfte seine Anhänger nicht enttäuschen und mußte doch die Pogromstimmung unter Kontrolle bringen. Das gelang ihm 1933 durch die Ansetzung eines planmäßigen und zugleich befristeten Boykottages. Wie würde es Hitler diesmal gelingen, das erhebliche Potential an Unzufriedenheit aufzulösen und die Zügel wieder an sich zu nehmen?

Auf dem Nürnberger Parteitag im September 1935 entfacht Hitler die Kampagne gegen die Juden erneut. Zwei Gesetze stehen im Mittelpunkt:

- das „Reichsbürgergesetz", das die Juden vom Status der „Reichsbürgerschaft" ausschließt
- das sogenannte „Gesetz zum Schutz des deutschen Blutes und der deutschen Ehre", das Eheschließung sowie außerehelichen Verkehr zwischen Juden und „Staatsangehörigen deutschen und artverwandten Blutes" verbietet.[84]

Diese Gesetze, die das assimilierte deutsche Judentum in seinem Kern treffen, gehen auf Hitler zurück. Eine fleißige Bürokratie setzt sie in eine Fülle von Ausführungsverordnungen und Folgegesetzen um.

Da ist zunächst eine förmliche Definition nötig, wer denn als Jude zu gelten hat. Jude im Sinne des Gesetzes ist derjenige, der „von mindestens drei der Rasse nach volljüdischen Großeltern abstammt".[85] Viele tausend protestantische, katholische oder konfessionell nicht gebundene Deutsche, die jüdische Vorfahren hatten, werden auf diese Weise wieder zu Juden gemacht und wegen dieses Judentums verfolgt.

Die Durchführungsverordnung bestimmt weiter, daß als Jude auch „der von zwei volljüdischen Großeltern abstammende Mischling", der sog. Halbjude, anzusehen ist, wenn er bei Erlaß des Gesetzes der jüdischen Religionsgemeinschaft angehört hat oder danach in sie aufgenommen wird, oder wenn er bei Erlaß des Gesetzes mit einem Juden verheiratet war oder danach sich mit einem solchen verheiratet hat.

Weitere Verordnungen folgen in den nächsten Jahren in großer Zahl:

- für jüdische Schüler sind besondere Schulen einzurichten
- Juden werden gezwungen, ihr ganzes Vermögen anzumelden
- Juden sind vom Grundstückshandel und Wandergewerbe und der Tätigkeit als Handelsreisende ausgeschlossen
- Juden müssen eine besondere Kennkarte beantragen und im Verkehr mit Behörden stets unaufgefordert auf ihr Judentum hinweisen
- Juden müssen den zusätzlichen Vornamen Sara oder Israel führen
- ein Verzeichnis der jüdischen Gewerbebetriebe ist anzulegen.

Alle Bürgermeister und Landräte werden von der Gestapo aufgefordert, „Judenkarteien" anzulegen.[86]

84 Walk, Das Sonderrecht für die Juden, S. 127.
85 Walk, a. a. O., S. 139.
86 Walk, a. a. O., S. 126; abgedruckt bei Homeyer, Juden im Landkreis Hannover, S. 146.

A b s c h r i f t

Geheimes Staatspolizeiamt
II 1 B 2 - 68327/J.995/35.

Berlin, den 17. August 1935.

LANDRAT NEUSTADT/RBGE. 28 AUG 1935 Aktz.

An
alle Staatspolizeistellen.

Betrifft: Judenkartei.

Zur Erfassung der Juden in Deutschland soll eine Judenkartei angelegt werden. Um eine Grundlage hierfür zu schaffen, sind sämtliche im Bereich der dortigen Dienststelle befindlichen jüdischen Organisationen zur Einreichung von Mitgliederli-sten nach nachfolgendem Muster in dreifacher Ausfertigung zu veranlassen.

Diese Mitgliederlisten müssen den Stand vom 1.10.1935 wiedergeben. Zu ihrer Beschaffung darf jedoch nicht an die Landesverbände, sondern unter allen Umständen nur an die örtlichen Vereine und Ortsgruppen herangetreten werden. Die Organisationen sind darauf hinzuweisen, dass falsche Angaben zur Auflösung führen. Die Ueberwachung in dieser Richtung übernimmt die dortige Dienststelle.

Die eingegangenen Mitgliederlisten sind zu sammeln und mir in 2 Ausfertigungen bis zum 1.11. spätestens zu übersenden. Die dritte Ausfertigung verbleibt der dortigen Dienststelle zur Anfertigung und Anlage einer Bezirkskartei.

Die eintretenden Veränderungen sind dann ohne besondere Aufforderung jeweils am Vierteljahresersten als Stichtag in einer Nachtragsliste, gleichfalls in dreifacher Ausfertigung, zu melden. Diese Liste soll enthalten:

1.) den Abgang, getrennt nach:

a.) durch Austritt,

b.) durch Tod,

c.) durch Auswanderung

2.) den Zugang.

Diese Nachtragslisten sind mir dann jeweils bis spätestens zu dem auf den Vierteljahresersten folgenden Monatsersten zu übersenden. Im übrigen gelten hierbei dieselben Bestimmungen wie bei der ersten Einreichung. Fehlanzeige ist in jedem Fall erforderlich.

Muster

Aufforderung an die Oberbürgermeister und Landräte, Judenkarteien anzulegen

Das vorrangige Ziel all dieser Gesetze und Verordnungen ist es, die in Deutschland lebenden Juden vollständig zu erfassen, um „Arier" und „Nichtarier" voneinander trennen zu können. Ziel der Judenpolitik dieser Jahre ist die „Austreibung" der Juden aus Deutschland. Noch ist der Gedanke ihrer Vernichtung nicht gedacht. Tatsächlich wird jedoch mit ihrer sorgfältigen bürokratischen Erfassung der entscheidende Grundstein zum Holocaust der deutschen Juden gelegt.

Mit den Nürnberger Rassegesetzen hat sich eine andere Spielart des Antisemitismus zur Geltung gebracht. Es handelt sich um einen Antisemitismus, der sich über anthropologische und eugenische Gedankengänge „wissenschaftlich“ absichert.[87] Sein Konzept ist der völkische Staat. Das deutsche Volk sei in seiner „völkischen Substanz“ bedroht. Einmal von innen: der moderne Zivilisationsprozeß habe kränkliche und degenerative Elemente naturwidrig geschützt; dann von außen: durch die Vermischung des deutschen Volkes mit anderen Völkern. Die größte Gefahr stelle dabei das Judentum dar, weil es unerkannt als fremdes und dem deutschen feindlich gegenüberstehendes Volk tief in das deutsche Volkstum und seine Erbsubstanz eingedrungen sei. Gegen die Bedrohung von außen hat sich diese Form des Antisemitismus mit den Nürnberger Rassegesetzen vom September 1935 die entscheidende gesetzliche Grundlage geschaffen.

Diese Form des Antisemitismus wird von der SS getragen. Sie verkörpert sich besonders in der Person Reinhard Heydrichs. Als Leiter des Sicherheitsdienstes (SD), Chef der Gestapo und der gesamten deutschen Kripo und schließlich des Reichssicherheitshauptamtes vereinte er eine ungeheure Machtfülle. Neben allen anderen Aufgaben war Heydrich noch die „Endlösung der Judenfrage“ zugewiesen.[88]

Der Stürmer-Antisemitismus wird von Heydrich als blinder Aktionismus abgelehnt. Der brutale öffentliche „Gefühlsantisemitismus“ von Streicher und Goebbels war in Heydrichs Augen plan- und ziellos geblieben; er ermüdete rasch, brauchte ständig neue „Aktionen“, und die Betroffenen lernten damit umzugehen.

Die staatlichen Behörden lassen sich ohne jeden Widerstand vom „seriösen“ Antisemitismus der SS in Dienst nehmen, kleidet er sich doch stets in ein rechtsförmiges Gewand. Er wird in der Folgezeit still und ohne das Stilempfinden der konservativen Führungsgruppen zu verletzen durchgeführt. Der „seriöse“ Antisemitismus wählt bewußt Formen legalen Verwaltungshandelns. Nicht Haß und Mordlust, nicht demonstrative Straßenaktionen, sondern der geräuschlos und effizient funktionierende Behördenapparat bestimmt jetzt zunehmend das Gesetz des Handelns.

Noch hat sich nicht die eine Spielart gegen die andere Spielart des Antisemitismus durchgesetzt. Denn für Hitler, der offene Pogrome stets abgelehnt hat, scheint der „Radauantisemitismus“ nach wie vor eine wichtige Funktion zu haben. Er diente dem Ziel, den Juden das Gefühl der Sicherheit zu nehmen und sie aus Deutschland zu vertreiben. Oft legitimiert Hitler gesetzliche Maßnahmen durch Berufung auf den „gerechten Volkszorn“, der in Ausschreitungen zum Ausdruck komme.[89]

Auf der örtlichen Ebene zeigen die am 15. September in Nürnberg beschlossenen Rassegesetze sogleich Wirkung. Der Aktionismus der SA scheint vorerst befriedigt. Es ist Hitler offenbar gelungen, die „alten Kämpfer“ zu beruhigen. Bereits am 24. September meldet der Hamelner Landrat an den Regierungspräsidenten in Hannover: „Die Propaganda gegen die Juden verläuft jetzt in ruhigen Bahnen und hat im

87 Vgl. Herbert, Von der „Reichskristallnacht“ zum „Holocaust“, S. 58 ff.

88 Zu Heydrich vgl. Deschner, Reinhard Heydrich, S. 98–114. Unter Leitung Heydrichs erstellen junge rechtsradikale Akademiker in SS und SD wissenschaftliche Untersuchungen und Analysen über die wirtschaftliche und soziale Lage der deutschen Juden und betreiben in München eine „Forschungsabteilung zur Judenfrage“.

89 Einer Welle antijüdischer Straßenaktionen folgen häufig neue gegen die Juden gerichtete Verbote. Vgl. Herbert, a. a. O., S. 65. Im Jahr der „Machtergreifung“, im Jahr der Nürnberger Rassegesetze sowie im Jahr der „Reichskristallnacht“ werden die meisten Gesetze, Erlasse und Verordnungen gegen Juden in Kraft gesetzt, – und stets waren Krawalle vorausgegangen.

Gesamtergebnis einen großen Schritt vorwärts gebracht."[90]

Mit den Nürnberger Rassegesetzen aus dem Jahre 1935 ist die Phase der wilden Judenverfolgung zunächst einmal vorbei. Die Jahre 1935 bis 1938 sind über längere Zeit geprägt von einer äußerlichen Beruhigung und Entspannung mit dem Höhepunkt der Olympischen Spiele im Sommer 1936. Ihren Abschluß findet diese Zeit in einem wilden Ausbruch anarchischer Ungesetzlichkeit: der furchtbaren Nacht des 9. November 1938. Sie leitet dann über zu einer neuen Phase der „Judenpolitik", der Vorbereitung der Vernichtung.

Zwischen Bangen und Hoffen

Was geht in den Menschen vor, die in Hameln geblieben sind? Die Nürnberger Rassegesetze müssen die jüdischen Menschen zutiefst verletzt haben: Zuchthaus auf Ehe und außerehelichen Verkehr zwischen Juden und „Deutschen", Verbot, „deutsche" Dienstmädchen unter 45 Jahren zu beschäftigen, Verbot, die „deutsche" Flagge zu zeigen, verbunden mit dem zynischen Zugeständnis, die „jüdische Flagge" hissen zu dürfen, Entziehung des „Reichsbürgerrechts".

„Nach Inkrafttreten der Nürnberger Gesetze hat die Versammlungstätigkeit der einzelnen jüdischen Organisationen einen derartigen Umfang angenommen, daß es fast unmöglich ist, eine einwandfreie Überwachung durchzuführen", heißt es im Lagebericht der Staatspolizeistelle Hannover.[91] „In der Judenbewegung ist die schon seit langem bestehende Uneinigkeit zwischen Zionisten und den deutschjüdischen Juden in letzter Zeit erheblich gestiegen."[92]

Aus Spitzelberichten der Gestapo sind wir über die Themen der Vorträge und über die Diskussionen in der Hamelner Gemeinde gut unterrichtet.

Im Oktober 1935 fand in der Hamelner Synagoge ein Vortrag der zionistischen Arbeitsgemeinschaft Hameln statt, an dem 46 Gemeindemitglieder teilnahmen. Der Vortragende, ein Max Weiner aus Hannover, schilderte „die Auswanderungsmöglichkeiten nach Palästina und ermahnte die Juden, nationale Solidarität zu üben, denn die schlimmen Zeiten, die sie jetzt in Deutschland durchmachen müßten, kämen auch in anderen Ländern ... zum Durchbruch. ... Außerdem empfahl Weiner den Anwesenden, ihren (!) Kinder ein Handwerk erlernen zu lassen, da sie in ihrem Nationalstaat (= Palästina) nur noch Bauern und Handwerker gebrauchen könnten."[93]

Im Dezember 1935 referierte ein Heinrich Stern aus Berlin. „Stern ermahnte die Gemeinde, doch wieder zu der Religion der Urväter zurückzukehren. ... Für ein Verbleiben der Juden in Deutschland trat er nicht ein, brachte aber zum Ausdruck, daß es ganz gleich sei, wo der Mensch einmal sterbe."[94]

Eine Mitgliederversammlung des Reichsbundes der jüdischen Frontsoldaten im Januar 1936 (er umfaßt zu dieser Zeit immer noch vierundzwanzig

90 Nds. HStA Hannover Hann 80 Hann II Nr. 800, Bl. 56.

91 Nds. HStA Hannover Foto 2 Hann 80 Hann II, Nr. 800, Bl. 266.

92 Lagebericht der Staatspolizeistelle Hannover vom 4. 7. 1935, a. a. O., Nr. 799, Bl. 341 f.

93 Bericht des Oberbürgermeisters an den Regierungspräsidenten in Hannover vom 22. 11. 1935, a. a. O., Nr. 800, Bl. 139 f.

94 Bericht des Oberbürgermeisters an den Regierungspräsidenten in Hannover vom 23. 1. 1936, a. a. O., Nr. 800, Bl. 228 f.

Mitglieder) beschäftigte sich mit der Frage, ob denn der Bezug der Rente in Palästina gesichert sei, er faßt eine Auswanderung also immerhin ins Auge.[95]

Am 15. 2. 1936 fand ein „Kameradschaftsabend des Reichsbundes jüdischer Frontsoldaten, Ortsgruppe Hameln" statt. Der Vortragende, ein Walter Fürst aus Hannover, befürwortete immerhin die Auswanderung der jüdischen Jugend nach Palästina. Im Bericht des Oberbürgermeisters über diesen Abend findet sich dann der Satz: „Die Tat des Mörders an dem Leiter der Landesgruppe Schweiz der Auslandsorganisation der NSDAP – Gustloff – wurde allgemein verurteilt."[96] Für den Frontkämpferbund ist auch der nationalsozialistische Staat Obrigkeit, der man Gehorsam und Treue schuldet. Diese Staatsfrömmigkeit, diese Hilflosigkeit und Unfähigkeit, die drohende, tödliche Gefahr zu sehen, hat schon etwas Tragisches.

Erst im Jahre 1936 spricht sich der in Hameln ja tonangebende „Reichsbund" für die Auswanderung aller Juden aus Deutschland aus. Aber nun ist es fast zu spät. Die Grenzen nach Palästina sind inzwischen geschlossen. Viele andere Länder haben hohe Hürden aufgerichtet.

Hervorspringendes Merkmal der Jahre 1935–1938 ist, daß sich die Juden der objektiven Verschlechterung ihrer Lage und der zunehmenden Bedrohung anpassen. „Das Judentum verhält sich hier äußerst zurückhaltend", meldet der Spitzel.[97] Eine Flut bürokratischer Vorgänge brach über die Juden herein, die erledigt werden mußte. Zwar gab es einzelne Eingaben an die Behörden, mit der Bitte um Ausnahmeregelungen, Fristverlängerungen, Linderungen; aber dann nahm man die Maßnahme doch hin. Es gab auch keine Alternative.

Aus der Fülle diskriminierender und erniedrigender Maßnahmen des Staates sollen hier nur zwei vorgestellt werden.

Durch Verordnung vom 26. April 1938 wurden alle Juden gezwungen, ihr gesamtes in- und ausländisches Vermögen anzumelden. Die Meldepflicht galt auch für nichtjüdische Ehegatten von Juden. Anzumelden waren Vermögen, deren Gesamtwert 5000 RM überstieg. In Hameln waren durch die Verordnung sieben Personen bzw. Familien betroffen.[98] Alle übrigen Hamelner Juden sind zu dieser Zeit bereits ohne nennenswertes Vermögen. Nach der Anmeldung durften die Betroffenen über ihr Vermögen nicht mehr frei verfügen. „Mit dieser Verordnung war die Substanz des jüdischen Vermögens be-

95 Bericht des Oberbürgermeisters an den Regierungspräsidenten in Hannover vom 23. 1. 1936, a. a. O., Bl. 229.

96 Bericht des Oberbürgermeisters an den Regierungspräsidenten in Hannover vom 21. 3. 1936, a. a. O., Bl. 314 f. Wilhelm Gustloff war von einem politischen Gegner ermordet worden. Die Nationalsozialisten nutzten diese Tat propagandistisch aus. Ein Schiff der KdF-Organisation trug später seinen Namen.

97 Bericht des Oberbürgermeisters ..., ebd.

98 Vgl. Walk, S. 223; StA HM 1, 2739, Schreiben des Oberbürgermeisters an den Regierungspräsidenten vom 8. Juli 1938. Es sind
der Kaufmann Gustav Behrendt, Bäckerstraße 25,
der Kaufmann Karl Bernstein und seine Ehefrau Paula, Münsterkirchhof 13,
der Kaufmann Hermann Hammerschlag und seine Mutter Bertha Hammerschlag, Emmernstraße 28,
die Witwe Rieka Katz, Pferdemarkt 8,
der Kaufmann Salomon Keyser, Ritterstraße 1,
der Arzt Dr. Siegmund Kratzenstein, Kastanienwall 3 und
Irmgard Weinberg, Osterstraße 39.

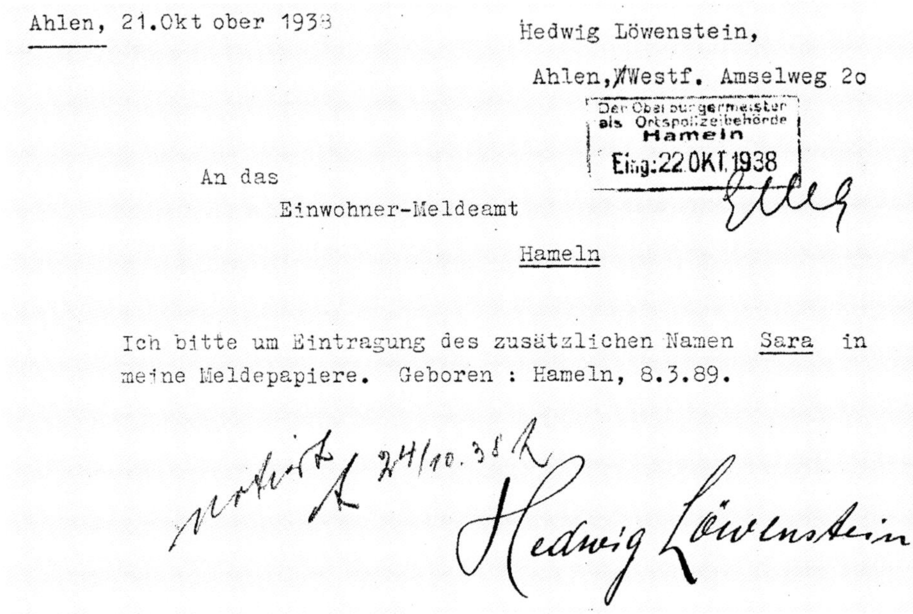
Ahlen, 21.Oktober 1938

Hedwig Löwenstein,

Ahlen,/Westf. Amselweg 20

Der Oberbürgermeister als Ortspolizeibehörde Hameln
Eing.: 22.OKT.1938

An das

Einwohner-Meldeamt

Hameln

Ich bitte um Eintragung des zusätzlichen Namen Sara in meine Meldepapiere. Geboren : Hameln, 8.3.89.

notiert 24/10.38

Hedwig Löwenstein

Antrag von Hedwig Löwenstein, den zusätzlichen Vornamen „Sara" führen zu dürfen

reits in die Verfügungsgewalt des Reiches übergeführt."[99]

Victor Klemperer notiert unter dem Datum des 29. Juni 1938 in sein Tagebuch: „Was will man mit dieser Aufstellung? Wir sind es so gewohnt, in diesem Zustand der Entrechtung und des stumpfen Wartens auf weitere Schandtaten zu leben, es regt uns schon kaum noch auf."[100]

Besonders demütigend war die Verordnung über die Annahme eines zusätzlichen Vornamens. Per Verordnung war festgelegt worden, daß Juden nur solche Vornamen tragen dürfen, die in den Richtlinien des Reichsinnenministers aufgeführt sind (Siegfried und Thusnelda sind jüdischen Menschen verboten). Soweit sie andere als darin aufgeführte Namen tragen, müssen sie zusätzlich einen weiteren Vornamen annehmen, die Männer den Namen Israel, die Frauen den Namen Sara. Die jüdischen Bürger müssen diese Annahme eines weiteren Vornamens beim Standesbeamten ihres Geburts- und Heiratsortes selber beantragen und auch die Kosten der Namensänderung tragen. Was für die Bürokratie ein normaler Vorgang sein mag, ist für die Betroffenen ein zutiefst entwürdigender Akt.[101]

Die Zahl der Gemeindemitglieder sinkt immer mehr. Lebten im Jahre 1933 136 jüdische Menschen in Hameln, so sind es 86 im Jahre 1935 und nur noch 44 im Jahre 1939.[102] Durch den anhaltenden Wegzug von Mitgliedern und die

[99] Adler, Der verwaltete Mensch, S. 493.

[100] Band 1, S. 412.

[101] StA HM 1, 2739. Im Stadtarchiv Hameln liegt eine umfangreiche Akte unter dem Titel „Die Kennzeichnung der Juden", die alle diese Anträge auf die Führung eines weiteren Vornamens enthält. In einzelnen Fällen ist den Anträgen die Bitte um Gebührenfreiheit beigelegt.

[102] StAHM 1, 2739. Die Zahlen stammen aus den Verwaltungsberichten der Stadt. Zu beachten ist freilich, daß nicht jeder, der nach den Nürnberger Gesetzen Jude ist, sich auch als Mitglied der Gemeinde versteht.

Moritz Hohenstein

Gültig im Gebiete des Deutschen Reiches

Auf das Jahr 19 38 — Nr. der Karte 16

Legitimationskarte

für Kaufleute, Handlungsreisende und Handlungsagenten für einen inländischen Gewerbebetrieb

(§§ 44, 44 a Abs. 1 bis 5 der Reichsgewerbeordnung)

Daß der Inhaber

Herr/~~Frau~~ Moritz Hohenstein

die durch das Lichtbild und die Beschreibung dargestellte Person ist, wird beglaubigt.

Hameln, den 27. Dez. 1937

Der Oberbürgermeister als Ortspolizeibehörde.

Eine ...tungsgebühr von ... RM ist erhoben worden

Gewerbeschein von Moritz Hohenstein

immer weiter gehenden Geschäftsaufgaben verändert sich die Struktur der Gemeinde. Sie verarmt, und sie wird im Durchschnitt älter. Laut Steuerlisten, die bis zum Jahre 1938 lückenlos vorliegen, haben im Jahre 1938 nur noch zwei Mitglieder der Gemeinde Einkünfte aus Erwerbstätigkeit. Es sind die Kaufleute Bernstein und Hammerschlag, die immer noch ihren Laden offen halten. Alle anderen Ladengeschäfte sind inzwischen geschlossen.

Ein Teil der jüdischen Geschäftsinhaber war nach der Aufgabe des offenen Ladengeschäftes reisender Kaufmann, Vertreter geworden. Auch dieses Schlupfloch wird nun geschlossen. An Juden ausgegebene „Wandergewerbescheine" verlieren mit dem 30. 9. 1938 ihre Gültigkeit. Dem Kaufmann Moritz Hohenstein wird von der Stadt Hameln die Legitimationskarte als Handlungsreisender entzogen. Ein Einspruch des Mannes wird abgewiesen. Die Eheleute Hohenstein sind damit ohne Existenzgrundlage.[103]

Die vierte Verordnung zum Reichsbürgergesetz vom 25. Juli 1938 entzog jüdischen Ärzten die Approbation.[104] Es war ihnen verboten, Heilkunde auszuüben und den Titel eines Arztes zu führen. Die Behandlung von Juden sowie der eigenen Ehefrau und der ehelichen Kinder ist ihnen auf Antrag widerruflich zu gestatten. Nachdem jüdischen Ärzten schon früher die Kassenzulassung entzogen worden war, bedeutete diese Verordnung ein gänzliches Berufsverbot. In Hameln traf es den Arzt Dr. Kratzenstein.

[103] Walk, Das Sonderrecht für die Juden, S. 232. StA HM 1, 2739. Moritz Hohenstein war ursprünglich Fruchtgroßhändler gewesen.

[104] Walk, a. a. O., S. 234.

Außer den Familien Bernstein und Hammerschlag müssen alle anderen jüdischen Personen von Ersparnissen, Renten oder Mieteinnahmen leben, also im wesentlichen von der Substanz. Die Schwestern Löwenstein leben von der Fürsorge. Die Lage der jüdischen Menschen ist objektiv verzweifelt!

Wegen finanzieller Erschöpfung hat die Gemeinde längst ihren Lehrer Hans Weiß entlassen müssen.[105] Der Vorsitz der Gemeinde wechselt jetzt häufig. Traditionell lag er in den Händen der angesehenen jüdischen Kaufmannsfamilien. Jetzt hat die Gemeinde offenbar Mühe, den Posten zu besetzen. Die Nachfolge des Viehhändlers Albert Jonas, der aus gesundheitlichen Gründen zurücktrat, sowie von Rechtsanwalt Binheim, dem im Herbst 1937 die Ausreise nach Palästina gelang, trat am 2. November 1937 der Arzt Dr. Siegmund Kratzenstein an. Für ihn wird am 7. Januar 1939 der greise Elias Birnbaum gewählt werden und als „Beirat" Frau Frankenstein sowie Frau Grete Birnbaum.

Durch das Gesetz über die Rechtsverhältnisse der jüdischen Kultusvereinigungen vom 28. März 1938 verliert die jüdische Gemeinde Hameln ihren öffentlich-rechtlichen Status.[106] Von diesem Zeitpunkt an ist sie rechtsfähiger Verein des bürgerlichen Rechts und unterliegt der Aufsicht durch die Verwaltungsbehörden.

Verstöße gegen das „Gesetz zum Schutz des deutschen Blutes und der deutschen Ehre", also Fälle sogenannter „Rasseschändung" hat die Presse des Dritten Reiches stets in besonders ekelerregender Weise herausgestellt. In Hessisch-Oldendorf gab es am 18. Juli 1935 eine „Massenkundgebung" „über die letzten jüdischen Schandtaten in unserer Stadt". Im Stürmerkasten war ein Plakat ausgehängt:

> „Unerhörte Rasseschändung im Hause des Juden Löwenstein in Hess.-Oldendorf.
> Der Talmudjude Mannheimer hat im Hause seines Rassegenossen, des Viehjuden Löwenstein, ein deutsches 14jähriges Mädchen in der gemeinsten Weise geschändet.
> Dieses ist wieder ein Fall in der Kette jüdischer Rasseschändung, der klar beweist, daß sich der Jude selbst an Kindern vergeht, weil es ihm sein geheimes Gesetz, der Talmud, so vorschreibt.
> Der asiatische Wollüstling Mannheimer gehört an den Pranger! Seinem rasseschänderischen Treiben muß ein für allemal ein Ende bereitet werden.
> Was mag in dem Judenhause Löwenstein, Hess.-Oldendorf, schon alles vorgefallen sein?!
> Soll es möglich sein, daß die asiatischen Verbrecher, die man bislang anständig behandelt hat, noch weiter unsere Frauen und Töchter schänden? An den Galgen mit diesen Judenbengeln!
> Mögen sie doch in Palästina unter ihresgleichen hausen, sich gegenseitig betrügen und in ihrem eigenen Dreck und Morast verkommen.
> Das Maß ist zum Überlaufen voll. Unser Langmut ist zu Ende!
> Deutsche Volksgenossen und Genossinnen! Macht Schluß mit den Juden! Kauft nichts bei ihnen und verkauft ihnen nichts!
> Die Juden mögen Deutschland verlassen. Denn für sie ist im Reiche Adolf Hitlers kein Platz!"[107]

105 StA HM 1, 834; vgl. Mlynek, Gestapo Hannover meldet, S. 476.
106 Walk, a. a. O., S. 219.
107 Der vollständige Text bei Hoffmann, Jüdische Nachbarn in Hess. Oldendorf, Beilage zu S. 74 (mit Auslassungen).

Der Fall von „Rasseschändung“ wurde polizeilich untersucht und stellte sich als reines Phantasieprodukt heraus. In der Presse wurde er nie wieder erwähnt.[108]

Von derart widerlichen Vorwürfen blieb die Hamelner jüdische Gemeinde glücklicherweise verschont. In die Berichterstattung der DWZ gelangte nur ein „Verbrechen gegen die Nürnberger Gesetze“, das relativ glimpflich bestraft wurde.[109]

Gerichtssaal

Verbrechen gegen die Nürnberger Gesetze.

Die 1. Große Strafkammer des Landgerichts verhandelte gegen den in Hameln wohnenden Fritz M. wegen Verbrechens gegen die Nürnberger Gesetze aus dem Jahre 1935, erlassen zum Schutze der deutschen Ehre und des deutschen Blutes. Der Angeklagte hatte im Jahre 1929 ein Mädchen kennen und lieben gelernt. Im Jahre 1934 verlobte er sich mit ihm, und die Eheschließung stand bereits vor der Tür, als er bei der Heirat der Schwester seiner Braut erfuhr, daß die Eltern der Braut (der Vater war bereits verstorben) im Jahre 1897 vom israelitischen zum christlichen Glauben übergetreten waren. M. versuchte nun, die in ihm aufsteigenden Bedenken, es war im Herbst 1935, zu verscheuchen. Schließlich meldete er die beabsichtigte Eheschließung dem Standesamte an. Dort wurde er aber abgewiesen mit dem Hinweis auf die Nürnberger Gesetze. Nun wandte sich M. mit einem Gesuch an den Minister des Innern. Dort erfolgte ebenfalls Ablehnung. Betrübt ging er wieder zum Standesamt und erbat sich Rat, denn er glaubte ohne das Mädchen nicht leben zu können. Man riet ihm, es mit einem neuen Gesuch zu versuchen. Er setzte den Verkehr fort, und am 17. November 1936 wurde ein Kind geboren, als dessen Vater sich der Angeklagte freimütig bekannte. Nun wurde ein Verfahren gegen ihn eingeleitet, dessen Schlußkapitel im Gerichtssaal abrollte. Der bisher völlig unbescholtene Angeklagte, der einen sehr guten Eindruck erweckte und der von vornherein in vollem Umfange geständig war, wurde zu 6 Monaten Gefängnis verurteilt. In der Begründung des Urteils wurde ausgeführt, daß die Strafe nur deshalb so milde ausgefallen sei, weil es sich bei dem Angeklagten um einen unbestraften, wahrheitsliebenden Menschen handele und der Verkehr bereits im Jahre 1929 begonnen habe. Wenn alle diese Umstände nicht gewesen wären, dann würde die Verhängung einer schweren Zuchthausstrafe die notwendige Folge gewesen sein, denn das Gesetz zum Schutze deutschen Blutes kennt nur harte Strafen.

do.

DWZ vom 27. 5. 1937

108 Vgl. Lagebericht des Regierungspräsidenten für Juli 1935, nds. HStA Hannover Hann 80 Hann II, Nr. 800, Bl. 97.

109 Phantasieprodukt dürften auch die Anschuldigungen gegen die Witwe eines „alten Kämpfers“ aus dem Jahre 1935 gewesen sein, sie habe unerlaubten Kontakt mit Juden gehabt. Im Stadtarchiv Hameln (1, 1415) finden sich über 30 Seiten Vernehmungsprotokolle und Stellungnahmen von SA, Kreisleitung und Oberbürgermeister.

Der 9. November 1938

Die Vertreibung der polnischen Juden – ein Vorgriff auf den 9. November

Am 27. Oktober 1938 wird dem Oberbürgermeister der Stadt Hameln ein von Gestapochef Heydrich gezeichneter Schnellbrief zugestellt betreffend: „Aufenthaltsverbot für Juden polnischer Staatsangehörigkeit". Darin gibt Heydrich den Ausländerpolizeibehörden die Weisung, „sofort im großen Umfange gegen Juden polnischer Staatsangehörigkeit Aufenthaltsverbote für das Reichsgebiet zu erlassen und ihnen die Verbotsverfügung sofort zuzustellen. Die Aufenthaltsverbote sind mit Frist bis zum 29. Oktober 1938 auszusprechen; die Betroffenen sind darauf aufmerksam zu machen, daß sie bis zu diesem Zeitpunkt das Reichsgebiet verlassen müssen."[110]

An Tausenden in Deutschland lebender Juden polnischer Herkunft statuiert die Gestapo ein Exempel unbedingter Gewaltbereitschaft. Sie werden noch am selben Tage in ihren Wohnungen überfallen, auf die Polizeireviere gebracht und zur polnischen Grenze deportiert.

Familie Kamenetzky

Der Oberbürgermeister in Hameln wird sofort tätig. Am selben Tage meldet er dem Polizeipräsidium in Hannover:

„Die Eheleute und polnischen Staatsangehörigen Salomon Kamenetzky ... und Henriette Kamenetzky ... sowie deren Kind Eva Kamenetzky ... sind zufolge Aufenthaltsverbots heute von mir in Abschiebungshaft genommen. Anordnungsgemäß werden dieselben hiermit dort zugeführt (= in das Polizeipräsidium Hannover) mit dem Ersuchen, diese dem morgen von dort an die polnische Grenze abgehenden Sondertransport mitzugeben."[111]

Salomon Kamenetzky stammt aus Polen. Er wurde am 9. Februar 1886 in Rotzko, Kreis Grodnow geboren, ist im Jahre 1938 also 52 Jahre alt. Spätestens seit 1925 lebt er in Hameln. Er heiratet Henriette Löwenstein, die am 5. Juli 1895 in Ibbenbüren geboren wurde. In Hameln kommt am 21. Juni 1928 die Tochter Eva zur Welt. Eva ist zur Zeit der „Abschiebung" 10 Jahre alt.

1925 eröffnet Salomon ein Schuhgeschäft in der Bahnhofstraße 40. Nach der erzwungenen Geschäftsaufgabe (spätestens 1935) lebt er zunächst als Handelsvertreter, schließlich als Arbeiter. Die Familie wohnt in der Königstraße 27. Der Wohnungswechsel 1935 in die Königstraße 2 mag mit der Verschlechterung der wirtschaftlichen Situation der Familie zusammenhängen.

Die Familie fällt unter das von Heydrich ausgesprochene Aufenthaltsverbot. Möglich wird das durch ein Gesetz aus dem Jahre 1933 über den Widerruf von Einbürgerungen und die Aberkennung der Staatsangehörigkeit.[112] *Dieses Gesetz wurde vorwiegend gegen die nach Beendigung des Weltkrieges aus dem Osten eingewanderten Juden angewandt.*

Mit Salomon werden aber auch seiner in Deutschland geborenen Frau und der in Hameln geborenen Tochter die deutsche Staatsangehörigkeit aberkannt!

110 StA HM 1, 2740.
111 StA HM ebd.
112 Walk, Das Sonderrecht für die Juden, S. 36.

Ohne jede Frist, ohne jede Vorwarnung werden die drei Menschen „abgeschoben"! Von Hannover aus wird die Familie Kamenetzky am 28. Oktober in einem Sammeltransport an die deutsch-polnische Grenze bei Neu-Bentschen deportiert. Mit anderen Betroffenen muß sie dort unter menschenunwürdigen Bedingungen auf freiem Felde im Niemandsland kampieren, weil die Polen ihrerseits die Grenze geschlossen halten. Für die Deportierten errichtet der polnische Staat ein Lager, das bis Kriegsbeginn besteht. Wem es nicht gelang, aus dem Lager zu entkommen und aus Polen zu emigrieren, der wurde nach dem Kriegsausbruch Opfer der „Endlösungspolitik".

Das weitere Schicksal der Familie Kamenetzky liegt im Dunkeln. Durch den Sohn Hermann, der damals der Deportation entgeht, wissen wir, daß die Familie in den Jahren 1940/41 von Polen aus mit unbekanntem Ziel deportiert worden ist und als verschollen gelten muß.

Unter den an die deutsch-polnische Grenze Abgeschobenen befindet sich die Familie des Schneiders Sendel Grünspan aus Hannover. Deren siebzehnjähriger Sohn Herschel hält sich in Paris auf. Als Herschel von der „Abschiebung" seiner Eltern aus Hannover hört, verübt er am 7. November ein Attentat auf den deutschen Botschaftsangehörigen Ernst von Rath. Dieser erliegt zwei Tage später seinen Schußverletzungen: Vorwand für die sogenannte Reichskristallnacht.

Die Gestapo verhaftet und deportiert am 27. und 28. Oktober 1938 insgesamt 17000 polnische Juden.[113] Ihre Vertreibung sprengt – auch in der Größenordnung – „die bis dahin gekannten Maßstäbe von Brutalität und Rechtlosigkeit". Hier prägte sich zum ersten Mal „die Technik der Massenverhaftung ... zu einem Machtmittel antijüdischer Politik aus".[114] Völlig überraschend und für den Betroffenen absolut willkürlich war der Zugriff erfolgt. Bei der Bevölkerung bleibt die „Maßnahme" nahezu unbemerkt. Vielen, die davon erfahren, gilt sie als rechtmäßige Behördenmaßnahme; bei denen, die den Opfern nahestehen, löst sie lähmende Angst aus. Die Massenverhaftung Ende Oktober 1938 ist „Vorspiel"[115] dessen, was sich wenige Tage später in Deutschland ereignen wird.

Der 9. November 1938

Die „Reichskristallnacht", ein Tag der äußersten Verirrung eines Staates in Plünderung, Brandstiftung und Mord, vollzogen inmitten der Städte, unter aller Augen – ein Tag der Schande.

Es war keineswegs ein spontaner Ausbruch des Volkszornes, sondern eine zentral gelenkte, das ganze Reichsgebiet umfassende Aktion von Gestapo, NSDAP, SA und SS.[116] Nirgendwo gingen die Gewaltakte in eine Volkserhebung gegen die Juden über. Die nichtjüdische Bevölkerung lehnte in ihrer Mehrheit diese Art des Vorgehens gegen eine Minderheit ab. Aber es gab auch niemanden, der sich der Gewalt in den Weg stellte.

Die Initiative dürfte auf Goebbels

113 Herbert, Von der „Reichskristallnacht" zum „Holocaust", S. 65.
114 Stein, Juden im Konzentrationslager Buchenwald, S. 117.
115 Herbert, a. a. O., S. 65. In der Nacht des 9. November werden 26000 Menschen „in Schutzhaft genommen".
116 Herbert, Von der „Reichskristallnacht" zum „Holocaust", S. 66.

zurückgehen.[117] Er erkannte die Möglichkeiten, die das Pariser Attentat für die Forcierung einer radikalen Judenpolitik bot und nutzte sie entschlossen. An sich hatte sich das Regime von den „wilden Aktionen“ der Jahre 1933–1935 zurückgezogen. An ihre Stelle war die stufenweise „gesetzliche“ Ausschaltung der Juden getreten.

In München fanden regelmäßig die Hauptfeierlichkeiten zum Gedenken an die 16 Toten der „Bewegung“ vom 9. November 1923 statt. Als am frühen Abend die Nachricht vom Tode von Raths bekannt wird, gelingt es Goebbels , etwa eine halbe Stunde lang ungestört mit Hitler zu sprechen. Dieser gibt schließlich der von Goebbels geplanten „Aktion“ grünes Licht. [118]

Goebbels mobilisierte für diese Nacht die SA, den harten Kern der „alten Kämpfer“, Gruppen, die von der Machtübernahme nicht profitiert hatten und immer wieder durch Verbot daran gehindert worden waren, ihren radikalen Antisemitismus auszuleben. Die lange aufgestaute Frustration erklärt die große Gewalttätigkeit der nächtlichen Aktionen. Die mehrere Jahre eingeschläferte terroristische Potenz der SA wird noch einmal aktiviert. Die „Aktion“ galt den vielen Juden, die trotz aller gegen sie gerichteten gesetzlichen Maßnahmen und Diskriminierungen in Deutschland geblieben waren und sich unter dem Regime eingerichtet hatten.

Die Welle antijüdischer Gewalt, die in dieser Nacht und auch den folgenden Tagen lückenlos ganz Deutschland und das „angeschlossene“ Österreich überzieht, ist im Volksmund als „Reichskristallnacht“, später vor allem als Pogrom bezeichnet worden. Vom Pogrom hatten die Tage ihr äußeres Erscheinungsbild: brennende Synagogen; gedemütigte, geschlagene und ermordete Juden; geplünderter und zerstörter jüdischer Besitz; geschleifte Friedhöfe. Anders als beim Pogrom ist es jedoch nicht der Mob, sondern sind es kommandierte paramilitärische Gruppen, die an Hunderten von Orten mit gleicher Systematik vorgehen. Zu diesem Bild gehört ein Apparat, der antijüdische „Aktionen“ seit Jahren vorbedacht hat und über Täter verfügt, die alle Winkel der Städte und Dörfer kennen. Die deutsche Geschichtswissenschaft hat für diesen Tag noch keinen Namen gefunden.

Einig ist sich die Forschung mittlerweile in den folgenden Punkten:[119]

- die „Aktion“ wurde von oben zentral angeordnet
- die „Aktion“ ist nicht längerfristig für den 9. November 1938 geplant worden, sondern sie wurde kurzfristig nach dem Attentat auf von Rath in Gang gebracht
- die „Aktion“ wurde von Partei und SA, oft zusammen mit der HJ, sowie von Behörden wie Polizei und Feuerwehr durchgeführt.

Folgende Maßnahmen wurden zentral angeordnet und sollten unter der Leitung der örtlichen NSDAP-Verantwortlichen und unter Beteiligung der Gestapo durchgeführt werden:

- alle Synagogen sind, wenn möglich, zu zerstören
- Archivmaterial der jüdischen Gemeinden ist vorher zu beschlagnahmen
- wohlhabende männliche Juden sind festzunehmen

117 Herbert, a. a. O., S. 66; Jäckel, Hitlers Herrschaft, S. 93.

118 Die „Aktion“ vom November 1938 ist von Himmler und Heydrich weder geplant noch ausgelöst worden.

119 Herbert, a. a. O., S. 66.

- polizeiliche Untersuchungen sowie Zeitungsmeldungen sind zu unterlassen
- noch bestehende jüdische Geschäfte sind zu schließen
- jüdische Friedhöfe sind zu zerstören.

Überall sind am Abend des 9. November 1938 die örtlichen Parteigruppen zu Feiern versammelt, um den 15. Jahrestag des vereitelten Putsches von 1923 zu begehen. Und überall gehen nun – zwischen 22 und 24 Uhr per Telefon instruiert – nach Abschluß der Feierlichkeiten häufig angetrunkene SA-Männer ans Werk. „Entsprechend den Anordnungen zog man sich ... oft – nicht immer – Zivilkleidung an, meist einfach einen Mantel über die Uniform, besorgte Werkzeug und ähnliche Instrumente, begab sich zum nächstgelegenen Haus oder Geschäft eines Juden oder zur Synagoge und begann – bald angefeuert von hinzueilenden Kameraden, HJ-Kindern oder Gaffern und in der Regel stark betrunken – mit dem Zerstörungswerk."[120] Synagogen werden in Brand gesetzt. Grabsteine auf den Friedhöfen der Juden zerschlagen, Geschäftseinrichtungen von Juden zertrümmert und jüdische Menschen aus den Betten gezerrt.

Was geschieht in dieser Nacht in Hameln? Anders als etwa in den Nachbargemeinden Bad Pyrmont[121] und Hehlen[122] sind die Vorfälle dieser Nacht nie zum Gegenstand gerichtlicher Untersuchung gemacht worden. Es ist in Hameln versäumt worden, die Vorgänge der Nacht aufzuklären und die für das schreckliche Geschehen Verantwortlichen vor Gericht zu stellen. Soweit Berichte vorliegen, stammen sie aus der Zeit des Dritten Reiches und sprechen die Sprache der Täter.[123] Die Befragung von Zeitzeugen ergibt in diesem Falle kein klares Bild. Wir erfahren von ihnen etwas über das Geschehen auf der Straße, wir erfahren aber nicht, wer konkret die Täter waren und wer vor Ort in Hameln die Befehle gab.[124]

Die Synagoge wird geplündert und dann in Brand gesetzt. Das Feuer will zunächst nicht in Gang kommen; Stroh wird in den Innenraum geschafft. Eine plötzlich umschlagende Feuerlohe verletzt SS-Männer, die sich im Gebäude aufgehalten hatten.[125]

Das Bauwerk brennt bis auf die Außenmauern nieder. Die Täter sind Hamelner Bürger, überwiegend SA-Leute und einige SS-Männer. Gestapo-Beamte beschlagnahmen das Archiv der Synagoge. Polizei und Feuerwehr sind anwesend; die Feuerwehr schützt die Nachbarhäuser.[126]

Sie verhindert auch das Übergreifen des Feuers auf das unmittelbar an die Synagoge angrenzende sogenannte Lehrerhaus. Darin wohnte damals eine christliche Familie, die Küsterspflichten in der Synagoge übernommen hatte. Der Brand der Synagoge wird von einer großen, offenbar schweigen-

120 Herbert, a. a. O., S. 67.

121 Vgl. DWZ vom 17. 2. 1950. Der Angeklagte, der ehemalige Pyrmonter Obersturmbannführer Eitel Reimerdes, sagt im Prozeß, ein nächtlicher Telefonanruf aus Hameln habe ihn von dem Brand der dortigen Synagoge unterrichtet. Für die Zerstörungen in Pyrmont will er „verhetzte Elemente aus Hameln" verantwortlich machen (ebenda).

122 Vgl. Kuessner, Die Pogromnacht im Braunschweiger Land, S. 13 und 19 f.

123 Vgl. die kurzen Berichte in der DWZ vom 10. und 12. 11. 1938.

124 Vorsichtige Versuche, das Geschehen zu rekonstruieren, in der DWZ vom 9. 11. 1978 (Hans Karweik) und vom 17. 11. 1978 (Manfred Börsch).

125 Wittkowsky, Zur Geschichte der Juden in Hameln, S. 27.

126 In der Bürenstraße 6 waren die „Kreiswaltung" der Deutschen Arbeitsfront (DAF) und die Handels- und Gewerbeorganisation (HaGo) untergebracht, in der Bürenstraße 5 stand die Synagoge.

Die Synagoge nach der Zerstörung – die Front zur Bürenstraße

Der Innenraum nach Westen

den Menschenmenge beobachtet. Die Stimmung sei beklommen gewesen.

Wut und Haß treffen in dieser Nacht auch den Friedhof der jüdischen Gemeinde in der Scharnhorststraße. Alle Steine werden umgestürzt, z. T. mit der Spitzhacke in Splitter zerhackt.[127]

Dasselbe geschieht übrigens mit allen sechzehn Friedhöfen des Kreises Hameln-Pyrmont.[128] Einige von ihnen liegen so versteckt, daß nur Ortskundige sie finden konnten. Bei der immer wieder vertretenen These, ortsfremde Nationalsozialisten, „verhetzte Elemente" aus anderen Städten[129] hätten die Zerstörungen begangen, handelt es sich offenkundig um eine Schutzbehauptung.

Die beiden immer noch bestehenden jüdischen Textilgeschäfte, der große Laden von Bernstein am Münsterkirchhof und das bescheidene Geschäft von Hammerschlag in der Emmernstraße, werden nach Augenzeugenberichten in der Nacht „schlimm geplündert"; bei Hammerschlag gehen auch die Fensterscheiben zu Bruch. Für einen Augenzeugen ist die Plünderung des Bernsteinschen Geschäftes „eines der trostlosesten Ereignisse" aus der Zeit des Dritten Reiches. Bernstein hatte sich allen Anfeindungen und Drohungen widersetzt und seinen Laden erfolgreich offengehalten. Damit hatte er den besonderen Zorn der Hamelner NSDAP erregt. Am Morgen des 10. November halten sechs SA-Männer Wache vor dem demolierten Geschäft, offenbar, um weitere Plünderungen zu verhindern. Noch am selben Tage erfolgt unter der Aufsicht eines Vertreters der Kreissparkasse die Auflösung der beiden geplünderten Geschäfte. Autos fahren vor und transportieren das Warenlager ab. Die Öffentlichkeit erfährt aus der DWZ, daß die Materialien aus den beiden jüdischen Geschäften „sichergestellt seien, und zwar vorerst im Lager der NSV".[130]

Die Gewalt dieser Nacht richtet sich aber nicht nur gegen „Sachen", sondern ebenso gegen Menschen. Offenbar um kursierenden Gerüchten entgegenzutreten, versichert der Kreisleiter Dröge in der DWZ, „daß den Juden der Stadt in keiner Weise etwas zugefügt sei."[131]

Tatsächlich aber war die Verhaftungsaktion in der Nacht des 9. November besonders brutal. Sie blieb allerdings im Unterschied zur Gewalt gegen Sachen der breiten Öffentlichkeit weitgehend verborgen.

Der in der Hamelner Bevölkerung bekannte und beliebte Arzt Dr. Kratzenstein wird mit ganz besonderem Haß verfolgt. In seinem Haus am Kastanienwall 3 wird er heimgesucht, seine Praxis, die er schon lange nicht mehr betreiben durfte, wird zerschlagen und auf die Straße gestürzt, er selbst und auch andere Juden vor die brennende Synagoge geführt.

127 Vgl. Gelderblom, Der jüdische Friedhof in Hameln, S. 16–22.

128 Es handelt sich um die Friedhöfe in Aerzen, Bad Münder, Bad Pyrmont (dort gibt es zwei Friedhöfe), Börry, Bodenwerder, Coppenbrügge, Hämelschenburg, Hemeringen, Hemmendorf, Hess. Oldendorf, Lauenstein, Ottenstein, Salzhemmendorf, Tündern und Wallensen.

129 DWZ vom 17. 2. 1950.

130 DWZ vom 12. 11. 1938. Ganz parallel verlaufen die Vorgänge in vielen anderen Städten, z. B. in Hannover. Der Polizeipräsident der Stadt berichtet unter der Überschrift „Aktion gegen Juden. Anschlußbericht" an den Regierungspräsidenten: am 10. 11. „ist mit der Räumung der Geschäfte der Juden und Übernahme der Gegenstände durch die NSV (=Nationalsozialistische Volkswohlfahrt) bzw. das WHW (Winterhilfswerk) begonnen worden. Die Schaufenster werden mit Bretterverschlägen versehen"; nds. HStA Hannover Hann 87 Hann Nr. 258, Bl. 11.

131 DWZ vom 12. 11. 1938.

Mit Dr. Kratzenstein werden zehn jüdische Männer in dieser Nacht von der Gestapo in das Hamelner Polizeigefängnis gebracht, dort in „Schutzhaft" genommen, am nächsten Tag nach Hannover überführt und am 11. November in das Konzentrationslager Buchenwald verschleppt.

Bei der Festnahme der sogenannten „Aktionsjuden" handelt es sich um eine gesonderte Maßnahme unter der Verantwortung Himmlers, die von der Gestapo und nicht von der SA durchgeführt wurde. Der genaue Zeitpunkt der Verhaftung und die Umstände sind für Hameln nicht bekannt.

Im Runderlaß Heydrichs heißt es hierzu: „Sobald der Ablauf der Ereignisse dieser Nacht die Verwendung der eingesetzten Beamten hierfür zuläßt, sind in allen Bezirken so viele Juden – insbesondere wohlhabende – festzunehmen, als in den vorhandenen Hafträumen untergebracht werden können. Es sind zunächst nur gesunde, männliche Juden nicht zu hohen Alters festzunehmen. Nach Durchführung der Festnahme ist unverzüglich mit den zuständigen Konzentrationslagern wegen schnellster Unterbringung der Juden in den Lagern Verbindung aufzunehmen".[132]

Das, was in Hameln geschieht, paßt lückenlos in das Bild, das Gestapochef Heydrich von dieser Nacht zeichnet: „In zahlreichen Städten haben sich Plünderungen jüdischer Läden und Geschäftshäuser ereignet. ... Festgenommen wurden rund 20 000 Juden. ... An Todesfällen wurden 36, an Schwerverletzten ebenfalls 36 gemeldet. Die Getöteten und Verletzten sind Juden."[133] Erst im Laufe der nächsten Tage war es möglich, den Umfang der Zerstörungen an Geschäften und Wohnungen zu übersehen. Weit über 7500 Geschäfte und ungezählte Wohnungen waren demoliert und geplündert worden, fast alle Synagogen und Gemeindehäuser in Brand gesetzt worden. Der Sachschaden betrug viele Millionen Reichsmark.[134]

Am Tag nach dem schrecklichen Geschehen berichtet die DWZ in aller Breite über die verschiedenen Gedenkfeiern zur Erinnerung an den Hitlerputsch von 1923. Die nächtlichen Ereignisse in Hameln sind ihr nur wenige Zeilen wert:

Vergeltungsmaßnahmen

Als gestern abend die Nachricht vom Tode des deutschen Legationssekretärs vom Rath in der Stadt bekannt wurde, machte sich auch in Hameln die Empörung der Bevölkerung über den feigen jüdischen Mordanschlag in der deutschen Botschaft in Paris in einer Reihe von Vergeltungsmaßnahmen Luft. Wie wir erfahren, mußten einige Juden in Schutzhaft genommen werden.

„Bericht" der DWZ (10. 11. 1938) über die Ereignisse in der Nacht des 9. November

132 Herbert, a. a. O., S. 69; vgl. Walk, Das Sonderrecht für die Juden, S. 253.

133 Zitiert in Brunsvicensia Judaica, S. 143. Tatsächlich wurden über 26000 Männer inhaftiert und deportiert, wurden über 100 Männer ermordet.

134 Brunsvicensia Judaica, S. 143.

„... mußten einige Juden in Schutzhaft genommen werden“

Die Schicksale der Hamelner Juden, die im November 1938 in das Konzentrationslager Buchenwald verschleppt wurden, liegen fast ganz im Dunkeln. Entlassene Häftlinge hatten sich zum Schweigen verpflichten müssen, und sie waren wohl auch nicht in der Lage, über das Grauen zu berichten. Die meisten der aus Buchenwald freigekommenen Hamelner Juden kamen später in den Vernichtungslagern ums Leben. So trägt dieses Kapitel vor allem zusammen, was die historische Forschung über die Zustände in Buchenwald ermittelt hat.

Erst seit dem Zusammenbruch der DDR im Jahre 1989 wurde die Situation in dem nur einige Monate bestehenden Sonderlager der „Judenaktion“ genauer erforscht und dargestellt. Für die DDR war Buchenwald Ort des antifaschistischen Widerstandes. Die Existenz jüdischer Häftlinge und ihr außerordentliches Leiden spielte in den Darstellungen der DDR-Historiker nur eine unwesentliche Rolle.[135]

Über 26000 jüdische Männer wurden während der „Juden-Aktion“ des 9. November 1938 in die Konzentrationslager Buchenwald, Sachsenhausen und Dachau deportiert. Nach Buchenwald bei Weimar rollten u.a. die Transporte aus dem Regierungsbezirk Hannover. Bereits im Tunneldurchgang des Weimarer Bahnhofes wurde geschlagen. Transport für Transport – fast 10000 Menschen – wurde über den „Carachoweg“ durch die schmale Pforte des Lagertores Buchenwald gehetzt und erreichte mit Platzwunden, Quetschungen und Knochenbrüchen den Appellplatz.

Für die Massen an Verhafteten stand zunächst nur eine Notbaracke in einem kleinen abgetrennten Sonderbereich des Lagers zur Verfügung. In den nächsten Tagen entstanden vier weitere Baracken: ohne Fenster, ohne Waschgelegenheit, ohne eine Möglichkeit, die Kleider unterzubringen, ohne Heizung. Nur kriechend konnte ein Mensch seine Lagerstätte erreichen. 2000 Mann lagen in unerträglicher Enge in jeder Baracke. Zwei offene Latrinen hatten die Häftlinge selbst gebaut. Da es kaum Wasser gab, wurde Regenwasser aufgefangen. Fehlendes und verdorbenes Essen trug zu einer massenhaften Durchfallerkrankung bei. Das Lager war auf die Aufnahme von 10000 Häftlingen in keiner Weise vorbereitet, und die Sterblichkeit unter den Häftlingen war außerordentlich hoch. Über 200 Männer werden den Aufenthalt im „Pogromsonderlager“ Buchenwald nicht überleben.

Viele konnten den extremen Wechsel der Lebensumstände seelisch nicht verkraften. Vorgestern noch waren sie Familienväter, Kaufleute, Ärzte gewesen; gestern waren sie unter schrecklichen Bedingungen inhaftiert worden; sie überfiel ein Gefühl vollständiger Ohnmacht. Andere verfielen in Weinkrämpfe, wieder andere verharrten völlig apathisch.

Der einbrechende Winter brachte Erfrierungen. Erst das Auftreten von Pa-

135 Ich folge in meiner Darstellung dem Aufsatz von Harry Stein, Juden im Konzentrationslager Buchenwald.

ratyphusfällen bei SS-Leuten veranlaßte die SS-Führung, die Zustände im Lager näher zu untersuchen. Während der Typhusepidemie im Februar 1939 gab die SS den Befehl, die fünf Baraken des Sonderlagers abzureißen.

Nach dem Inferno der ersten Woche vergingen die Tage im Sonderlager mit Appellstehen, stundenlangem Sitzen auf dem Appellplatz oder „Freiübungen“. Es gab im Sonderlager keine Arbeit. Das Schlimmste war, daß es keinen Alltag gab, der sich ungefähr kalkulieren ließ.[136] Ohne durchschaubares System, unberechenbar und gleichwohl niemanden verschonend terrorisierte die SS die Häftlinge. Der ungeheure psychische Druck blieb für die Überlebenden ein lebenslanges Trauma.

In den ersten Tagen kam über den Lautsprecher des Lagers die Ansage: „Alle Judenvögel herhören! ... Ihr bleibt solange hier, bis ihr eure Geschäfte, Fabriken und Häuser verkauft habt und beweisen könnt, daß ihr schleunigst auswandern werdet.“ [137]

Etwa zehn Tage nach der „Judenaktion“ wurden die ersten Inhaftierten entlassen: Auswanderer, Weltkriegsteilnehmer, mit „arischen“ Frauen Verheiratete. Bis Mitte Dezember verließen durchschnittlich 250 Männer täglich das Lager, nach der Tortur notdürftig wieder hergerichtet und mit der strikten Auflage, über das Erlebte zu schweigen.

In den 13 Wochen, die das Pogromsonderlager in Buchenwald bestand, vollzog sich eine Verschärfung der Entlassungsbestimmungen. Die Gestapo machte einheitlich das Verlassen Deutschlands und die Bereitschaft zur „Arisierung“ des Eigentums zur Bedingung.[138] Über tausend jüdische Männer, die eine Auswanderung nicht bezahlen konnten oder kein Aufnahmeland fanden, saßen in einer schrecklichen Falle. Die in Deutschland bestehenden jüdischen Hilfsorganisationen halfen, wo sie konnten, indem sie Visa und Ausreisezertifikate besorgten.

Die äußerst brutale Verhaftungsaktion in der Nacht des 9. November war von Himmler und Heydrich befohlen worden. Sie sollte den Schrecken des 9. November für die Juden verlängern und ihre „Auswanderungswilligkeit“ erhöhen. Die Behandlung in den Konzentrationslagern „übertraf in bezug auf Grausamkeit und Brutalität alles selbst in den Lagern bis dahin Gekannte“.[139]

Auch wer unter den deutschen Juden noch mit der Vorbereitung der Auswanderung gezögert hatte, dem war nun klar, daß nicht nur seine gesellschaftliche und wirtschaftliche Position, sondern daß sein Leben in Gefahr war. In den Folgemonaten schnellten die Auswanderungszahlen hoch.

Während die „Pogromnacht“ mit ihren entsetzlichen und barbarischen Exzessen gegenüber Synagogengebäuden, Geschäftshäusern und Friedhöfen die deutsche Bevölkerung beunruhigt hatte, ist die brutale Verhaftung und Drangsalierung von über 26000 jüdischen Männern nicht in das Bewußtsein der deutschen Öffentlichkeit gedrungen. Sie verlief weitgehend unbemerkt und wirkte nach dem Vorbild der massenhaften Verhaftungen der Juden mit polnischer Staatsangehörigkeit im Oktober des Jahres legal.

136 Stein, a. a. O., S. 115.
137 Stein, a. a. O., S. 111.
138 Stein, a. a. O., S. 118.
139 Herbert, Von der „Reichskristallnacht“ zum „Holocaust“, S. 73.

Aus Hameln werden zehn Männer nach Buchenwald verschleppt.[140] Es sind dies

Erich Adler, Vertreter	38 Jahre alt
Kurt Adler, Viehhändler	37 Jahre alt
Gustav Behrendt, Textilkaufmann	58 Jahre alt
Karl Bernstein, Textilkaufmann	58 Jahre alt
Max Birnbaum, Schlosser	45 Jahre alt
Hermann Hammerschlag, Textilkaufmann	41 Jahre alt
Albert Jonas, Viehhändler	67 Jahre alt
Arthur Jonas, Viehhändler	33 Jahre alt
Walter Katz, Kaufmann	34 Jahre alt
Dr. med. Siegmund Kratzenstein	62 Jahre alt

Nur von Erich Adler, der das Dritte Reich überlebt hat, haben sich einige knappe Bemerkungen aus der Nachkriegszeit über seinen Aufenthalt in Buchenwald erhalten. Er schreibt: „Ich bekam in den ersten fünf Tagen nicht einen Tropfen zu trinken. Wir konnten vor Durst nichts essen. Die Behandlung war tierisch. Wir litten sehr unter der Kälte. Ich wurde nach fünf Wochen entlassen, da ich eine Auswanderung nach Südamerika hatte."[141]

Anderes erfahren wir nur aus den Akten. Der junge Walter Katz, wohnhaft Pferdemarkt 8, stirbt am 7. Januar 1939 in Buchenwald. Über die Umstände seines Todes ist fast nichts bekannt. Erich Adler berichtet, daß Walter Katz in Buchenwald sehr krank wurde und „ohne Medikamente elend umkam".[142] Seine Leiche wurde im Krematorium von Weimar eingeäschert, die Urne auf dem jüdischen Friedhof in Hannover-Bothfeld bestattet. Die Rechnung für die Einäscherung war an die Mutter von Walter Katz, Rieka Katz, gegangen und mußte von ihr bezahlt werden.

Walter Katz wurde in Buchenwald ermordet

Dr. Siegmund Kratzenstein trug in Buchenwald die Häftlingsnummer 23646. Er war damals 62 Jahre alt. Am 25. November bereits wird der schwer mißhandelte Mann aus Buchenwald entlassen, möglicherweise wegen seiner Teilnahme am Weltkrieg, vielleicht auch, weil er todkrank war. Kurt Adler, dem im Anschluß an die Entlassung aus Buchenwald die Auswanderung gelingt, berichtet: „Man hatte ihn so zugerichtet, daß ich ihn nicht mehr erkannte."[143] Dr. Kratzenstein stirbt wenige Tage nach seiner Entlassung am 28. November 1938 in seiner Wohnung.[144] Die Familie setzt ihn auf dem

[140] In der 4. Liste der von der Stapo Hannover verhafteten Juden, nds. HStA Hannover Hann 87 Hann Nr. 258 Bl. 18.
[141] Bei Scharf, Dokumente, S. 351.
[142] Scharf, Dokumente, S. 352.
[143] Scharf, Dokumente, S. 352.
[144] Vgl. die Todesurkunde des Standesamtes Hameln Nr. 404/1938.

verwüsteten jüdischen Friedhof bei; sein Grab hat nie einen Stein erhalten und seine genaue Lage ist nur zu vermuten.

Wir können nur ahnen, welche Angst die Festnahme der zehn Männer und ihr schreckliches Schicksal in der kleinen Gruppe der Hamelner Juden ausgelöst hat. Viele Familien sind unmittelbar betroffen. Die Angst, man könne zu viel sagen, lähmt alle Zungen. Seit dem 9. November 1938 wirkt die Drohung des Konzentrationslagers permanent.

Von den acht Hamelner Juden, die Buchenwald überleben, gelingt in der Folge übrigens nur drei Personen die Ausreise. Es sind dies Arthur Jonas und die Vettern Erich und Kurt Adler. Alle übrigen geraten in die Vernichtungsmaschinerie des Dritten Reiches. Erich und Kurt Adler waren bereits Ende November 1938 entlassen worden. Arthur Jonas muß bis zum Februar 1939 in Buchenwald bleiben, da er erst dann ein Visum für England nachweisen kann.

Es wird hier deutlich, wie schwierig es zu dieser Zeit geworden war, Deutschland zu verlassen. Aufnahmebereite Länder fanden sich nur noch in Mittel- und Südamerika sowie in Ostasien. Schiffspassagen waren knapp, und Devisen standen kaum zur Verfügung.

Im „Pogromsonderlager" in Buchenwald sterben mindestens 233 Männer.[145] An dieser Stelle sollen nur die noch mit Namen genannt werden, die aus dem Kreis Hameln-Pyrmont stammen. Es sind

der 65jährige Sally Abraham, Kaufmann in Bad Pyrmont,
gestorben am 25. 11. 1938

der 79jährige Adolf Salomon, Musiker in Bad Pyrmont,
gestorben am 14. 11. 1938

der 54jährige Karl Zeckendorf, Kaufmann in Hemmendorf,
gestorben am 21. 11. 1938.

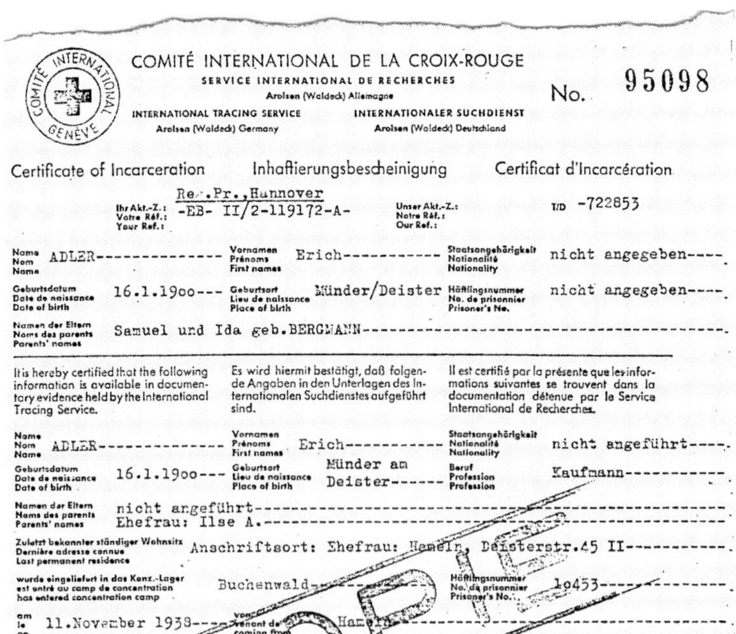

COMITÉ INTERNATIONAL DE LA CROIX-ROUGE
SERVICE INTERNATIONAL DE RECHERCHES
Arolsen (Waldeck) Allemagne
INTERNATIONAL TRACING SERVICE — Arolsen (Waldeck) Germany
INTERNATIONALER SUCHDIENST — Arolsen (Waldeck) Deutschland

No. 95098

Certificate of Incarceration — Inhaftierungsbescheinigung — Certificat d'Incarcération

Ihr Akt.-Z. / Votre Réf. / Your Ref.: Re.-.Pr., Hannover -EB- II/2-119172-A-
Unser Akt.-Z. / Notre Réf. / Our Ref.: T/D -722853

Name / Nom / Name: ADLER
Vornamen / Prénoms / First names: Erich
Staatsangehörigkeit / Nationalité / Nationality: nicht angegeben
Geburtsdatum / Date de naissance / Date of birth: 16.1.1900
Geburtsort / Lieu de naissance / Place of birth: Münder/Deister
Häftlingsnummer / No. de prisonnier / Prisoner's No.: nicht angegeben
Namen der Eltern / Noms des parents / Parents' names: Samuel und Ida geb. BERGMANN

It is hereby certified that the following information is available in documentary evidence held by the International Tracing Service.
Es wird hiermit bestätigt, daß folgende Angaben in den Unterlagen des Internationalen Suchdienstes aufgeführt sind.
Il est certifié par la présente que les informations suivantes se trouvent dans la documentation détenue par le Service International de Recherches.

Name / Nom / Name: ADLER
Vornamen / Prénoms / First names: Erich
Staatsangehörigkeit / Nationalité / Nationality: nicht angeführt
Geburtsdatum / Date de naissance / Date of birth: 16.1.1900
Geburtsort / Lieu de naissance / Place of birth: Münder am Deister
Beruf / Profession / Profession: Kaufmann
Namen der Eltern / Noms des parents / Parents' names: nicht angeführt
Ehefrau: Ilse A.
Zuletzt bekannter ständiger Wohnsitz / Dernière adresse connue / Last permanent residence: Anschriftsort: Ehefrau: Hameln, Deisterstr. 45 II
wurde eingeliefert in das Konz.-Lager / est entré au camp de concentration / has entered concentration camp: Buchenwald
Häftlingsnummer / No. de prisonnier / Prisoner's No.: 10453
am / le / on: 11. November 1938
von / venant de / coming from: Hameln

Beleg über den Aufenthalt von Erich Adler in Buchenwald

[145] Stein, a. a. O., S. 116.

Dr. Siegmund Kratzenstein

Dr. Kratzenstein – der kleine Mann mit dem Buckel, der auch nachts noch mit dem Fahrrad seine Patienten besuchte – viele alte Hamelner haben diesen Mann vor Augen.

Siegmund Kratzenstein stammt aus einem Dorf in Nordhessen, aus Höringhausen, Kreis Frankenberg. Das Dorf hat eine große jüdische Gemeinde, die sich sogar eine eigene Volksschule leisten kann. Der Vater ist Küfer, übt also ein Handwerk aus, besitzt auch Land und führt einen kleinen Laden.

Siegmund, 1876 geboren, gehört einer Generation von Juden an, die sich aus engen Verhältnissen durch großen Bildungswillen hocharbeitet. Er wechselt auf das Korbacher Gymnasium, macht dort Abitur und studiert anschließend Medizin. Die ersten Semester absolviert er im nahen Göttingen; Marburg – seine nächste Station – verläßt er rasch wegen antisemitischer Studenten, Staatsexamen und Promotion (über Augenkrankheiten) legt er dann in Straßburg ab, das damals zum deutschen Reich gehörte.

Das jüdische Krankenhaus in Köln ist seine erste Stelle. Hier lernt er auch seine spätere Frau kennen, Sabina Elze, eine Jüdin aus Rotterdam. 1903 kommen die beiden nach Hameln. Siegmund eröffnet eine Praxis als praktischer Arzt. Ein Jahr später ist die Heirat. Die Eheleute wohnen in der Bäckerstraße zur Miete.

Die Geburt der Kinder fällt in die Zeit vor dem 1. Weltkrieg. Dieser unterbricht die Tätigkeit des jungen Arztes. Siegmund dient als Stabsarzt im Hamelner Reservelazarett, das in Thiemanns Hotel am Bahnhof untergebracht ist, wird dann Arzt in einem Gefangenenlager und betreut schließlich – seit 1917 – als Arzt das große russische Gefangenenlager am Hamelner Wehl. Bis 1921 ist er hier tätig, da die am Wehl internierten Russen wegen des Krieges zwischen Polen und der jungen Sowjetunion nicht zurück können. Für seine Dienste während des Krieges erhält der jüdische Arzt das Kriegsverdienstkreuz.

Dr. Siegmund Kratzenstein kurz vor seinem Tode

Nach 1921 beginnt eine fruchtbare Tätigkeit als praktischer Arzt. Dr. Kratzenstein muß ein außerordentlich beliebter Arzt und angesehener Bürger gewesen sein. Alle, die sich an ihn erinnern, berichten im Ton höchsten Lobes von ihm. Und viele Hamelner lernen ihn kennen: er ist Schularzt am Gymnasium für Jungen und an einer Volksschule. Mittellose Patienten behandelt er kostenlos. Finanziell geht es ihm gut. Er kauft das stattliche Haus Kastanienwall 3 und richtet hier Praxis und Wohnung ein.

Die ersten gesetzlichen Maßnahmen des Dritten Reiches richten sich gegen die jüdischen Ärzte und Rechtsanwälte. Das Gesetz vom 22. April 1933 entzieht jüdischen Ärzten die Kassenzulassung. Bald betreut Dr. Kratzenstein nur noch die kleine jüdische Gemeinde der Stadt, darf sich schließlich nur noch „Krankenbehandler“ nennen.

Was tut dieser so aktive Mensch in dieser Situation? Er ist 1933 gerade 57 Jahre alt. Er arbeitet viel in seinem Garten. Nach Auskunft seines überlebenden Sohnes war es „sein größter Wunsch, noch auswandern zu können."[146] *Er lernt Englisch, sogar Hebräisch. Und er gibt jungen Juden, die vor der Auswanderung stehen, Unterricht in Englisch.*

Die eigene Auswanderung mißlingt. Möglicherweise hat er sie, der sich so sehr als Deutscher fühlte, auch nicht so energisch betrieben und Hitler und seine Drohungen nicht ernst nehmen wollen. Sicher war es auch die soziale Verpflichtung der jüdischen Gemeinde gegenüber, die zunehmend zusammenschmilzt und bald überwiegend aus armen und alten Menschen besteht – all jenen, denen die Flucht aus Deutschland nicht gelang. Im November 1937 läßt er sich zum Vorsteher der jüdischen Gemeinde wählen.

Die Gewalt des 9. November richtet sich in besonders gräßlicher Weise gegen Siegmund Kratzenstein – vielleicht, weil die Täter wissen, daß ihn so viele Bürger mögen. Was wird aus seiner Familie?

Dem Sohn Ernst gelingt die Ausreise. Am Tag nach der Beisetzung des Vaters muß er seine Familie und Deutschland verlassen. Er lebte nach dem Krieg als Ernest Cranston in Australien.

Auch die Ehefrau Sabina verläßt Hameln. Sie nimmt wieder ihre holländische Staatsangehörigkeit an und geht nach Den Haag. Dort stirbt sie bald an Magenkrebs. Das Schicksal der Deportation bleibt ihr auf diese Weise erspart.

Ihr zweiter Sohn, der Kunstmaler Leon Elias Kratzenstein, hält sich schon seit Anfang 1934 zusammen mit seiner Frau Elisabeth in den Niederlanden auf.[147] *Im Jahre 1943 werden beide nach Sobibor verschleppt. Die Todeserklärung der Eheleute lautet auf den 23. Juli 1943.*

146 Wittkowsky, Zur Geschichte der Juden in Hameln, S. 4.
147 StA HM 1, 2739; erwähnt in der Sicherungsanordnung des Vermögens der Eheleute.

Die Jahre 1938–1941

„Judenpolitik" in den Händen der Verwaltung

Seit dem 9. November 1938 wurde der Nationalsozialismus wieder mit dem Bild betrunkener und grölender Horden von Plünderern und Schlägern verbunden.[148] Von großen Teilen der Bevölkerung, auch solchen, die nationalsozialistisch und antisemitisch dachten, wurden die Exzesse dieser Nacht im Stillen abgelehnt. Es gab versteckten Unmut über die brutale Art des Vorgehens gegen die Juden. Derartige an das Mittelalter gemahnende Aktionen seien einer Kulturnation unwürdig. Zu einer unnötigen Vernichtung von Werten sei es gekommen. Selbst bei Teilen des höheren Parteiapparates stieß die „Aktion" des 9. November auf Ablehnung.

Die Reaktion auf den Unmut über die öffentlichen Exzesse des 9. November besteht darin, daß die Form der antijüdischen Politik geändert wird. Individuelle antijüdische Ausschreitungen werden nun grundsätzlich verboten. Es ist ausgerechnet Goebbels, der Verantwortliche für die Exzesse des 9. November, der am darauffolgenden Tage öffentlich verkündet:

> „Es ergeht nunmehr an die gesamte Bevölkerung die strenge Aufforderung, von allen weiteren Demonstrationen und Aktionen gegen das Judentum ... sofort abzusehen. Die endgültige Antwort auf das jüdische Attentat in Paris wird auf dem Wege der Gesetzgebung bzw. der Verordnung dem Judentum erteilt werden" (DWZ vom 11. 11. 1938).

Mit diesen beiden Sätzen hat Goebbels den Kern der künftigen Judenpolitik charakterisiert. Die Koordination der „Judenpolitik" wird Goebbels entzogen und Göring, vor allem aber Himmler und Heydrich übertragen. Die häufig emotionale und von Haß bestimmte Politik der ersten Jahre wird nun endgültig abgelöst durch ein professionelles und langfristig angelegtes Konzept. Hatte die Judenpolitik vor dem 9. November 1938 in der Art ihres Vorgehens und der Wahl der Mittel geschwankt und war es zu „Verwicklungen und Stockungen der antijüdischen Politik"[149] gekommen, so wird sie jetzt in Zielsetzung und Wahl der Mittel eindeutig. Die Ziele und Mittel lassen sich folgendermaßen zusammenfassen:

- die Auswanderung der Juden aus Deutschland soll stark forciert werden
- die Juden sind aus dem Wirtschaftsleben gänzlich auszuschalten.
- zur Beförderung der Auswanderung sind die Juden durch Ghettoisierung zu isolieren und äußerlich zu kennzeichnen.

Entscheidendes Merkmal des wesentlich von Heydrich gestalteten Konzeptes ist, daß diese Zielsetzungen auf gesetzlichem Wege verfolgt werden sollen. Träger der antijüdischen Maßnahmen werden nun die staatlichen Behörden. Still und reibungslos, in rechtsförmigem Gewande vollzieht sich nun

[148] Vgl. für die folgenden Ausführungen Herbert, Von der „Reichskristallnacht" zum „Holocaust", S. 69–72.

[149] Herbert, a. a. O., S. 71.

die Verfolgung der jüdischen Bevölkerung. Der Behördenapparat geht mit einer Unzahl von Erlassen, Verordnungen, Verwaltungsakten und Polizeiaktionen gegen die jüdische Bevölkerung vor.

Aus der Unzahl der Maßnahmen sollen hier nur die Wichtigsten genannt werden. Am 12. November bereits werden von Göring die folgenden Verordnungen erlassen:[150]

1) „Verordnung über eine Sühneleistung der Juden deutscher Staatsangehörigkeit."
„Den Juden deutscher Staatsangehörigkeit in ihrer Gesamtheit wird die Zahlung einer Kontribution von 1 000 000 000 Reichsmark an das Deutsche Reich auferlegt."

2) „Verordnung zur Ausschaltung der Juden aus dem deutschen Wirtschaftsleben."
„Juden ist vom 1. Januar 1939 ab der Betrieb von Einzelhandelsverkaufsstellen, ... Versandgeschäften oder Bestellkontoren sowie der selbständige Betrieb eines Handwerks untersagt. Ebenso ist ihnen verboten, auf Märkten ... Waren oder gewerbliche ... Leistungen anzubieten. ... Ein Jude kann vom 1. Januar 1939 nicht mehr Betriebsführer ... sein, leitenden jüdischen Angestellten kann mit einer Frist von 6 Wochen gekündigt werden. Nach Ablauf der Kündigungsfrist erlöschen alle Ansprüche ... auf Versorgungsbezüge und Abfindungen."

3) „Verordnung zur Wiederherstellung des Straßenbildes bei jüdischen Gewerbebetrieben."
„Alle Schäden, welche durch die Empörung des Volkes über die Hetze des internationalen Judentums gegen das nationalsozialistische Deutschland am 8., 9. und 10. November 1938 ... entstanden sind, sind von dem jüdischen Inhaber sofort zu beseitigen. Die Kosten der Wiederherstellung trägt der Inhaber der betroffenen jüdischen Gewerbebetriebe und Wohnungen. Versicherungsansprüche von Juden deutscher Staatsangehörigkeit werden zugunsten des Reichs beschlagnahmt."

Das „Gesetz über Mietverhältnisse mit Juden" vom 30. April 1939[151] bildet die Grundlage für die Isolierung der Juden von der nichtjüdischen Wohnbevölkerung. Ein Jude kann sich auf den gesetzlichen Mieterschutz nicht berufen. Juden dürfen Untermietverträge nur mit Juden abschließen. Auf Verlangen der Gemeindebehörden hat ein Jude in Wohnräumen, die er gemietet hat oder die er besitzt, Juden als Untermieter aufzunehmen.

Am 4. Juli 1939 wird die „Reichsvereinigung der Juden in Deutschland" als Zwangsverband aller in Deutschland lebender Juden unter Aufsicht der Gestapo errichtet.[152] Die Zwangsvereinigung soll Auswanderungen fördern, die schulische Versorgung der jüdischen Kinder übernehmen und die innerjüdische Wohlfahrtspflege organisieren. Die Juden werden – im Rahmen

150 Walk, Das Sonderrecht für die Juden, S. 254 f.
151 Walk, a. a. O., S. 292.
152 Walk, a. a. O., S. 299.

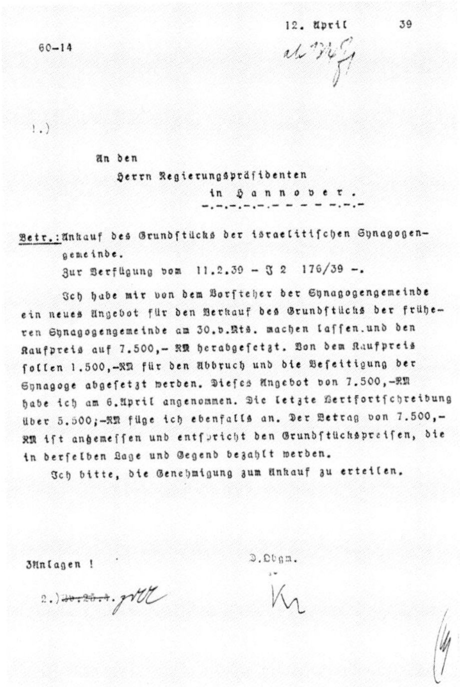

12. April 39

60-14

1.)

An den

Herrn Regierungspräsidenten

in H a n n o v e r .

Betr.: Ankauf des Grundstücks der israelitischen Synagogengemeinde.

Zur Verfügung vom 11.2.39 – J 2 176/39 –.

Ich habe mir von dem Vorsteher der Synagogengemeinde ein neues Angebot für den Verkauf des Grundstücks der früheren Synagogengemeinde am 30.v.Mts. machen lassen.und den Kaufpreis auf 7.500,– RM herabgesetzt. Von dem Kaufpreis sollen 1.500,–RM für den Abbruch und die Beseitigung der Synagoge abgesetzt werden. Dieses Angebot von 7.500,–RM habe ich am 6.April angenommen. Die letzte Wertfortschreibung über 5.500;–RM füge ich ebenfalls an. Der Betrag von 7.500,– RM ist angemessen und entspricht den Grundstückspreisen, die in derselben Lage und Gegend bezahlt werden.

Ich bitte, die Genehmigung zum Ankauf zu erteilen.

3 Anlagen !

D.Obgm.

2.)

Der Verkauf des Synagogengrundstücks

der staatlichen Vorgaben – ihre Auswanderung selbst organisieren und ihre wegen der staatlichen Zwangsmaßnahmen verarmten Glaubensgenossen mit eigenen Mitteln unterstützen.

Gemäß der Verordnung über die Ausschaltung der Juden aus dem deutschen Wirtschaftsleben werden die Geschäfte von Bernstein und Hammerschlag sofort „aufgelöst und abgewikkelt". Das Bernsteinsche Haus wird von einer Gruppe Hamelner Kaufleute übernommen; später wird darin die „Hamelner Handwerkskunst" errichtet. Hammerschlag hatte sein Haus noch vorher verkaufen können.

Auch die Verordnung zur Wiederherstellung des Straßenbildes setzt der Oberbürgermeister sogleich um. Der jüdische Friedhof in der Scharnhorststraße war in der Nacht des 9. November total verwüstet worden. Jetzt wird die jüdische Gemeinde aufgefordert, seine „Instandsetzung und ordnungsmäßige Verschließung ... umgehend veranlassen zu wollen." [153]

Völlig eigenmächtig verfährt die Stadt Hameln mit dem Synagogengrundstück und der Ruine der Synagoge. Sie ermäßigt den Mietzins, den die Bewohner des beim Brand beschädigten Lehrerhauses an die jüdische Gemeinde zu zahlen haben.[154] Sie veranlaßt den Abriß der Ruine – beides, ohne die jüdische Gemeinde zu fragen.

Nach dem Abriß der Ruine hat die Stadt Interesse am Erwerb des Grundstückes und des noch intakten Lehrerhauses.

Die „Verhandlungen" über den Verkauf führt der beamtete Stadtrat Dr. Krüger mit dem alten Elias Birnbaum. In einem ersten Schreiben bietet die Stadt zunächst 9800 RM.

Schließlich hält sie jedoch den Betrag von 7500 RM für angemessen, 4000 RM für das Grundstück und 3500 RM für das Wohnhaus. „Von dem Kaufpreis sollen 1500 RM für den Abbruch und die Beseitigung der Synagoge abgesetzt werden."[155] Der Betrag von 6000 RM wird der Gemeinde auf ein Sperrkonto („nur für Zwecke der Auswanderung") gezahlt. Die Bewohner des Lehrerhauses legen auf dem ungenutzten Grundstück der Synagoge einen Gemüsegarten an.

153 Akte über den Jüdischen Friedhof im Grünflächenamt; Schreiben des Oberbürgermeisters vom 30. 12. 1938. Weil – wie auch dem Oberbürgermeister bekannt ist – der Gemeindevorsitzende Dr. Kratzenstein an den Folgen der Haft in Buchenwald gestorben ist, wird der Brief dem alten Elias Birnbaum zugestellt.

154 StA HM 1, 439.

155 StA HM 1, 3138; Schreiben vom 21. 2. und 12. 4. 1939.

Auswandern um jeden Preis

Unter den in Hameln zurückgebliebenen Juden herrscht nach dem 9. November tiefes Erschrecken. Die offene Brutalität dieser Nacht, die Sorge um die verschwundenen Männer lösen eine namenlose Angst aus.

Hinzu kommt eine dichte Folge behördlicher Anordnungen, die nun auch das Alltagsleben der jüdischen Menschen immer enger einschnüren. Um den Jahreswechsel 1938/39 muß die Beilegung des zusätzlichen Vornamen Sara bzw. Israel vollzogen werden.[156] Im April 1939 wird jüdischen Personen der Führerschein entzogen.[157] Der Erfassung aller Juden dient eine reichsweite Volkszählung, die am 17. Mai 1939 stattfindet. Sie verlangt präzise Angaben über die „arische" Abstammung nach den Kriterien der Nürnberger Gesetze.[158]

Hinweis auf die Panik, die die Menschen nach dem 9. November erfaßt haben muß, sind die überstürzten und verzweifelten Versuche, die Auswanderung zu beschleunigen. Frau Rieka Katz verkauft ihr Haus, Pferdemarkt 8, an einen jungen Mann, der sich später als zahlungsunfähig herausstellt. Margarete und Max Birnbaum besorgen sich die für die Auswanderung dringend benötigten Devisen auf dem Schwarzmarkt. Die Tat wird entdeckt und mit einer Gefängnisstrafe geahndet.[159]

Auch wenn es erklärtes Ziel des Staates ist, die Auswanderung der Juden zu beschleunigen, so macht gleichzeitig der Zugriff des Staates auf das jüdische Vermögen eine Ausreise faktisch sehr schwierig und zeitaufwendig. Die „Abwanderung der Juden" war erwünscht, die „Abwanderung des jüdischen Vermögens" galt es jedoch zu verhindern. Deutlich wird dies am Schicksal der Eheleute Bernstein.

Die Eheleute Paula und Karl Bernstein

Karl Bernstein war 1880 in Hameln geboren worden; seine Familie stammt aus Hämelschenburg. Die Ehefrau Paula wurde 1883 in Obernkirchen geboren. Die Eheleute waren kinderlos.

Karl Bernstein war Eigentümer eines großen Manufakturwarengeschäftes am Münsterkirchhof 13 und des entsprechenden Grundstückes. Er hatte das Geschäft nach dem 1. Weltkrieg von seinem Vater Kusel Bernstein übernommen und in den zwanziger Jahren über zwei Etagen ausgebaut und modern gestaltet. Bernstein beschäftigte zehn bis zwölf Angestellte. Mit seinem breiten und billigen Angebot lockte er auch viel Dorfkundschaft.

Gegen alle Anfeindungen hatte er sein Geschäft bis in das Jahr 1938 offen gehalten und dabei vielfachem Druck standgehalten. Eine Zeitzeugin berichtet, eine Frau habe Käufer beim Betreten des Geschäftes notiert und fotografiert. Seine Kundschaft, die häu-

156 Nach dem Gesetz vom 17. 8. 1938 „Über die Veränderung der Familiennamen und Vornamen"; vgl. StA HM 1, 3136; s. o., S. 48.

157 „Eingezogen" werden auf Anordnung des Oberbürgermeisters die Führerscheine von Friedrich Culp, Arthur Goldstein, Arthur Jonas sowie von Frau Lucie Mügge, geb. Windmüller; vgl. die Aktennotiz der Polizeibehörde vom 21. 4. 1939; StA HM 1, 2739.

158 In Hameln sind beim Brand des Rathauses in den letzten Kriegstagen die Unterlagen des Einwohnermeldeamtes vernichtet worden und mit ihnen die Originale der Erhebungsbögen der Volkszählung. Das Bundesarchiv Potsdam hat aus seinen Unterlagen eine Sonderaufbereitung der Volkszählung 1939 für die Stadt Hameln zur Verfügung gestellt.

159 Zu Rieka Katz s. u., S. 84f; zur Familie Birnbaum s. u. S. 97–103.

Das Geschäft von Karl Bernstein am Münsterkirchhof

fig vom Lande kam, hielt Bernstein die Treue.

Seit 1938 geht der Staat auf administrativem Wege gegen die jüdischen Vermögen vor. Im März 1938 wird das Ehepaar Bernstein auf der Liste der Hamelner Juden geführt, die wegen der Höhe ihres Vermögens möglicherweise der Reichsfluchtsteuer unterliegen.[160] *Die Verordnung über die Anmeldung des Vermögens von Juden vom 26. April 1938 bestimmt, daß Personen, deren Vermögen den Gesamtwert von 5000 RM übersteigt, ihr gesamtes Vermögen bei der zuständigen Verwaltungsbehörde anzumelden haben.*

Im Juni des Jahres müssen Bernsteins eine „Sicherungshypothek des Finanzamts Hameln von 57000,- RM" stellen. Nach dem Devisengesetz waren die Behörden berechtigt, gegenüber auswanderungswilligen Personen eine Sicherungsanordnung vorzunehmen, um die „Abwanderung jüdischen Vermögens ins Ausland" zu verhindern.[161]

160 Schreiben des Finanzamtes Hameln, nds. HStA Hannover Hann 210 Acc. 42/84 Nr. 1.
161 StA HM 1, 3136.

Anfang November 1938, wenige Tage vor der sogenannten Reichskristallnacht, machen Bernsteins einen ersten Versuch, Geschäft und Grundstück zu verkaufen. Der Vertrag mit Holtmann wird am 5. November unterzeichnet und sieht einen Gesamtpreis von 190000 RM vor.[162] *Die Ereignisse des 9. November, die Plünderung des Ladens und der Abtransport der Waren in das Lager der NSV verhindern den Vollzug des Vertrages. Karl Bernstein selbst wird verhaftet und über Hannover in das Konzentrationslager Buchenwald verschleppt. Das Geschäft bleibt geschlossen, das Warenlager wird von einem „Treuhänder" an Hamelner Einzelhändler verkauft.*[163]

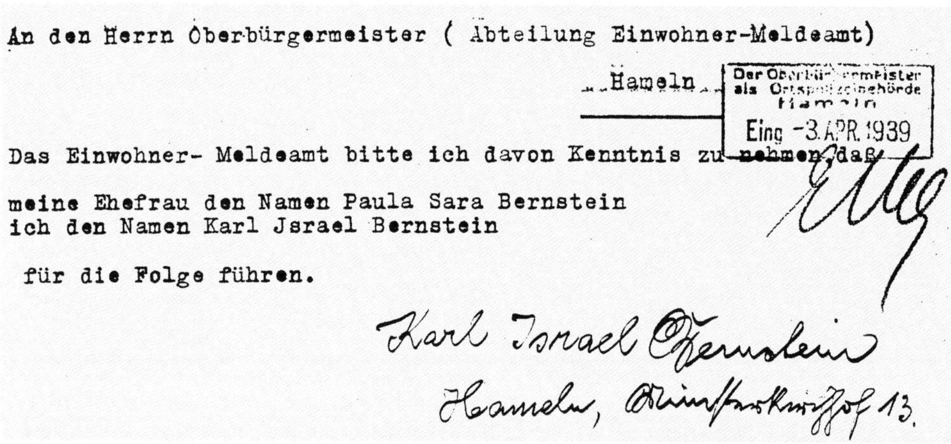
An den Herrn Oberbürgermeister (Abteilung Einwohner-Meldeamt)

Hameln

Eing -3.APR.1939

Das Einwohner- Meldeamt bitte ich davon Kenntnis zu nehmen, daß

meine Ehefrau den Namen Paula Sara Bernstein
ich den Namen Karl Jsrael Bernstein

für die Folge führen.

Karl Israel Bernstein
Hameln, Bürgerhof 13.

Der Antrag von Karl Bernstein auf Führung des Namens „Israel"

Am 16. Dezember 1938 – Karl Bernstein ist zu dieser Zeit im Konzentrationslager Buchenwald – erläßt der Oberfinanzpräsident in Hannover eine „Sicherungsanordnung nach § 37 des Devisengesetzes". Es ist dem Ehepaar von nun an untersagt, ohne Genehmigung der Finanzbehörde über sein Vermögen zu verfügen. „Gründe: Bernsteins sind Juden und wollen auswandern".[164]

Im März 1939 gelingt endlich der Verkauf von Haus, Grundstück und Geschäft, – Voraussetzung für das Gelingen der Auswanderung und – ebenso wichtig – für die Entlassung aus Buchenwald. Käufer ist eine Interessengemeinschaft von sieben Hamelner Kaufleuten, der Kaufpreis liegt nun bei nur noch 95000 RM. Bernsteins verpflichten sich in dem Vertrag außerdem, die über den Geschäftsräumen gelegene Wohnung bis zum 22. Dezember 1939 zu räumen.[165] *Der Regierungspräsident in Hannover genehmigt den Vertrag unter der Auflage, daß der Erlös in voller Höhe auf ein Sperrkonto zu zahlen ist.*[166]

Der Verkauf des Geschäftes im März 1939 dürfte Bedingung für die Entlassung aus Buchenwald gewesen sein. Noch ein anderes Indiz deutet darauf hin, daß Karl Bernstein sehr spät aus dem Konzentrationslager freikommt. Erst am 3. April beantragt er für sich beim Standesamt Hameln die Annahme des zusätzlichen Vornamen Israel. Wahrscheinlich hat Bernstein also gut vier Monate in Buchenwald bleiben müssen!

162 StA HM 1, 3136.
163 StA HM 1, 2739; Vermerk vom 30. 12. 1938.
164 StA HM 1, 3136.
165 StA HM 1, 3136; Vertrag Bernstein-Popken u.a. vom 4. 3. 1939.
166 StA HM 1, 3136; Genehmigung vom 6. 4. 1939.

Anfang Juni 1939 finden wir Karl Bernstein erneut in Haft, diesmal in Hameln. In zwei Briefen an die Hamelner Kriminalpolizei hatte er versäumt, den zusätzlichen Vornamen „Israel" zu benutzen. Nachdem er deswegen bereits mehrere Wochen in Untersuchungshaft gesessen hatte, lautet das Urteil des Hamelner Schöffengerichts nun auf 200 RM Geldstrafe. Eine Gefängnisstrafe von 10 Tagen habe er durch die mehrwöchige Untersuchungshaft bereits verwirkt.[167] *Der Staatsanwalt begründet die hohe Strafe folgendermaßen: Bernstein habe „die klare Trennung zwischen Judentum und deutschblütigen Menschen trotz der Verordnung nicht beachtet". Nach der „Kennzeichen-Verordnung", die „dem Abwehrkampf gegen das Judentum" dient, „soll sich jeder Jude als Jude ausgeben, sowohl im Rechts- als auch im Geschäftsverkehr".*[168]

Im Spätsommer 1939 – Karl Bernstein hat Hameln mittlerweile verlassen und lebt zur Untermiete in Köln[169] *– gibt es offenbar konkrete Pläne für eine Auswanderung. Wir erfahren indirekt davon. Bernstein wendet sich nämlich am 29. September an den Hamelner Oberbürgermeister mit der Bitte, „seine Wohnung auch über den 1. Dezember hinaus behalten zu dürfen oder aber ihm eine Wohnung in dem Hause Frankenstein*[170] *zur Verfügung zu stellen", weil „infolge der jetzigen politischen Lage seine Auswanderung nicht möglich ist."*[171] *Hitlers Überfall auf Polen hatte die Pläne, Deutschland zu verlassen, zunichte gemacht.*

Ein letztes Hoffnungszeichen ist den vorliegenden Akten zu entnehmen. Im November 1939 überweist ein Geldinstitut im Auftrag von Bernstein 45000 RM an die Deutsche Golddiskontobank in Berlin für zwei Schiffspassagen von Genua nach Valparaiso. Fünfzehn Umzugskisten läßt Bernstein anfertigen.[172]

Karl und Paula Bernstein wird die Flucht aus Deutschland nicht mehr gelingen.

Karl Bernstein wird im Alter von 61 Jahren am 15. August 1942 von seinem letzten Wohnsitz in Berlin Charlottenburg, Schlüterstraße 48 mit dem 18. Osttransport der Gestapo von Berlin nach Riga deportiert.

Die 59 Jahre alte Paula Bernstein wird im Jahre 1942 aus Düsseldorf ebenfalls nach Riga deportiert.[173]

In der NTZ Weserbergland findet sich am 10. Juni 1939 die Meldung, daß die „Kultur-Heimatgemeinschaft Bückeberg e.V." das bisherige jüdische Warenhaus am Münsterkirchhof übernommen und darin ein „Haus der Heimatkunst" errichtet hat. In den letzten Kriegstagen wird das ehemals Bernsteinsche Haus total zerstört. Der Neubau nach dem Krieg hat alle Erinnerung an das Manufakturwarengeschäft Bernstein getilgt.

[167] NTZ Weserbergland vom 7. 6. 1939.
[168] NTZ Weserbergland, ebd.
[169] Möglicherweise leben die Eheleute seit dieser Zeit getrennt.
[170] Bernstein denkt an das sogenannte Judenhaus Neue Marktstraße 13.
[171] StA HM 1, Akte U.
[172] Auskunft der Sparkasse des Kreises Hameln-Pyrmont vom 9. 11. 1946, StA HM 1, 3136.
[173] Paula Bernstein wird unter dem Namen Paula Freund deportiert.

„Ausmietungen" und „Zwangseinweisungen"

Grundlage der Unterbringung der Juden in „Judenhäusern" ist das „Gesetz über Mietverhältnisse mit Juden" vom 30. April 1939.[174] Im Durchführungserlaß vom 4. Mai 1939[175] heißt es:

„Der Grundgedanke der gesetzlichen Regelung besteht darin, daß die Juden in bestimmten Häusern – gegebenenfalls zwangsweise – zusammengefaßt werden sollen." Dabei sind möglichst solche Häuser in Anspruch zu nehmen, die sich „heute noch in jüdischem Eigentum" befinden und die „heute bereits überwiegend von Juden bewohnt werden". Wohnen jüdische und deutsche Familien gemeinsam unter einem Dach, so ist „eine möglichst vollständige Trennung nichtjüdischer und jüdischer Hausbewohner zu erreichen".

Falls erforderlich, „kann der den Juden zur Verfügung zu stellende Raum entsprechend eingeengt werden, vor allem durch Unterbringung mehrerer jüdischer Familien in bisher von Juden bewohnten größeren Wohnungen."

Auf jüdische Frauen, die in „Mischehe" mit einem „deutschblütigen" Partner leben, wird das Gesetz nicht angewendet. Dadurch „soll die Möglichkeit ausgeschlossen werden, daß Kinder aus solchen Mischehen, die arbeitsdienst- und wehrpflichtig sind, in Häusern aufwachsen, die den Juden vorbehalten sind."

Das Gesetz zeigt beispielhaft, in welcher Schnelligkeit der nationalsozialistische Staat Vorhaben anordnete und durchführte:

- das „Gesetz über Mietverhältnisse mit Juden" stammt vom 30. April 1939
- der Durchführungserlaß ergeht am 4. Mai 1939
- am 15. Juni 1939 tritt die Anordnung über das Anmelden von „Judenwohnungen" in Kraft
- bis zum 5. Juli 1939 waren Mietverhältnisse von und mit Juden anzumelden.

Nach dem Gesetz ist die jeweilige Wohngemeinde für die Durchführung der Bestimmungen verantwortlich. Die Stadtverwaltung Hameln wird bereits im Mai tätig. Zuständig ist Vermessungsrat Gerhard Reiche.[176] In einem ersten Schritt muß die Synagogengemeinde Hameln auf seine Anordnung ein Verzeichnis über die Wohnorte und die Wohnverhältnisse der Hamelner Juden anlegen.[177] Nichtjüdische Hauseigentümer und Vermieter werden von ihm aufgefordert, den an Juden vermieteten Wohnraum anzugeben.

Nachdem der Vermessungsrat auf diese Weise einen Überblick über die Wohnsituation der jüdischen Bevölkerung der Stadt gewonnen hat, zieht er zwei Häuser als mögliche „Judenhäuser" in die engere Wahl. Frau Katz, Eigentümerin des Hauses Pferdemarkt 8, muß am 24. Oktober 1939 auf dem Rathaus erscheinen und über den Wohnraum und die Mietverhältnisse in ihrem Haus Auskunft geben. Im Falle der

174 Walk, Das Sonderrecht für die Juden, S. 292.

175 Walk a. a. O., S. 293.

176 Zu Reiche s. u., S. 123f.

177 StA HM 1, Akte U. Das vom Gemeindevorsitzenden Elias Birnbaum vorgelegte Verzeichnis stammt vom 12. 5. 1939. Es unterscheidet „Parteien, die in arischen Häusern wohnen", Parteien, die in eigenen Häusern wohnen und schließlich Personen, die bei jüdischen Hausbesitzern eine Wohnung gemietet haben.

Die Neue Marktstraße im Flaggenschmuck, vom „Judenhaus" Neue Marktstraße 13 aus gesehen

beiden Frankensteinschen Häuser Neue Marktstraße 13 und Hummenstraße 1 macht Herr Reiche zur selben Zeit persönlich eine Besichtigung.

Die Häuser von Frau Frankenstein sowie das Haus von Frau Katz werden von Reiche für den gewünschten Zweck als geeignet befunden. Sie sind nun die beiden „Judenhäuser" der Stadt. Es folgen „Wohnungsumsetzungen" mit dem Ziel, möglichst viele Juden der Stadt in diesen Häusern zu konzentrieren. Um „arische Häuser" „judenfrei" zu machen, werden Vermieter und Mieter zur Auflösung des Mietverhältnisses gedrängt. Die Eigentümerinnen der beiden „Judenhäuser" fordert Reiche ultimativ auf, mit den „umzusetzenden" Juden Mietverträge abzuschließen. Jeder Mietvertrag, an dem ein Jude beteiligt ist, muß von nun an dem Vermessungsrat Reiche zur Genehmigung vorgelegt werden.

Das „Judenhaus" Pferdemarkt 8 (Foto aus dem Jahre 1994)

Häufig sind es auch „deutsche Volksgenossen", die „Wohnungsumsetzungen" in Gang bringen, weil sie sich in Zeiten knappen Wohnraumes eine bessere Wohnung erhoffen.

Bewohner des Hauses Emmernstraße 28 wenden sich am 6. Oktober 1939 mit der Aufforderung an die Stadt Hameln, die Familie Hammerschlag aus ihrer Wohnung zu vertreiben.[178]

Georg Schmidt

Hameln, den 6. Oktober 1939.
Emmernstr. 28.

An den

Oberbürgermeister

in H a m e l n ,

Der Oberbürgermeister Hameln Eing.: 10. [illegible] 1939

Betrifft: Haus Emmernstr.28.

Die Unterzeichneten bitten den Oberbürgermeister davon Kenntnis zu nehmen, dass sie nicht gewillt sind, mit der jüdischen Familie Hammerschlag in dem im Hause befindlichen Luftschutzkeller zusammenzusitzen. Es ist uns unmöglich, als deutsche Volksgenossen (z.T. sogar Parteigenossen) in Gesellschaft dieser Rasse zu verweilen. Ausserdem sind wir Männer am Tage sowohl, wie auch zum Teil des nachts nicht anwesend, weil wir anderweitig dienstlich zu tun haben. Unsere Frauen und Kinder wären dann in den meisten Fällen mit der genannten Familie zusammen im Luftschutzkeller, was wir nicht gutheissen können.

Der jetzige Besitzer des Hauses ist der Klempnermeister H e u s i n g, der selber gern in sein Haus ziehen möchte. Wir schlagen daher vor, zu veranlassen, dass die Familie Hammerschlag in das Haus Frankenstein, Neuemarktstr., zieht und Hundertmark im Hause Frankenstein (deutscher Volksgenosse) in die jetzige Wohnung von Heusing (Baustrasse) übersiedelt.

Durch einen solchen Ringtausch würde die ganze Angelegenheit schnellstens erledigt werden können.

Heil Hitler !

Georg Schmidt
Mechanikermeister.

August Schatz
Postsekretär a. D.

Arnold Dingelmann
Friseurmeister

Otto Schönknecht

178 StA HM 1, 3136.

Am 14. Oktober, nur acht Tage später, fordert Reiche die Besitzerin des Hauses Neue Marktstraße 13 auf, mit der Familie Hammerschlag „einen diesbezüglichen Mietvertrag sofort abzuschließen. ... Bei der letzten Besichtigung Ihres Hauses habe ich festgestellt, daß in der von Ihnen benutzten Wohnung zwei große Zimmer noch zur Unterbringung einer jüdischen Familie geeignet sind."[179]

Ein Teil der Umzüge wird durchaus freiwillig erfolgt sein, die Mehrzahl jedoch gewiß aufgrund von Druck, sei es von Reiche, sei es durch die „arischen" Vermieter. Stets war doch mit der „Umsetzung" eine Verschlechterung der Wohnsituation gegeben. Die ersten „Wohnungsumsetzungen" beginnen in Hameln bereits im Oktober 1939. Im Sommer 1940 ist die „Belegung" der „Judenhäuser" im wesentlichen abgeschlossen. Aber auch noch 1941 kommt es zu einzelnen Zwangseinweisungen.[180]

Die gewünschte völlige Trennung nichtjüdischer und jüdischer Hausbewohner wird in Hameln offenbar nicht erreicht. In beiden „Judenhäusern" haben auch weiterhin vereinzelt „deutschblütige" Familien gewohnt. In dem großen zusammenhängenden Wohnkomplex Neue Marktstraße 13 und Hummenstraße 1 hat Reiche versucht, wenigstens das Vorderhaus Neue Marktstraße 13 ganz für Juden frei zu machen. „Arische" Mieter, die sich bei Reiche beschwerten, ihre Kinder müßten mit jüdischen Kindern zusammen spielen, beschied er: „Es ist Aufgabe der arischen Eltern, auf ihre Kinder zu achten, daß sie nicht mit Juden sprechen."[181]

Aber es leben auch noch einzelne jüdische Personen in ihren angestammten Wohnungen. Obwohl Ida Oppenheimer mehrfach die Aufforderung erhält, in die Neue Marktstraße 13 zu ziehen, bleibt sie doch offenbar bis zu ihrer Deportation im Sommer 1942 in ihrer Wohnung Bäckerstraße 58.[182]

Im Vergleich zu anderen Städten erfolgt in Hameln die Einrichtung von „Judenhäusern" sehr früh. In Hannover zum Beispiel kommt das Gesetz erst im September 1941 zur Anwendung, dann allerdings in Form einer radikalen Räumungsaktion.[183] Die Hamelner Stadtverwaltung in der Person des Vermessungsrates Reiche legt bei der Umsetzung des „Gesetzes über Mietverhältnisse mit Juden" einen ganz besonderen Eifer an den Tag.

179 StA HM 1, Akte U.

180 Die Schwestern Löwenstein werden am 11. 1. 1941 von Reiche aufgefordert, aus ihrer Wohnung Domeierstraße 22 in die Neue Marktstraße 13 zu ziehen; StA HM 1, Akte U.

181 StA HM 1, Akte U; das Zitat von Reiche stammt vom 28. Juni 1941.

182 StA HM 1, Akte U, Brief Reiches vom 1. August 1941. Dasselbe gilt zum Beispiel für Gustav Behrendt (Bäckerstraße 25) und Rosa Culp (Neue Marktstraße 14).

183 Buchholz, Die hannoverschen Judenhäuser, S. 23 f.

„Ein Wiedersehen mit Euch hoffnungslos" – das Leben in den Judenhäusern

Was die Menschen, die in den sogenannten Judenhäusern leben müssen, gefühlt haben, darüber wissen wir fast nichts. Anhand der Akten lassen sich nur die Umstände charakterisieren, die das Leben der Menschen dort prägten.

Die Bewohner der beiden Judenhäuser leben unter beengten Verhältnissen. Für die vierköpfige Familie Hammerschlag, die im Oktober 1940 ihre Wohnung in der Emmernstraße verlassen muß, stehen in der Neuen Marktstraße 13 zwei Zimmer zur Verfügung. Grundsätzlich wird für die meisten der „umgesetzten" Personen gelten, daß sie Möbel und Hausrat haben zurücklassen müssen. Einige waren Hausbesitzer gewesen, andere hatten größere Wohnungen gemietet.

Anfang 1941 leben im „Judenhaus" Neue Marktstraße 13 siebzehn jüdische Frauen, Männer und Kinder, im Haus Pferdemarkt 8 sind es fünf Frauen. Die Mehrzahl der Bewohner ist alt: Von den zweiundzwanzig Menschen sind sechzehn älter als 60 Jahre. Nur vier Männer sind darunter und ein Kind von vier Jahren. Viele der Menschen sind alleinstehend, häufig verwitwet.[184]

Im Haus Neue Marktstraße 13 (und Hummenstraße 1) leben

die Witwe Rosa Bernstein, 85 Jahre alt,

die verwitwete Jettchen Birnbaum, 68 Jahre alt, mit ihrem Sohn Max Birnbaum, 47 Jahre alt, ebenfalls Witwer,

das „Fräulein" Martha Cohn, 45 Jahre,

Emilie Frankenstein, Witwe und Besitzerin des Hauses, 70 Jahre alt (ihr gelingt noch die Auswanderung), und ihre Schwester, das „Fräulein" Selma Frankenstein, 71 Jahre alt,

die Familie Hammerschlag mit der verwitweten Berta Hammerschlag, 71 Jahre alt, ihrem Sohn Hermann Hammerschlag, 43 Jahre alt, dessen Ehefrau Bianka, 35 Jahre, und der kleinen Tochter Helene Dina, 4 Jahre alt,

Moritz Hohenstein, 64 Jahre alt, mit seiner Ehefrau Berta Hohenstein, 62 Jahre alt,

die Eheleute Albert Jonas, 69 Jahre alt, und Bertha Jonas, 67 Jahre alt, mit ihrer Tochter Else Jonas, 40 Jahre alt,

die unverheirateten Schwestern Adele Löwenstein, 65 Jahre alt, und Selma Löwenstein, 61 Jahre alt.

Im Haus Pferdemarkt 8 wohnen

das „Fräulein" Paula Cahn, 76 Jahre alt,

die Witwe Henny Herz, 73 Jahre alt,

ihre Schwester Rieka Katz, ebenfalls verwitwet, 70 Jahre alt und Besitzerin des Hauses,

die unverheiratete Johanne Michaelis, 68 Jahre alt und

die Witwe Ida Weinberg, 63 Jahre alt.

Wovon die Menschen ihren Lebensunterhalt bestreiten, ist unklar. Öffentliche Fürsorge für jüdische Menschen gibt es nicht mehr. Soweit sie Häuser

[184] Die Angaben beziehen sich auf den Jahresanfang 1941. Die Zahl der Bewohner der „Judenhäuser" kann sich noch erhöht haben.

besessen haben, mußten diese verkauft und der Erlös auf ein Sperrkonto gezahlt werden. Wer Vermögen besitzt, kann darüber nicht frei verfügen. Die Menschen leben in bitterer Armut: von der Substanz, von gegenseitiger Hilfe, auch von heimlich gewährter Unterstützung.[185]

Juden erhalten weder eine Kleiderkarte noch Bezugsscheine für „Spinnstoffe". Wer neue Schuhe, etwa einen Wintermantel brauchte, mußte sich deswegen an die jüdische Gemeinde in Hannover wenden. Die Lebensmittelkarte für Juden ist reduziert. Aber auch die übrigen Lebensverhältnisse sind bedrückend. Telefon, Führerschein, Fahrräder, sogar das Haustier hatten sie abgeben müssen. Die Benutzung öffentlicher Bibliotheken ist Juden nicht gestattet. Die Liste der Einschränkungen und Verbote läßt sich fast beliebig fortsetzen.

Die Bewegungsfreiheit ist stark eingeschränkt. Jede Ortsveränderung, auch ein einmaliges Verlassen Hamelns, etwa für einen Besuch in Aerzen, muß vorher bei der Stadtverwaltung beantragt werden. Die Benutzung der Eisenbahn und anderer Verkehrsmittel erfordert jedesmal eine besondere Erlaubnis.[186]

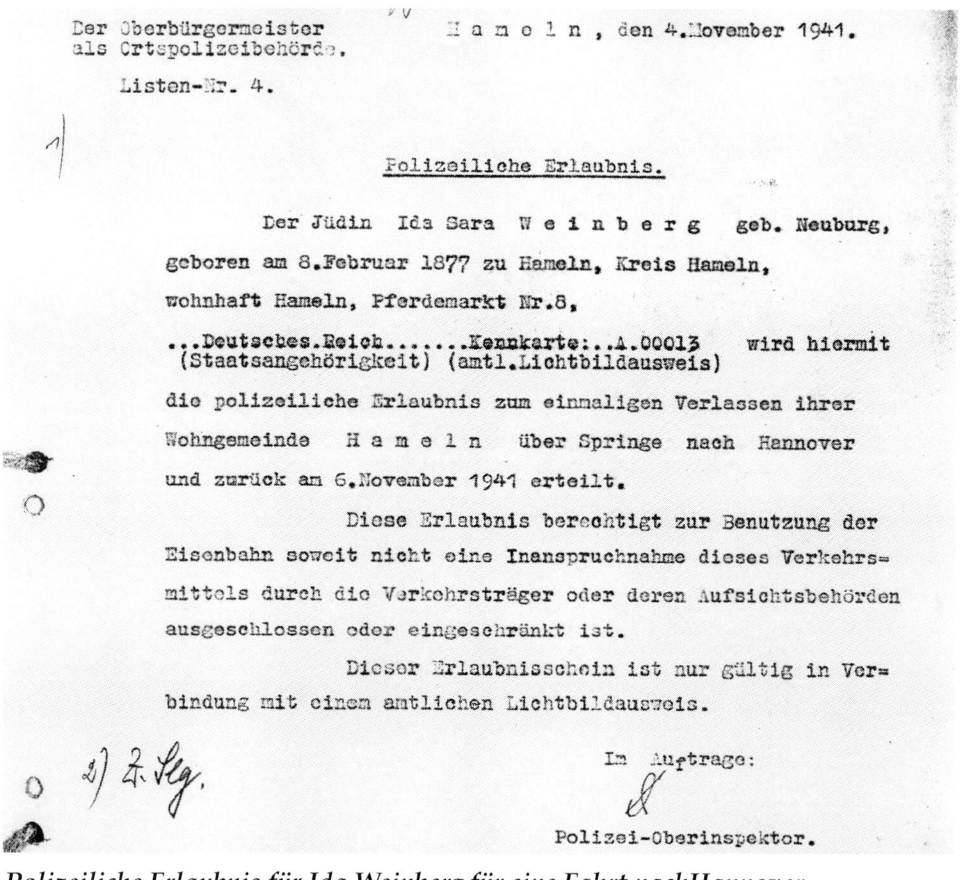

Der Oberbürgermeister
als Ortspolizeibehörde.

Hameln, den 4. November 1941.

Listen-Nr. 4.

1)

Polizeiliche Erlaubnis.

Der Jüdin Ida Sara Weinberg geb. Neuburg, geboren am 8. Februar 1877 zu Hameln, Kreis Hameln, wohnhaft Hameln, Pferdemarkt Nr. 8, ...Deutsches Reich.......Kennkarte:..A.00013 wird hiermit (Staatsangehörigkeit) (amtl. Lichtbildausweis) die polizeiliche Erlaubnis zum einmaligen Verlassen ihrer Wohngemeinde Hameln über Springe nach Hannover und zurück am 6. November 1941 erteilt.

Diese Erlaubnis berechtigt zur Benutzung der Eisenbahn soweit nicht eine Inanspruchnahme dieses Verkehrsmittels durch die Verkehrsträger oder deren Aufsichtsbehörden ausgeschlossen oder eingeschränkt ist.

Dieser Erlaubnisschein ist nur gültig in Verbindung mit einem amtlichen Lichtbildausweis.

2) z. Akt.

Im Auftrage:

Polizei-Oberinspektor.

Polizeiliche Erlaubnis für Ida Weinberg für eine Fahrt nachHannover

[185] Vgl. unten das Beispiel Martha Cohn; s.u., S. 80. Immer wieder berichten Zeitzeugen, daß jüdischen Personen in Geschäften heimlich Lebensmittel zugesteckt wurden.

[186] Vgl. StA HM 1, 2741.

Im Sommer 1941 wird die Einkaufszeit für Juden extrem eingeschränkt. Aufgefordert von der NSDAP-Ortsgruppe Hameln Süd reagiert der Oberbürgermeister sofort und setzt die Zeit von 9 bis 10 Uhr am Vormittag für Einkäufe der Juden fest.[187]

Jeder Hamelner Jude wird per Postzustellungsurkunde über diese Festsetzung informiert.

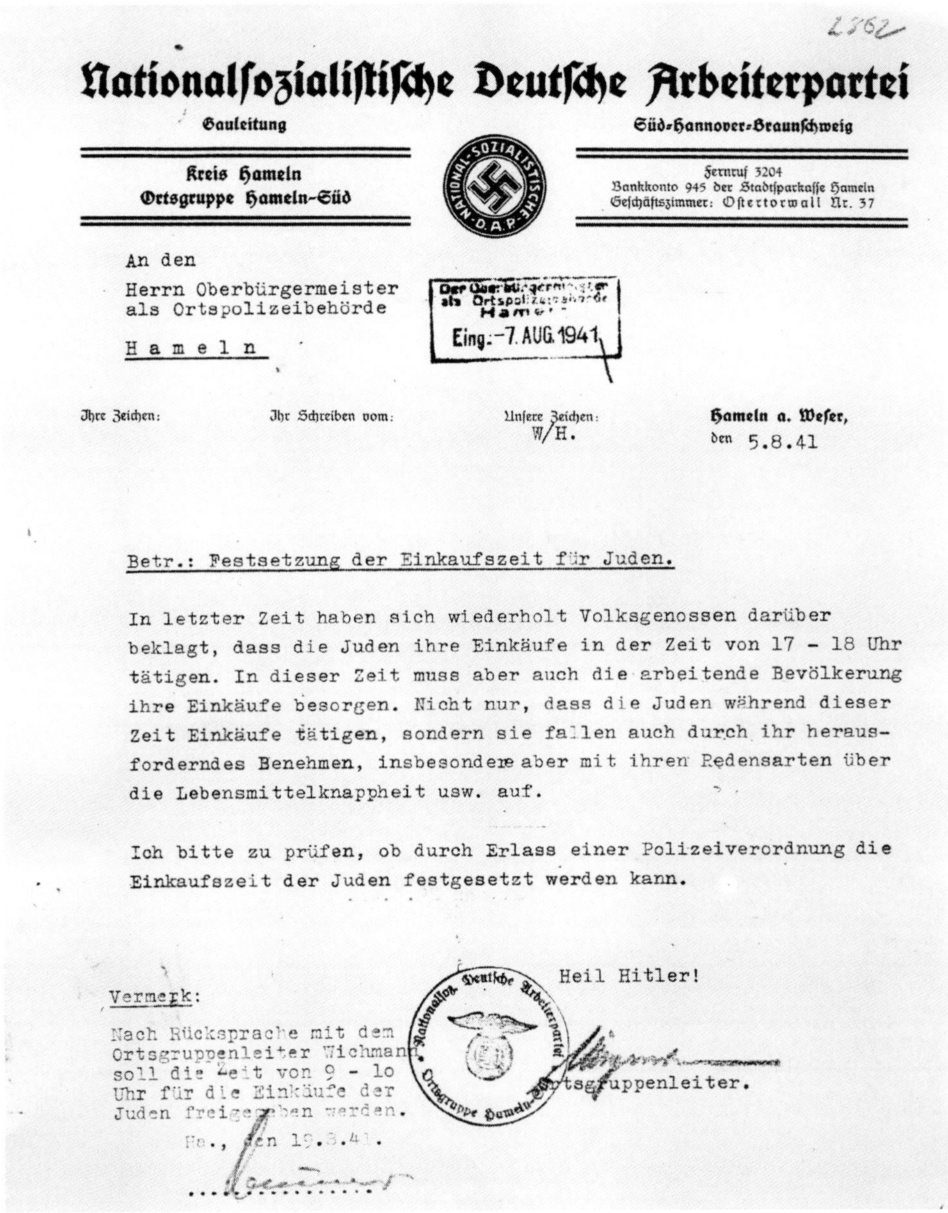

Nationalsozialistische Deutsche Arbeiterpartei

Gauleitung — Süd-Hannover-Braunschweig

Kreis Hameln
Ortsgruppe Hameln-Süd

Fernruf 3204
Bankkonto 945 der Stadtsparkasse Hameln
Geschäftszimmer: Ostertorwall Nr. 37

An den
Herrn Oberbürgermeister
als Ortspolizeibehörde

H a m e l n

Der Oberbürgermeister als Ortspolizeibehörde Hameln
Eing.: -7. AUG. 1941

Ihre Zeichen: | Ihr Schreiben vom: | Unsere Zeichen: W/H. | Hameln a. Weser, den 5.8.41

Betr.: Festsetzung der Einkaufszeit für Juden.

In letzter Zeit haben sich wiederholt Volksgenossen darüber beklagt, dass die Juden ihre Einkäufe in der Zeit von 17 - 18 Uhr tätigen. In dieser Zeit muss aber auch die arbeitende Bevölkerung ihre Einkäufe besorgen. Nicht nur, dass die Juden während dieser Zeit Einkäufe tätigen, sondern sie fallen auch durch ihr herausforderndes Benehmen, insbesondere aber mit ihren Redensarten über die Lebensmittelknappheit usw. auf.

Ich bitte zu prüfen, ob durch Erlass einer Polizeiverordnung die Einkaufszeit der Juden festgesetzt werden kann.

Heil Hitler!

Ortsgruppenleiter.

Vermerk:
Nach Rücksprache mit dem Ortsgruppenleiter Wichmann soll die Zeit von 9 - 10 Uhr für die Einkäufe der Juden freigegeben werden.
Ha., den 19.8.41.

Festsetzung der Einkaufszeit für Juden

[187] Vgl. StA HM 1, 2739.

Die Männer im arbeitsfähigen Alter müssen Zwangsarbeit leisten. Hermann Hammerschlag, bis zum 9. November 1938 Eigentümer eines kleinen Kleidergeschäftes, ist nun als Arbeiter bei der Gartenbaufirma Kollenrott in Hannover-Herrenhausen beschäftigt. Er fährt dafür täglich mit der Eisenbahn nach Hannover. Max Birnbaum, der seine Eisenwarenhandlung in der Deisterstraße 1937 hatte aufgeben müssen, arbeitet in der Papierwarenfabrik Schröder&Wagner in Rinteln.[188]

Selma Frankenstein

Im Unterschied zu „arischen" Arbeitern erhalten Juden keine Zulagen oder Sozialleistungen. Bei 66 Pfennig Stundenlohn beträgt ihr wöchentliches Arbeitspensum durchschnittlich 50 Stunden.

Ab 1. September 1941 gilt dann die Polizeiverordnung über die „Kennzeichnung der Juden": alle über sechs Jahre alten Juden müssen sichtbar an ihrer Kleidung den „Judenstern" tragen. Scham und Angst lassen sie nun kaum noch die Straße betreten.

Nur eine Nachricht aus einem Judenhaus hat sich erhalten. Selma Frankenstein schreibt am 13. Dezember 1941 auf einem sogenannten Rote-Kreuz-Brief an ihren nach Palästina ausgewanderten Neffen:

„Wir sind alle gesund.
Milli bei Ilse,
ich einsam und verlassen,
führe ein trauriges Leben.
Ein Wiedersehen mit Euch
hoffnungslos."
Grüsse von Bernstein, Hänschen
Selma.[189]

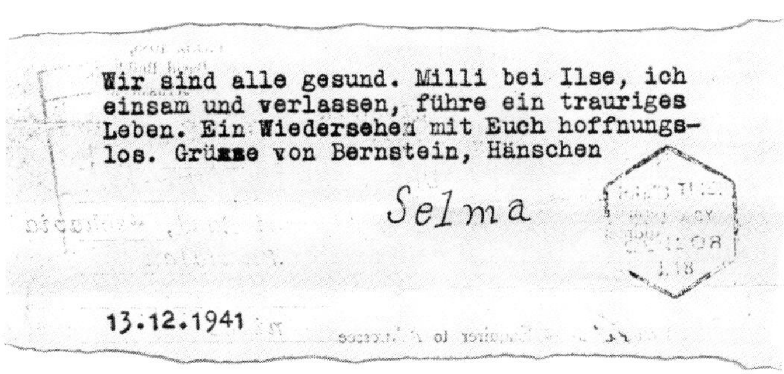

Wir sind alle gesund. Milli bei Ilse, ich einsam und verlassen, führe ein trauriges Leben. Ein Wiedersehen mit Euch hoffnungslos. Grüsse von Bernstein, Hänschen

Selma

13.12.1941

Eine Nachricht aus dem Judenhaus

[188] Vgl. StA HM 1, 2741. Arthur Goldstein muß im Auftrage der Stadtverwaltung die Straße fegen.

[189] „Milli bei Ilse": Emilie Frankenstein gelang noch 1941 die Auswanderung zu ihrer Tochter Ilse. Die sogenannten „Rote-Kreuz-Briefe" ermöglichten einen Briefwechsel auch in Kriegszeiten. Das Deutsche Rote Kreuz und die War Organization of the British Red Cross leiteten die kurzen Schreiben weiter. Rote-Kreuz-Briefe waren lange unterwegs. Der vorliegende Brief wird am 7. 10. 1941 in Jerusalem aufgegeben, geht, um die Antwort ergänzt, am 13. 12. 1941 aus Hameln ab und kommt schließlich am 6. 1. 1942 erneut in Jerusalem an. Die kurzen telegrammartigen Schreiben sind inhaltlich nicht sehr aussagekräftig, denn sie dürfen nur aus fünfundzwanzig Wörtern bestehen und rein persönliche und familiäre Nachrichten enthalten. Aber sie waren ein Lebenszeichen.

Martha Cohn

Martha Cohn wurde 1895 in Westpreußen geboren. Mit ihrer älteren Schwester Hertha führte sie ein kleines Geschäft für Damenputz in der Ritterstraße 13, später in der Bäckerstraße 56. Die kranke, ganz zurückgezogen lebende Schwester starb 1937. Der einzige noch lebende Angehörige, ihr Bruder Erich, war zu dieser Zeit schon in die USA emigriert. Ganz allein muß sie sich um die Bestattung der Schwester kümmern. Die Bestattung muß heimlich vor sich gehen. Für einen jüdischen Leichnam von einem Tischler einen Sarg zu bekommen, ist ganz schwierig.

Martha gibt das Putzgeschäft auf, wohnt nun in der Fischpfortenstraße 18. Sie lebt kümmerlich von Näharbeiten sowie von Übersetzungen ins Englische und Französische.

1940 – inzwischen heißt sie Martha „Sara" Cohn und trägt die amtliche Kennnummer A 00043 – muß sie ins „Judenhaus" Neue Marktstraße 13 umziehen. Sie bewohnt dort zwei kleine schräge Dachkammern mit Blick auf die Hummenstraße.

Eine ältere Dame aus Hameln hat die Erinnerung an Martha Cohn aufbewahrt. Als Kind habe sie Martha Cohn im „Judenhaus" besucht, um ihr im Auftrag ihrer Eltern Näharbeiten und etwas an Lebensmitteln zu bringen. Besuche im „Judenhaus", Hilfe gar, waren gefährlich. Das kleine Mädchen ist sich der Gefahr nicht bewußt. Seine Eltern wissen natürlich darum. Sie helfen trotzdem, hatten auch 1937 geholfen, als es so schwer war, einen Sarg für die verstorbene Schwester Hertha zu beschaffen.

Eine Erinnerung an Martha Cohn ist der älteren Dame noch geblieben: eine Begegnung auf der Straße im Jahre 1941. Martha Cohn mit Davidstern, den sie mit der Handtasche zu verdecken sucht. Das kleine Mädchen will grüßen, Frau Cohn blickt weg, tritt auf die Straße, will das Mädchen nicht mit einem Gruß kompromittieren.

Nachdem Martha Cohn irgendwann im Jahre 1942 von der Polizei die Aufforderung bekommen hat, sich zum Transport bereitzuhalten, bittet sie die befreundete „arische" Familie, für sie einige Bücher aufzubewahren. Die Bücher – es handelt sich um jüdische Gebetsbücher und eine mehrbändige Ausgabe der Thora – seien ihr als Erinnerung an ihren Vater lieb und teuer. Nach dem Kriege – so sagt sie – möchte sie diese wieder abholen.

1942, im Alter von 47 Jahren, wird Martha Cohn deportiert. Ihr Schicksal ist unbekannt. Das vom Bundesarchiv Koblenz 1986 erarbeitete Gedenkbuch der jüdischen Opfer des Dritten Reiches nennt ihren Namen nicht. Wir müssen vermuten, daß sie Anfang 1942 mit einem der von Hannover abgehenden Transporte in eines der großen Ghettos im Osten (wahrscheinlich Warschau) verschleppt wurde.

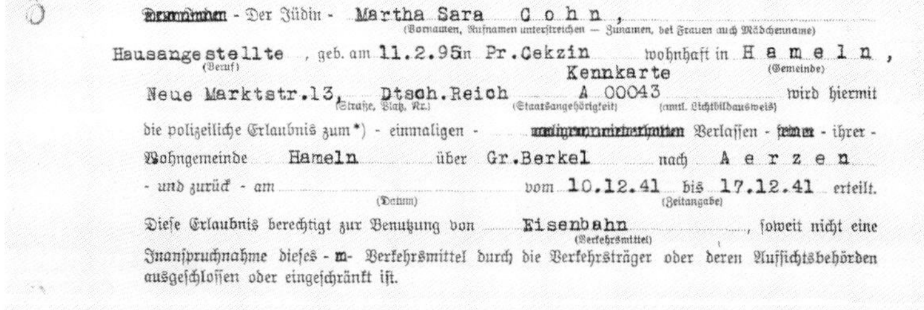

Polizeiliche Erlaubnis

~~Dem~~ - Der Jüdin - Martha Sara Cohn,
(Vornamen, Rufnamen unterstreichen — Zunamen, bei Frauen auch Mädchenname)
Hausangestellte (Beruf), geb. am 11.2.95 in Pr.Cekzin wohnhaft in Hameln (Gemeinde),
Neue Marktstr.13, (Straße, Platz, Nr.) Dtsch.Reich (Staatsangehörigkeit) Kennkarte A 00043 (amtl. Lichtbildausweis) wird hiermit
die polizeiliche Erlaubnis zum*) - einmaligen - ~~mehrmaligen, wiederholten~~ Verlassen - ~~seiner~~ - ihrer - Wohngemeinde Hameln über Gr.Berkel nach Aerzen
- und zurück - am (Datum) vom 10.12.41 bis 17.12.41 (Zeitangabe) erteilt.
Diese Erlaubnis berechtigt zur Benutzung von Eisenbahn (Verkehrsmittel), soweit nicht eine Inanspruchnahme dieses - m- Verkehrsmittel durch die Verkehrsträger oder deren Aufsichtsbehörden ausgeschlossen oder eingeschränkt ist.

Polizeiliche Erlaubnis für eine Fahrt nach Aerzen[190]

[190] StA HM 1, Akte U.

Wer hilft? – Die Rolle der „Reichsvereinigung der Juden in Deutschland"

Wie es für Minderheiten typisch ist, war auch unter den Juden traditionell die gegenseitige Hilfe und die Solidarität der Starken mit den Schwachen stark ausgeprägt. Vor dem Krieg hatten die jüdischen Gemeindeorganisationen ihre Synagogen, Friedhöfe, religiösen Schulen und Krankenhäuser selbständig betreut und, wo es not tat, Armenpflege betrieben. Die Hamelner Gemeinde verfügt über Synagoge (mit Lehrerhaus) und Friedhof, und sie besitzt zwei Wohlfahrtsorganisationen, die beide aus den traditionellen Beerdigungsbrüderschaften hervorgegangen waren.

Da ist der „Jüdische Wohltätigkeitsverein Chewra Kadischa", der für Krankenpflege und Bestattung der Männer zuständig ist und 1932 41 Mitglieder umfaßt. Für Krankenpflege, Wöchnerinnenfürsorge und Bestattungen der Frauen ist der „Jüdische Frauenverein" tätig, der 1932 60 Mitglieder hat. Für das Armenwesen gab es mehrere Stiftungen und Legate.[191]

Im Jahre 1939 sind der Friedhof verwüstet, die Synagoge gebrandschatzt und abgerissen, ist die Gemeinde völlig verarmt und überaltert. Die jüdischen Menschen sind kaum noch in der Lage, sich gegenseitig zu helfen, sondern in höchstem Maße auf Hilfe von außen angewiesen. Wer hilft in dieser Situation? Wer gibt juristischen Rat in den komplizierten Fragen der Auswanderung, des Hausverkaufs etc.? Wie kann der verschlissene Mantel, wie können die aufgetragenen Schuhe ersetzt werden?

Nun hatte der nationalsozialistische Staat im Jahre 1939[192] alle jüdischen Organisationen, die Ortsgemeinden, die Kulturvereine und auch die Selbsthilfeorganisationen, aufgelöst und statt dessen die „Reichsvereinigung der Juden in Deutschland" gegründet. Ihr hatten alle Juden anzugehören. Nun war es die Aufgabe der Reichsvereinigung geworden, für die Wohlfahrt ihrer Mitglieder zu sorgen. In den erhaltenen Akten finden sich zwei Vorgänge, in denen die Reichsvereinigung für die Hamelner Juden tätig wird.

Der erste Vorgang stammt aus dem Jahre 1941. Am 6. November 1941 schreibt die Bezirksstelle Hannover-Kassel der Reichsvereinigung der Juden in Deutschland an die Hamelner Juden:

> „Auf behördliche Anordnung müssen wir schnellstens einen gewissen Fond sammeln und zwar zunächst aus den zur Zeit im Besitz von Juden befindlichen flüssigen Geldern. …
> Wir bitten Sie daher, von den verschiedenen jüdischen Familien an Ihrem Ort alles nur verfügbare Geld einzuziehen.
> Wir machen darauf aufmerksam, daß hier eine reine Freiwilligkeit nicht vorliegt, sondern eine behördliche Auflage, mit deren Durchführung zunächst wir betraut sind. Aufgebracht werden sollen etwa RM 100,- pro Familienoberhaupt oder Einzelperson. Für diejenigen Familien, die nicht oder nicht voll zahlungsfähig sind, müssen die anderen mit aufkommen."[193]

191 Vgl. Führer durch die jüdische Gemeindeverwaltung, zitiert bei Zvi Asarja, S. 671, und Wittkowsky, Zur Geschichte der Juden in Hameln, S. 9.

192 Im Jahre 1939 hatten die jüdischen Gemeinden ihren Status als Körperschaften öffentlichen Rechts verloren. Damit war faktisch die Selbstverwaltung der jüdischen Gemeinden aufgehoben.

193 StA HM 1, 3136.

Das Schreiben zeigt wesentliche Merkmale der Reichsvereinigung.

Sie handelt nicht im eigenen Auftrag.

Sie verlangt von den Wohlhabenden, für die Mittellosen einzutreten.

Gelingt es ihr nicht, ihren Auftrag auszuführen, so wird der Staat direkt und ohne Nachsicht eingreifen.

In Hameln geht das Schreiben der Reichsvereinigung an Fräulein Löwenstein[194], „Vertrauensfrau" (nicht Vorsteherin!) der Hamelner Juden. Sie hat die Aufgabe, das geforderte Geld einzutreiben. Fräulein Löwenstein bittet nun Frau Rieka Katz, „mindestens 300 RM" zu zahlen, weil die übrigen in Hameln lebenden Juden nicht in der Lage seien, jeweils 100 RM zu zahlen. Rieka Katz, die sich gegen die Bitte nicht sperrt, verfügt freilich nicht über Bargeld. Ihr Geld liegt auf einem für Auswanderungszwecke angelegten Sperrkonto. Sie bittet daraufhin den Oberbürgermeister, für den genannten Zweck 300 RM aus ihrem Sperrkonto freizugeben. Der Oberbürgermeister lehnt dies ab; die Summe sei „aus flüssigen Geldern" aufzubringen. Ob und wie die verarmten Hamelner Juden das geforderte Geld schließlich aufbrachten, ist den Akten nicht zu entnehmen.[195]

Der zweite Vorgang stammt aus den Jahren 1942 und 1943. Die letzten Hamelner Juden waren im Juli 1942 deportiert worden. Am 19. November 1942 schreibt die Bezirksstelle Nordwestdeutschland der Reichsvereinigung der Juden in Deutschland an den Hamelner Oberbürgermeister:

„Von unserer Aufsichtsbehörde werden wir gehalten, die entbehrlich gewordenen Jüdischen Friedhöfe zu veräußern. Hierzu gehört auch der Jüdische Friedhof in Hameln. ... Wir erlauben uns daher die höfliche Anfrage, ob die Stadt Hameln am Erwerbe des Friedhofes interessiert ist."[196]

Ein Verkauf an die Stadt Hameln kommt nach längeren Verhandlungen nicht zustande, weil diese nicht bereit ist, die gesetzlich garantierte Liegefrist von 30 Jahren einzuhalten. Schließlich findet die Reichsvereinigung die folgende Lösung. Die gesamten Steine des Friedhofes werden an den Hamelner Steinmetzmeister Fritz Dammann für einen Preis von 1215 RM verkauft. Gegen einen Zins von 150 RM jährlich pachtet der Steinmetzmeister das gesamte Friedhofsgelände, um darauf Steine lagern zu können.[197]

Verpachtung des Friedhofes, Verkauf der Steine sind nach jüdischem Verständnis ein schlimmes Sakrileg. Die Ruhe eines Totes darf grundsätzlich nicht gestört werden. Die Reichsvereinigung wird zur Nachlaßverwalterin der deportierten Hamelner Juden. Nachdem die Menschen deportiert worden sind, ihre Häuser und Geschäfte verkauft oder enteignet wurden, der Hausrat versteigert worden war, wird die Reichsvereinigung nun dazu gezwungen, den Friedhof zu „verwerten".

Die beiden Schreiben zeigen ein allgemeines Merkmal des nationalsozialistischen Umgangs mit Juden: „Die Deutschen wollten sich nicht mit den Juden einzeln und direkt abgeben."[198] Sie schalten als Zwischeninstanz die

194 Welche der beiden Schwestern Löwenstein hier gemeint ist, bleibt unklar.

195 StA HM 1, 3136.

196 StA HM 1, 3138.

197 StA HM 1, 3138, Schreiben vom 7. 12. und vom 17. 12. 1943; vgl. Akte über den jüdischen Friedhof im Grünflächenamt. Zur Verwertung der Steine ist es übrigens während des Krieges nicht gekommen.

198 Hilberg, Täter, Opfer, Zuschauer, S. 123; vgl. dort insgesamt zur Rolle der Reichsvereinigung S. 123–126.

Reichsvereinigung ein. Die von der Gestapo eingesetzte Reichsvereinigung hatte hauptsächlich die Aufgabe zu erfüllen, den Juden alle vom nationalsozialistischen Staat erwünschten Maßnahmen aufzuzwingen.

Jetzt ist die Reichsvereinigung mit Wohnungsnot, Hunger, Kleidungsmangel und den vielfachen Problemen im Zusammenhang mit der Ausreise jüdischer Familien konfrontiert. Sie hat dafür Sorge zu tragen, daß kein Jude als Sozialfall dem Staat zur Last fällt. Sie hat das Geld für die Auswanderung mittelloser Juden aufzubringen. Sie bezahlt am Ende sogar die Kosten der Deportationen. Der erdrückenden Not steht sie insgesamt machtlos gegenüber, kann nur in Einzelfällen helfen. Sie muß Forderungen der Behörden erfüllen, sei es die Erhebung statistischer Daten über die Mitglieder der Gemeinden, die Auslieferung jüdischen Vermögens, die Rekrutierung von Zwangsarbeitern, und ist damit direktes Werkzeug der Gestapo. Zunehmend wird sie in Maßnahmen verstrickt, die von der Zwangsumsiedlung jüdischer Familien in die sogenannten Judenhäuser bis hin zum Zusammentreiben von Menschen für Deportationen reichen. Die Reichsvereinigung der Juden in Deutschland spielt damit dieselbe Rolle, wie sie die von den Deutschen eingesetzten Judenräte in den besetzten Gebieten im Osten spielen.

Wir müssen davon ausgehen, daß die kleine Gruppe jüdischer Menschen in Hameln völlig auf sich gestellt war. Von der Reichsvereinigung hatte sie keine Hilfe zu erwarten. Ihre Geschäftsstellen lagen in den Großstädten wie Hamburg und Hannover und erreichten die Hamelner Juden mit ihrer Hilfe nicht. Abgeschnitten von den großen jüdischen Gemeinden lebten die Hamelner Juden völlig auf sich gestellt und isoliert in einer absolut feindlichen Umgebung, tief verunsichert und ohne jede Information.

Letzte Fluchtversuche

Am 22. August 1941 werden alle Hamelner Juden per Postzustellungsurkunde darüber informiert, daß sie in Zukunft nur noch in der Zeit zwischen 9 und 10 Uhr morgens einkaufen dürfen. Den an Emilie Frankenstein gerichteten Brief kann der Briefträger nicht zustellen. Sie ist „ins Ausland abgereist".[199] Emilie Frankenstein, damals 70 Jahre alt, hat die Stadt Hameln und den Herrschaftsbereich der Nationalsozialisten bereits Ende Juni verlassen. In Marseille besteigt sie eines der letzten Schiffe, die den nicht von deutschen Truppen besetzten Teil Frankreichs in Richtung Palästina verlassen dürfen.

Emilie Frankenstein ist vermutlich die letzte jüdische Einwohnerin Hamelns, der die Auswanderung gelingt. Noch sind also Auswanderungen möglich![200]

Noch später – allerdings aus Hannover – kann Antonia Rothenberg[201] flüchten. Antonia Rothenberg war 1893 in Hameln als Tochter des Kaufmann Louis Münchhausen geboren worden. Sie verläßt Hameln, geht nach Hannover und erwirbt dort das Haus Leise-

199 Vgl. die Postzustellungsurkunde vom 22. 8. 1941, StA HM 1, 2739; außerdem StA HM 1, 834, Schreiben vom 14. Mai 1941.

200 Ebenfalls sehr spät – offenbar im Mai oder Juni 1941 – gelingt Arthur Goldstein und seiner Ehefrau Ida die Auswanderung.

201 Zu Antonia Rothenberg vgl. M. Buchholz, Die hannoverschen Judenhäuser, S. 25 f mit Anm. 16.

witzstraße 2. Seit dem Sommer 1939 werden in ihr Haus vom hannoverschen Wohnungsamt nach und nach mindestens zwanzig Mieter jüdischen Glaubens eingewiesen.

Am 3. September 1941 wird allen jüdischen Bewohnern des Hauses Leisewitzstraße 2 eine Räumungsverfügung zugestellt. Unter entwürdigenden Umständen werden sie auf engstem Raum in einem der Hannoverschen Judenhäuser zusammengepfercht. Viele von ihnen werden im Dezember 1941 nach Riga deportiert. Antonia Rothenberg kann der Deportation entgehen. Ihr gelingt am 22. Oktober 1941 die Auswanderung nach Mexiko. Einen Tag später, am 23. Oktober 1941, verfügte das Reichssicherheitshauptamt in einem Geheimerlaß, daß die Auswanderung von Juden aus Deutschland während des Krieges ausnahmslos verboten sei.

Rieka Katz

Rieka Katz

Mehrere Jahre und am Ende vergeblich kämpft die zweiundsiebzigjährige Rieka Katz um ihre Auswanderung.

Rieka Katz wurde 1870 in Telgte geboren. Mit ihrem Ehemann Abraham Katz und zwei Söhnen bewohnt und besitzt sie das Haus Pferdemarkt 8 und betreibt dort einen Viehhandel.

Der Ehemann stirbt im Jahre 1930. Die Witwe führt zusammen mit ihren erwachsenen Söhnen Karl und Walter das Geschäft zunächst weiter.

Zum Jahresende 1938 lebt von der Familie Katz nur noch Rieka im Haus Pferdemarkt 8. Karl ist die Ausreise in die USA gelungen; Walter war im Konzentrationslager Buchenwald ermordet worden.[202]

Das Viehhandelsgeschäft hat sie aufgeben müssen. Es geht auf einen arischen Besitzer über.[203]

An den neuen Inhaber der Firma verkauft Rieka Katz im Frühjahr 1939 nun auch ihr Haus und das Grundstück. Sie will auswandern und braucht das Geld zur Finanzierung der Kosten für Visum und Fahrt. Der Käufer, ein junger Mann, kann aber nicht zahlen, weil er inzwischen zum Wehrdienst eingezogen wurde. Es folgen lange Verhandlungen mit dem Ziel, den Kaufvertrag zu lösen und einen anderen Käufer zu finden.

In ihrer Not bittet sie den Oberbürgermeister von Hameln bzw. den Regierungspräsidenten in Hannover um die Genehmigung, ihr Grundstück belasten zu dürfen. Nach zermürbendem Schriftwechsel ihres Rechtsanwalts mit den Behörden erhält sie

202 S. o., S. 61.

203 Anzeige in der DWZ vom 10. 11. 1938: „Geschäftseröffnung. Mit dem heutigen Tage eröffne ich in Hameln, Pferdemarkt 8 ein Viehhandelsgeschäft. Heinrich Habekost."

schließlich im September 1940 die Genehmigung, eine Hypothek von 3000 RM aufzunehmen. Das Geld muß auf ein Sperrkonto eingezahlt werden und darf nur für Auswanderungszwecke verwendet werden.[204]

Am 11. September 1941 schreibt sie an den Oberbürgermeister:

„Die Kosten für die Auswanderung sind zum größten Teil bezahlt. Meine Auswanderung verschob sich noch, weil ich das Visum beim Konsulat in Hamburg nicht erhielt, offenbar mit Rücksicht auf die allgemeine Lage" (gemeint ist der Angriff auf die Sowjetunion).

Ein weiterer Brief vom 24. September 1941 an den Oberbürgermeister hat sich erhalten. Darin heißt es:

„Ich benötige jetzt nur noch das Reisegeld für die Reise von hier bis zum Hafen Lissabon. Das Geld für die Schiffskarte hat mein Sohn bereitgestellt. Wieviel die Kosten noch betragen, kann ich nicht sagen, da in letzter Zeit von hier keine Personen ausgewandert sind."

Rieka Katz ist die Flucht aus Deutschland nicht mehr gelungen. Mit Beginn des Überfalls auf die Sowjetunion hat das Dritte Reich alle Ausreisen von Juden aus seinem Machtbereich erschwert; am 23. Oktober 1941 werden sie endgültig untersagt. In ihrem Haus, das die Hamelner Stadtverwaltung seit Oktober 1939 als „Judenhaus" benutzt, lebt sie noch bis Juli 1942. Die Zweiundsiebzigjährige gehört mit zu dem Transport, der am 23. Juli 1942 von Hannover-Ahlem nach Theresienstadt geht. Mit dem „Todestransport" „Br – 741" wird sie von dort in das Vernichtungslager Maly Trostinec „überstellt" und ist seitdem verschollen.

Unser Zeichen (bitte angeben) T/D - 594 519 — Ihr Zeichen EB-IV/Fr. I 21660 K — Ihr Schreiben vom 21. Januar 1957

Betrifft: KATZ geb. JORDAN Rieka (Rica), geboren am 14. September 1870 in Telgte bei Münster

Sehr geehrte Damen und Herren!

Der nachstehende Bericht ist eine offizielle Ergänzung unserer Inhaftierungsbescheinigung Nr. 69318 vom 11. April 1957:

KATZ Ricka, geboren am 14. September 1870, wurde am 26. September 1942 vom Ghetto Theresienstadt mit Transport "Br-741" nach Maly Trostinec überstellt.
Kategorie oder Grund für die Inhaftierung: "Jüdin".

Geprüfte Unterlagen: Karteikarte des Ghettos Theresienstadt.

Aus einer Mitteilung des Tschechoslowakischen Roten Kreuzes in Prag vom 25.5.1951 geht hervor, daß der Transport "Br" als Todestransport anzusehen ist, da weniger als 10% der Verschickten nach dem Kriege zurückgekehrt sind.

Mitteilung des ITS Arolsen über Rieka Katz[205]

204 Umfangreicher Schriftwechsel vom 1. 8. 1939 bis zum 24. 9. 1941; StA HM 1, 3136.

205 Scharf, Dokumente, S. 332.

Die Jahre 1941 und 1942

Die Entscheidung für die „Endlösung"

Massenaustreibung, 1938 und 1939 noch mit Nachdruck verfolgt, konnte nur für Deutschland und Österreich gelten. Nachdem der Krieg begonnen worden war, erschien dieses Ziel jedoch völlig unrealistisch für die besetzten Gebiete. Besonders in dem von Hitler besetzten Westteil Polens lebten sehr viele Juden.[206]

Die beiden auf den Kriegsbeginn folgenden Jahre sind eine Zeit der Ungewißheit. Es gibt offenbar keinen festen Plan, sondern eine schrittweise Weiterentwicklung der Überlegungen. In Polen werden zunehmend radikale Schritte gegen die Juden unternommen, darunter ihre Ghettoisierung, aber die Vorstellungen, worauf diese Schritte hinauslaufen sollten, sind nur nebulös.

Andeutungen und Prophezeiungen von Hitler hatte es genug gegeben. In seiner bekannten Rede vor dem Reichstag am 30. Januar 1939 sagte er: „Ich will heute wieder ein Prophet sein: Wenn es dem internationalen Finanzjudentum ... gelingen sollte, die Völker Europas noch einmal in einen Weltkrieg zu stürzen, dann wird das Ergebnis nicht die Bolschewisierung der Erde und damit der Sieg des Judentums sein, sondern die Vernichtung der jüdischen Rasse in Europa."[207]

Die entscheidende Wendung kommt tatsächlich mit dem Herannahen des Krieges gegen die Sowjetunion. Dort leben über vier Millionen Juden. Es ist ein Vorbote der Endlösung, wenn Hitler in der Phase der Vorbereitung auf diesen Krieg bestimmt, die „jüdisch-bolschewistische Intelligenz" zu eliminieren, und anordnet, die sogenannten Einsatzgruppen aufzustellen. Irgendwann im Frühjahr 1941 fällt die Entscheidung für die „Endlösung". Einen schriftlichen Befehl Hitlers hat es offenbar nicht gegeben. Heydrich gibt aber einen Hinweis auf eine von Hitler gefällte Entscheidung, wenn er auf der Wannseekonferenz im Januar 1942 rückschauend formuliert: „An die Stelle der Auswanderung ist nunmehr als weitere Lösungsmöglichkeit nach entsprechender vorheriger Genehmigung durch den Führer die Evakuierung der Juden nach dem Osten getreten."[208]

Am 23. Oktober 1941 verbietet Himmler „im Hinblick auf die Gefahren einer Auswanderung im Kriege und im Hinblick auf die Möglichkeiten des Ostens" weitere Auswanderungen von Juden aus Deutschland.[209] Der Krieg gegen die Sowjetunion hatte begonnen. Zu groß war die Zahl der Juden in den zu erobernden Gebieten, als daß es noch sinnvoll gewesen wäre, die „Judenfrage" über Auswanderung zu lösen.

Im Herbst 1941 kommt dann in Deutschland plötzlich alles in Bewegung. Züge fahren Juden aus Deutschland in die Gebiete des besetzten Polen

206 Zum Thema des ganzen Kapitels vgl. Jäckel, Hitlers Herrschaft, S. 89–122, und Hilberg, Täter, Opfer, Zuschauer, S. 28–33. Nach dem Fall Frankreichs war die Umsiedlung aller europäischen Juden auf die französiche Inselkolonie Madagaskar erwogen worden. Aber wie sollte dieser Plan verwirklicht werden, solange Deutschland mit der Seemacht Großbritannien im Kriege lag?

207 Jäckel, a. a. O., S. 94.

208 Hilberg, a. a. O., S. 32.

209 Walk, Das Sonderrecht für die Juden, S. 353.

und in Städte der besetzten UdSSR zum „Arbeitseinsatz“, wie es offiziell heißt. Sie führen zunächst in die großen, überfüllten Ghettos wie Minsk, Riga und Warschau sowie in das von Heydrich eigens geschaffene „Altersghetto“ Theresienstadt. Mit dem Bau von Vernichtungslagern wird begonnen.

Auf der bekannten „Wannsee-Konferenz“ am 20. Januar 1942 werden die Deportationen, die längst angelaufen sind, in den Rahmen der geplanten „Endlösung“ gestellt:

> „Unter entsprechender Leitung sollen im Zuge der Endlösung die Juden in geeigneter Weise im Osten zum Arbeitseinsatz kommen. In großen Arbeitskolonnen, unter Trennung der Geschlechter, werden die arbeitsfähigen Juden straßenbauend in diese Gebiete geführt, wobei zweifellos ein Großteil durch natürliche Verminderung ausfallen wird. Der allfällig endlich verbleibende Restbestand wird, da es sich bei diesem zweifellos um den widerstandsfähigsten Teil handelt, entsprechend behandelt werden müssen. ... Es ist beabsichtigt, Juden im Alter von über 65 Jahren nicht zu evakuieren, sondern sie in ein Altersghetto – vorgesehen ist Theresienstadt – zu überstellen.“[210]

Die „Abwicklung“ der Deportationen

Die Hameln betreffenden Transporte wurden jeweils von der Gestapoleitstelle Hannover für die Regierungsbezirke Hannover und Hildesheim organisiert. Im folgenden soll einer der Transporte genau dargestellt werden, damit Zuständigkeiten, Verantwortlichkeiten, Zeitplan und Aufgabenbereiche erkennbar werden. Da sich die entsprechenden Unterlagen für Hameln nicht erhalten haben, soll anhand der Akten des benachbarten Landkreises Springe rekonstruiert werden, wie sich die Transporte aus Hameln abgespielt haben dürften. Als Beispiel wurde der Transport D a 6 nach Trawniki bei Lublin ausgewählt.[211] Bei diesem Transport läßt sich gut das Zusammenspiel der verschiedenen Behörden, vor allem auch die Beteiligung der Landräte und Oberbürgermeister als Kreis- und Ortspolizeibehörde, verdeutlichen.

6. März 1942

Auf einer Besprechung im RSHA (= Reichssicherheitshauptamt) in Berlin am 6. März 1942 hatte Eichmann bekanntgegeben, daß 55000 Juden aus dem Altreich, Österreich und Böhmen-Mähren abgeschoben werden sollten. „Es stehen nur leere Russenzüge / Arbeitertransporte in das Altreich zur Verfügung, die leer in das Generalgouvernement zurückrollen sollen und nun vom RSHA im Einvernehmen mit dem OKH (Oberkommando des Heeres) ausgenutzt werden. ...

Die Züge fassen nur 700 Personen, jedoch sind 1000 Juden darin unterzubringen.“[212]

Bei dieser Besprechung wurden der Gestapoleitstelle Hannover für ihren Bereich 500 Plätze in einem aus Gelsenkirchen kommenden Zug zugewiesen. Diese Plätze mußten nun besetzt werden.

210 Zitiert nach Hofer, Der Nationalsozialismus, S. 303–305.

211 Vgl. hier und im folgenden nds. HStA Hannover Hann 174 Springe III Nr. 113, abgedruckt bei Homeyer, Juden im Landkreis Hannover, S. 172–175. Der Transport ist detailliert beschrieben bei Buchholz, Die hannoverschen Judenhäuser, S. 221–228.

212 Zitiert bei Buchholz, a. a. O., S. 222.

Die Gestapoleitstelle Hannover erstellte für ihren Bereich einen Organisationsplan, der die genaue Abfolge aller für den Abtransport erforderlichen Formalitäten bis zur Abfahrt festlegt. Sie baute dabei auf die Mitarbeit zahlreicher Dienststellen. Im Verteiler des Schreibens vom 19. März 1942 werden genannt:

- die Regierungspräsidenten Hannover und Hildesheim
- der Oberfinanzpräsident
- der Amtsgerichtsdirektor
- die Reichsbahndirektion Hannover
- der Kommandeur der Schutzpolizei
- die Landräte im Regierungsbezirk Hannover
- die Oberbürgermeister von Hameln, Hildesheim und Göttingen.

Die Gestapoleitstelle legte nun die Liste der abzuschiebenden Juden an. Sie hatte längst vor Beginn der Deportationen Kenntnis von nahezu allen Juden im Lande, weil sie auf Mitgliederlisten der Gemeinden, die Eintragungen der Einwohnermeldeämter und auf Unterlagen der Wohnungsämter zurückgreifen konnte.

19. März 1942

Die Staatspolizeileitstelle Hannover informierte am 19. März 1942 Regierungspräsidenten, Landräte, Oberbürgermeister usw. in einem vertraulichen Schreiben über die am 31. März 1942 bevorstehende „Evakuierungsmaßnahme".

So erhielt der Landrat in Springe die folgende Anweisung:

„In der Anlage übersende ich 1 Liste der mit dem am 31. 3. 42 von hier abgehenden Sondertransport abzuschiebenden Juden. Ich ... bitte die ... Juden am Sonnabend, dem 28. 3. 42, im Verlaufe des Vormittags nach Ahlem (israelitische Gartenbauschule) bei Hannover zu überführen."

Nun war es die Aufgabe der Oberbürgermeister und Landräte, in deren Amtsbereich Juden zur Deportation vorgesehen waren, die Juden über ihre bevorstehende „Evakuierung" zu informieren.

26. März 1942

Mit dem folgenden Schreiben vom 26. März benachrichtigte z.B. der Bürgermeister von Wunstorf die „von der Maßnahme betroffenen Juden" in seiner Stadt:

„Sie haben sich ab Freitag, den 27. März 1942, 13 Uhr, in Ihrer Wohnung aufzuhalten und dürfen diese nicht mehr verlassen."

Mit der Benachrichtigung über ihren Abtransport erhielten die Juden Merkblätter, u.a. eine Vermögenserklärung, die für jedes Familienmitglied auszufüllen war. Die Vermögenserklärung war ein acht, später sechzehn Seiten langer Fragebogen. „Zweifellos stellt dieses Dokument einen bürokratischen Höhepunkt der Verwaltungsvorgänge im Zusammenhang mit der Deportation dar." [213]

In kleinen Orten wie Hameln übernahmen die örtlichen Behörden „die letzten Prozeduren, bevor die Ausgelieferten ‚abgefertigt', aus dem bürgerlichen Dasein ausgestoßen und in die Eisenbahnwagen verladen worden sind."[214] Sie überprüften die Vermögenserklärungen der Juden, stellten bisweilen Wertgegenstände sicher, schafften später die zu Evakuierenden zur Sammelstelle.[215] Nach der Deporta-

[213] Adler, Der verwaltete Mensch, S. 560.
[214] Adler, a. a. O., S. 354.
[215] Vgl. Buchholz, a. a. O., S. 211.

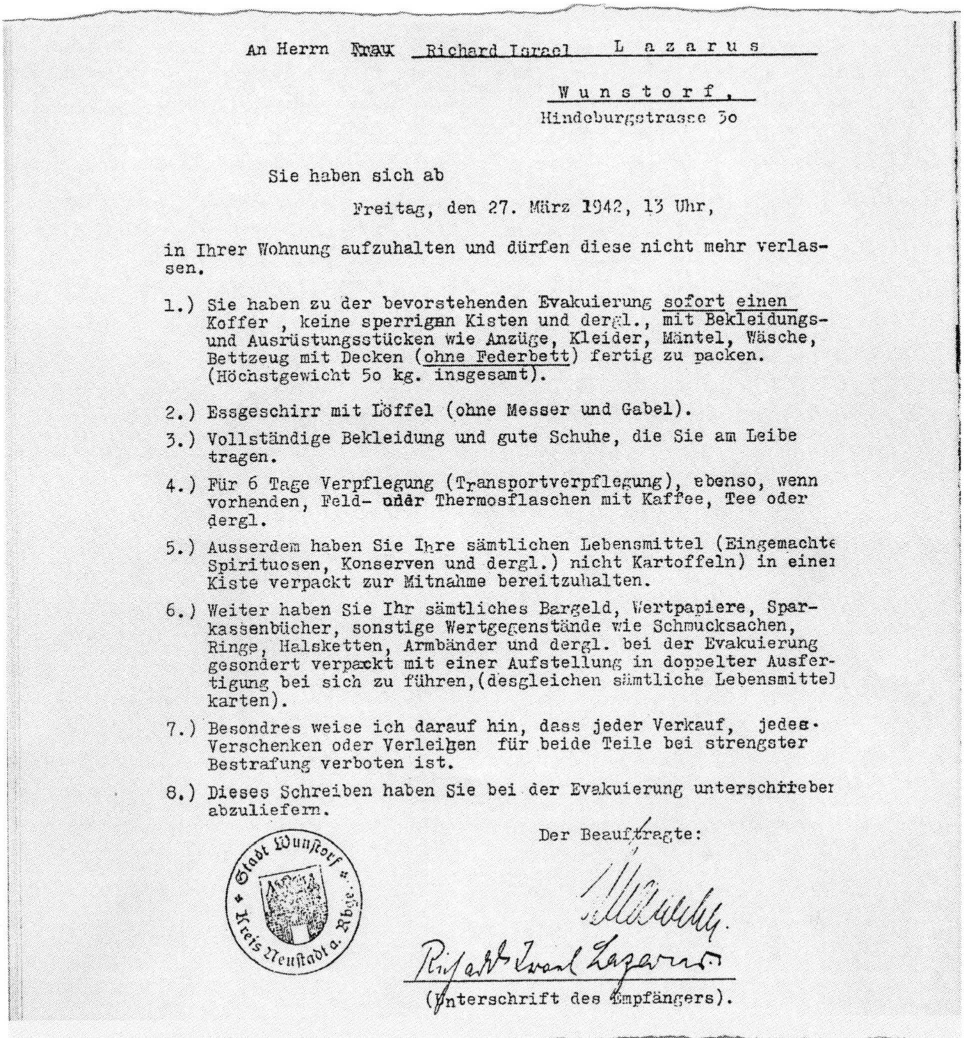

An Herrn ~~Frau~~ Richard Israel L a z a r u s

W u n s t o r f ,
Hindeburgstrasse 3o

Sie haben sich ab

Freitag, den 27. März 1942, 13 Uhr,

in Ihrer Wohnung aufzuhalten und dürfen diese nicht mehr verlassen.

1.) Sie haben zu der bevorstehenden Evakuierung sofort einen Koffer , keine sperrigen Kisten und dergl., mit Bekleidungs- und Ausrüstungsstücken wie Anzüge, Kleider, Mäntel, Wäsche, Bettzeug mit Decken (ohne Federbett) fertig zu packen. (Höchstgewicht 5o kg. insgesamt).

2.) Essgeschirr mit Löffel (ohne Messer und Gabel).

3.) Vollständige Bekleidung und gute Schuhe, die Sie am Leibe tragen.

4.) Für 6 Tage Verpflegung (Transportverpflegung), ebenso, wenn vorhanden, Feld- oder Thermosflaschen mit Kaffee, Tee oder dergl.

5.) Ausserdem haben Sie Ihre sämtlichen Lebensmittel (Eingemachte Spirituosen, Konserven und dergl.) nicht Kartoffeln) in einer Kiste verpackt zur Mitnahme bereitzuhalten.

6.) Weiter haben Sie Ihr sämtliches Bargeld, Wertpapiere, Sparkassenbücher, sonstige Wertgegenstände wie Schmucksachen, Ringe, Halsketten, Armbänder und dergl. bei der Evakuierung gesondert verpackt mit einer Aufstellung in doppelter Ausfertigung bei sich zu führen,(desgleichen sämtliche Lebensmittelkarten).

7.) Besondres weise ich darauf hin, dass jeder Verkauf, jedes Verschenken oder Verleihen für beide Teile bei strengster Bestrafung verboten ist.

8.) Dieses Schreiben haben Sie bei der Evakuierung unterschrieben abzuliefern.

Der Beauftragte:

Stadt Wunstorf Kreis Neustadt a. Rbge.

Richard Israel Lazarus

(Unterschrift des Empfängers).

Die Aufforderung zum Transport[216]

tion kontrollierten die örtlichen Behörden schließlich die verlassenen Wohnungen und versiegelten sie. Das gesamte bewegliche und unbewegliche Vermögen eines Juden galt als beschlagnahmt. Die Vermögensverwertung übernahm das Finanzamt.[217]

Größten Wert legte die Gestapo darauf, daß abzuschiebende Juden keine Wertgegenstände verschenkten. Im

[216] Nds. HStA Hannover, Hann 174, Neustadt, zitiert nach Homeyer, a. a. O., S. 180.

[217] Für diesen letzten Vorgang im Zusammenhang mit der Deportation haben wir einen Beleg in den Hamelner Akten. Der Vermessungsrat Reiche berichtet am 14. 2. 1942: „Bislang ist nur in einem Falle jüdisches Eigentum beschlagnahmt worden. … Es handelt sich in diesem Falle um den Schuhmacher Georg Israel Reichmann, geb. am 12. 3. 1886 in Kiev, zuletzt wohnhaft in Hameln, Alte Marktstr. 52. Nach Rücksprache mit der Kriminalpolizei ist das Vermögen des Schuhmachers Reichmann von dem Oberfinanzpräsidenten in Hannover verkauft worden. Über den Erlös der Versteigerung hat auch der Oberfinanzpräsident verfügt." (StA HM 1, 3137).

Schreiben der Gestapo an die Landräte und Oberbürgermeister heißt es dazu:

„Jeder abzuschiebende Jude hat sein Bargeld, seine Wertpapiere, Sparkassenbücher, sonstige Wertgegenstände, wie Schmucksachen, Ringe, Halsketten, Armbänder usw. bei seiner Festnahme bei sich zu führen. Alle diese Gegenstände werden ihm bei der Durchsuchung der Koffer und der Leibesvisitation im Sammellager Ahlem abgenommen. Keinesfalls dürfen Juden Bargeld oder Wertgegenstände auf dem Transport mitnehmen. Nur Eheringe dürfen den Juden belassen werden."[218]

28. März

Die „Festnahme und Überstellung der von der Maßnahme betroffenen Juden ... nach Ahlem bei Hannover durch die Kreis- und Ortspolizeibehörden" geschah am 28. März 1942.

Die Juden des Landkreises Springe verließen z.B. ihre Heimatorte auf einem Lastwagen mit Anhänger. Der LKW wurde in Bad Münder eingesetzt und fuhr dann die einzelnen Gemeinden ab. Der Fahrtverlauf ist aus der abgedruckten Transportrechnung zu ersehen.

In Ahlem fanden die Eingelieferten ganz unglaubliche Zustände vor. Die Juden hatten langwierige Gepäckkontrollen und eine Leibesvisitation über sich ergehen zu lassen. Stundenlang mußten sie im Freien warten. Ihre Wertsachen und die mitgeführten Lebensmittel wurden einkassiert. Die Unterbringung war katastrophal; teilweise wurden die Menschen in den Gewächshäusern der ehemaligen Gartenbauschule untergebracht.

31. März – ein Dienstag

Der Zeitplan des Abtransports:

12.12 Uhr: Abfahrt des Koppelzuges D a 6 aus Gelsenkirchen

13.00 Uhr: Abtransport der „abzuschiebenden" Juden mit Fahrzeugen der Schutzpolizei Hannover von Ahlem zum Bahnhof Fischerhof in Hannover Linden

18.15 Uhr: Ankunft des in Gelsenkirchen eingesetzten Zuges mit 400 Juden in Hannover, Bahnhof Fischerhof;
„Zuladung der für Hannover ... abzuschiebenden 500 Juden"

An
die Geheime Staatspolizei
Staatspolizei-Leitstelle
in
Hannover.

Betrifft: Abtransport der Juden aus dem Kreise Springe am 28.3.1942.
Bezug: Mündliche Anweisung vom 10.1.1942.

Jn der Anlage überreiche ich die Rechnung über entstandene Transportkosten beim Abtransport der Juden.

Der Lastkraftwagen mit Anhänger hat im Kreise Springe folgenden Weg genommen: Bad Münder - Messenkamp - Hülsede - Pohl - Lauenau - Messenkamp - Bad Münder - Springe - Eldagsen - Gestorf - Rössing - über Nordstemmen zur Reichsstraße 3 - Pattensen - Hannover.

- 1 Anlage -

Rechnung über den Abtransport der Juden[219]

[218] A. a. O., bei Homeyer, S. 173 f.
[219] Gedenkstätte Ahlem, Faltblatt 5, S. 7.

18.36 Uhr: Weiterfahrt des Transportzuges nach Braunschweig und „Zuladung" von 116 Juden aus Braunschweig

20.16 Uhr: „endgültige Weiterfahrt des D a 6-Transportzuges" von Braunschweig nach Trawniki bei Lublin.

Es stellte sich heraus, daß der Zeitplan in Hannover viel zu knapp bemessen war: „In 21 Minuten sollten die 500 Juden aus Ahlem in einen Zug einsteigen, in dem bereits 400 Menschen waren, der aber insgesamt nur 700 Personen fassen konnte." [220]

An die Vorgänge auf dem Bahnhof Fischerhof in der Nacht vom 31. März zum 1. April erinnert sich der Zeitzeuge Theodor Hohenstein: „Der Zug hatte etwa sechs Stunden Verspätung, und die von Hannover zum Abtransport Bestimmten hatten während der ganzen Zeit bei strömendem Regen unter freiem Himmel gestanden. Sofort nach dem Halten des Zuges wurde alles wahllos in die Wagen hineingedrängt, ob Platz vorhanden war oder nicht, wurde vorher nicht überprüft." [221]

Geheime Staatspolizei
Staatspolizeileitstelle Hannover
B.Nr. II B - 296/42 -

Hannover, den 19.März 1942.

Eilt Vertraulich!

Landrat des Kreises Springe
21. März 1942

Betrifft: Abwanderung von Juden.

Auf Weisung des Reichssicherheitshauptamtes findet die Abschiebung der noch in Hannover einschließlich Hildesheim verbliebenen evakuierungsfähigen Juden nunmehr am 31.3.1942 statt.

Der Transportzug D a 6 (sogenannter Koppelzug) wird fahrplanmäßig am 31.3.1942 um 12.12 Uhr in Gelsenkirchen eingesetzt und trifft mit 400 Juden der Staatspolizeileitstelle Münster um 18.15 Uhr in Hannover, Bahnhof Fischerhof, ein. Hier erfolgt die Zuladung der für Hannover (Hildesheim) abzuschiebenden 500 Juden und die Einrangierung der benötigten Güterwagen und des B-Wagens für das Begleitkommando der Schutzpolizei. Um 18.36 Uhr fährt der Transportzug nach Braunschweig weiter und trifft dort um 20.05 Uhr ein. Die Staatspolizeistelle Braunschweig ladet die von ihr für den Transport vorgesehenen Juden (116) und das zugehörige Gepäck zu, so daß die endgültige Weiterfahrt des D a 6-Transportzuges nach Trawniki bei Lublin um 20.16 Uhr erfolgen kann.

Die Auswahl der von der Maßnahme betroffenen Juden für die Regierungsbezirke Hannover und Hildesheim trifft die Staatspolizeileitstelle Hannover.

Der Transportbefehl vom 19. März 1942 [222]

[220] Buchholz, a. a. O., S. 227.

[221] Aussage Theodor Hohenstein vom 14. 2. 1951, bei Buchholz, a. a. O., S. 227 f.

[222] Nds. HStA Hannover Hann 174 Springe III Nr. 113; bei Homeyer, S. 172.

Die Transporte der Juden aus Hameln

Die Transporte der Juden aus Hameln liegen weitgehend im Dunkeln. Akten fehlen nahezu ganz. Zeugen haben sich für die Transporte und die folgenden Wohnungsversiegelungen und Versteigerungen des Hausrats nicht finden lassen.[223] So kann dieses Kapitel nur wenig Licht in die Umstände der Deportationen bringen. Es kann aber Fragen nach den Daten und dem Ziel der Transporte klären und den betroffenen Personenkreis eingrenzen.

Die große Mehrzahl der im Raum Hannover lebenden Juden wurde in drei großen Transporten im Zeitraum vom Dezember 1941 bis zum Juli 1942 in den Osten und nach Theresienstadt verschleppt. Der erste dieser Transporte – am 15. Dezember 1941 – verschleppt 1001 Personen aus den „Judenhäusern" der Stadt Hannover in das Ghetto Riga. Er scheidet für Hameln aus.[224]

Für den Abtransport der Hamelner Juden kommen zwei spätere Transporte in Frage. Am 31. März 1942 geht von Hannover aus ein großer Transport in das Durchgangslager Trawniki bei Lublin. Dieser im letzten Kapitel dargestellte Transport umfaßt 500 Personen aus den Regierungsbezirken Hannover und Hildesheim. Der Transport gilt den „arbeitsfähigen" Juden und ihren Kindern. Von dieser „Evakuierung in den Osten" (so die offizielle Sprachregelung) war nur ausgenommen, wer über 65 Jahre alt war.

Die deutschen Juden wurden, sofern sie älter als 65 Jahre waren, zur „Wohnsitzverlegung" (so die offizielle Sprachregelung) in das „Altersghetto" Theresienstadt aufgefordert. Für diesen Personenkreis ist der Transport vom 23. Juli 1942 gedacht. Er umfaßt insgesamt 584 Personen, 381 aus Hannover, die übrigen aus der Umgebung Hannovers.[225]

Für den „Alterstransport" nach Theresienstadt verfügen wir über die Transportliste der Gestapo.[226] Hier finden wir dreizehn Namen aus Hameln sowie zwei aus Hemeringen:

Rosa Bernstein, geb. Neuburg
87 Jahre alt[227], Neue Marktstr. 13
Jettchen Birnbaum, geb. Heilbrunn
70 Jahre alt, Neue Marktstr. 13
Paula Cahn
75 Jahre alt, Pferdemarkt 8
Rosa Culp, geb. Weinberg
75 Jahre alt, Neue Marktstr. 14
Selma Frankenstein
73 Jahre alt, Neue Marktstr. 13
Bertha Hammerschlag, geb. Haas
76 Jahre alt, Neue Marktstr. 13
Henny Herz, geb. Jordan
75 Jahre alt, Pferdemarkt 8
Albert Jonas
70 Jahre alt, Neue Marktstr. 13
Bertha Jonas, geb. Rothenberg
69 Jahre alt, Neue Marktstr. 13
Emilie Jonas
78 Jahre alt, Neue Marktstr. 13
Rieka Katz, geb. Jordan
71 Jahre alt, Pferdemarkt 8
Johanne Michaelis
71 Jahre alt, Pferdemarkt 8
Ida Oppenheimer
77 Jahre alt, Bäckerstr. 58

Herta Wildau, geb. Rose
53 Jahre alt, Hemeringen Nr. 115
Hugo Wildau
55 Jahre alt, Hemeringen Nr. 115.

223 Belegt ist nur die Versteigerung des Hausrats des Schuhmachers A. Reichmann, s.o., S. 89, Anm. 217.
224 Buchholz, Die hannoverschen Judenhäuser, S. 214.
225 Die Zahlen bei Buchholz, a. a. O., S. 214.
226 Bundesarchiv Potsdam.
227 Die Altersangaben sind bezogen auf den Zeitpunkt der Deportation.

Es erstaunt, daß die Eheleute Wildau, die beide noch nicht 65 Jahre alt sind, dem Alterstransport zugehören. Normalerweise wurden die Altersbestimmungen streng gehandhabt. Möglicherweise war Hugo Wildau Weltkriegsteilnehmer mit einer hohen Auszeichnung (EK 1) oder schwerkriegsbeschädigt. Dieser Personenkreis wurde ebenfalls in das Vorzeigeghetto Theresienstadt gebracht.[228]

Was geschah mit den übrigen Hamelner Juden? Sie sind zumeist unter 65 Jahre alt und gelten als „arbeitsfähig". Es handelt sich um die folgenden Personen:

Gustav Behrendt
60 Jahre alt, Bäckerstr. 25
Max Birnbaum
48 Jahre alt, Neue Marktstr. 13
Martha Cohn
47 Jahre alt, Neue Marktstr. 13
Bianka Hammerschlag, geb. Nochem
36 Jahre alt, Neue Marktstr. 13
Helene Hammerschlag
5 Jahre alt, Neue Marktstr. 13
Hermann Hammerschlag
45 Jahre alt, Neue Marktstr. 13
Bertha Hohenstein, geb. Oppenheimer
63 Jahre alt, Neue Marktstr. 13
Moritz Hohenstein
65 Jahre alt, Neue Marktstr. 13
Else Jonas
41 Jahre alt, Neue Marktstr. 13
Paula Kretlow, geb. Meyer
56 Jahre alt, Uferstr. 7
Adele Löwenstein
66 Jahre alt, Neue Marktstr. 13
Selma Löwenstein
62 Jahre alt, Neue Marktstr. 13
Georg Reichmann
56 Jahre alt, Alte Marktstr. 58
Ida Weinberg, geb. Neuburg
64 Jahre alt, Pferdemarkt 8.

Für diesen Personenkreis kommt der Transport vom 31. März 1942 in Frage. Unglücklicherweise fehlen für diesen Transport jedoch eine Transportliste oder ähnliche Akten, die als Nachweis für den Weg in die Vernichtung dienen könnten.

Daß diese Personen am 31. März 1942 deportiert wurden, muß jedoch aus mehreren Gründen als wahrscheinlich gelten.

Ihr Aufenthalt in der Stadt läßt sich in der Regel bis November 1941, zum Teil bis in den März des Jahres 1942 nachweisen. [229]

Mit Ausnahme von drei Personen wohnen alle Genannten in einem der beiden „Judenhäuser". Aus ihnen war zu dieser Zeit kein Entrinnen mehr möglich.

Bei einzelnen Personen gibt es Hinweise auf das Deportationsziel. Für Gustav Behrendt vermutet das ITS Arolsen, daß er „am 1. 4. 1942 über Hannover in den Osten" deportiert wurde.[230] Max Birnbaum und Else Jonas wurden nach Aussage der heute in Israel lebenden Tochter von Max 1942 nach Warschau deportiert. Wir wissen von zwei verloren gegangenen Briefen von Max Birnbaum aus dem Ghetto Warschau an seine Tochter in Israel.[231] Es ist inzwischen mehrfach belegt, daß der Transport vom 31. März, der ursprüng-

228 Vgl. Buchholz, a. a. O., S. 209.

229 Ida Weinberg beantragt für den 6. 11. 1941 eine Fahrerlaubnis nach Hannover (StA HM 1, 2741). Frau Löwenstein ist als „Vertrauensfrau" der Gemeinde noch im November in Hameln (StA HM 1, 3136). Aus einem Antrag von Max Birnbaum an die Hamelner Stadtverwaltung vom März 1942 können wir entnehmen, daß er zu dieser Zeit immer noch in der Neuen Marktstr. 13 lebt (StA HM 1, 2741).

230 ITS Arolsen, bei Scharf, Dokumente, S. 321.

231 Aussage der Tochter Ruth Keret. Die Teilnehmer des Transportes nach Warschau durften schreiben. Post ging bis zum August 1942 ein. In einem Brief habe Max Birnbaum u.a. berichtet, daß er im Ghetto Else Jonas geheiratet habe.

lich nach Trawniki rollen sollte, kurzfristig in das Ghetto Warschau umgeleitet wurde.[232]

Bei anderen Personen steht nur die Tatsache der Deportation fest. Für die Eheleute Hammerschlag und ihre fünfjährige Tochter Bianka liegt eine Todeserklärung des Amtsgerichtes Hameln vor. Nach einer Aussage des überlebenden Sohnes Ernst wurden seine Eltern und seine Schwester 1942 nach Polen deportiert.[233] Eine Todeserklärung des Amtsgerichtes Hameln liegt auch für Ida Weinberg vor. Sie nennt allerdings weder Ort noch Datum des Todes.[234] Bei Martha Cohn wissen wir nur, daß sie im Jahre 1942 aus der Neuen Marktstraße 13 deportiert wurde.

Gar keine Anhaltspunkte gibt es für die Eheleute Moritz und Bertha Hohenstein, die Schwestern Adele und Selma Löwenstein, die Witwe Paula Kretlow sowie den Schuhmacher Georg Reichmann. Ihr Schicksal hat keine Spuren hinterlassen.

Schließlich läßt sich auch noch der Nachweis führen, daß von einem bestimmten Zeitpunkt an in Hameln keine Juden mehr leben. Da notiert ein Sachbearbeiter der Stadtverwaltung am 9. April 1942:

> „Die neue Verkehrsbeschränkung wird in Hameln nicht praktisch werden. Soweit noch Juden hier wohnhaft sind, sind sie auf die Benutzung öffentlicher Verkehrsmittel – K. V. G. – nicht angewiesen."[235]

Die jüngeren, die arbeitsfähigen Juden, die für die Fahrt zur Arbeitsstelle nun allein noch ein Anrecht auf die Benutzung öffentlicher Verkehrsmittel haben, sind danach bereits deportiert. Das spricht wiederum für das Datum 31. März.

Aus einem Schreiben der NSDAP Gauleitung Süd-Hannover-Braunschweig vom 19. August 1942 geht hervor, daß im „Judenhaus" Neue Marktstraße 13 nun keine Juden mehr leben.[236] Das Haus soll verkauft werden.

Auf eine Anfrage des Regierungspräsidenten vom 26. Januar 1943 an den Herrn Oberbürgermeister in Hameln, „ob und gegebenenfalls welche Synagogengemeinden oder jüdische Kultusvereinigungen sich etwa (!) noch im dortigen Kreise befinden", antwortet der Angeschriebene mit „Fehlanzeige".[237]

So machen es eine ganz Reihe von Indizien wahrscheinlich, daß die Gruppe der jüngeren, noch arbeitsfähigen Hamelner Juden am 31. März deportiert worden ist[238] und daß anschließend der „Alterstransport" nach Theresienstadt ging. Geht man von den genannten Personen aus, so sind 1942 von Hameln aus 29 jüdische Menschen deportiert worden.

Über die Art des Abtransportes wissen wir nichts. In Analogie zum Landkreis Springe dürfte bei beiden Trans-

[232] Vgl. z. B. Adam Czerniakow, Im Warschauer Ghetto. Das Tagebuch des Adam Czerniakow 1939–1945, München 1986, S. 240. Unter dem 1. 4. 1942 findet sich der Hinweis: „Gegen morgen wurden etwa 1000 Deportierte aus Hannover, Gelsenkirchen usw. hergeschafft." Den Hinweis auf das Buch verdanke ich Frau M. Buchholz, Hannover.

[233] Scharf, Dokumente, S. 336; s. u., S. 231.

[234] Beschluß vom 17. 1. 1952 (Todeserklärung für den 31. 12. 1945).

[235] StA HM 1, 2741, Schreiben vom 9. 4. 1942.

[236] StA HM 1, Akte U.

[237] Rückantwort des Oberbürgermeisters vom 30. 1. 1943, StA HM 1, 439 und nds. HStA Hannover Hann 80 Hann II e1, Nr. 162 Bd. II.

[238] Allerdings bleiben Unsicherheiten. Es ist nicht auszuschließen, daß einzelne Personen angesichts der Aufforderung zum Transport sich das Leben genommen haben. In den Unterlagen des Standesamtes Hameln finden sich freilich keine Hinweise darauf.

porten ein Bus oder ein Lastwagen mit Anhänger die verschiedenen Adressen abgefahren und die Menschen mit ihrem Gepäck nach Ahlem bei Hannover gebracht haben. Es ist wahrscheinlich, daß dies nachts geschah.[239]

In Ahlem, der früheren jüdischen Gartenbauschule, verbrachten die völlig verunsicherten und verzweifelten Menschen häufig mehrere Tage. Die Zustände, vor allem im Winter, müssen schrecklich gewesen sein. Dann wurden die Menschen in den ehemaligen Gewächshäusern untergebracht.

Noch ein Wort zum Deportationsziel. Für die Festlegung des Deportationszieles war wesentlich das Alter maßgeblich. Wer über 65 Jahre alt war, kam nach Theresienstadt, wobei dieses Lager allgemein als Vorzugslager galt. So kam zum Beispiel die sechsundsiebzigjährige Bertha Hammerschlag nach Theresienstadt. Ihr Sohn wurde dagegen mit Frau und Tochter in den Osten deportiert. Familien wurden also auseinandergerissen. Zugleich gab es die Bestimmung, Ehegatten und Familien mit kleinen Kindern bei der Deportation nicht zu trennen. Das führte im Fall der Eheleute Hohenstein dazu, daß sie nicht in das Vorzugsghetto Theresienstadt deportiert wurden; während er die Altersgrenze erreicht hat, ist sie mit 63 Jahren noch zu jung![240]

Die Spur der Hamelner deportierten Juden verliert sich ins Nichts. Über die Versiegelung und die spätere Auflösung ihrer Wohnungen, die Verwertung ihres Vermögens wissen wir nahezu nichts.[241]

Zwei Dinge aus dem Besitz der Deportierten haben sich erhalten. Martha Cohn überläßt unmittelbar vor ihrer Deportation Gebetbücher und die Ausgabe einer Thora einer befreundeten „arischen" Familie. Sie kann sie nicht mitnehmen. Der Sohn eines Hamelner Tischlermeisters erzählt, daß sich Johanne Michaelis vor ihrer „Wohnsitzverlegung" nach Theresienstadt bei seinem Vater eine Transportkiste aus Holz hat anfertigen lassen. Damals hat sich auch Johanne von allem trennen müssen, was sie nicht mitnehmen konnte. Auf diese Weise gelangte eine Gedenktasse der Familie Michaelis in die Hände des Tischlermeisters. Es handelt sich um eine Tasse, angefertigt zum Jubiläum der Silbernen Hochzeit von Carl und Friederike Michaelis mit den Daten 1863–1888 und dem Monogramm CM.[242]

239 Der Abtransport dürfte sich aber nicht so abgespielt haben, wie es der nach Israel emigrierte Dr. Ernst Katzenstein in einem Brief aus dem Jahre 1977 beschreibt (bei Scharf, Dokumente, S. 345): „Mir wurde berichtet, daß in den späten Nazi-Jahren die in Hameln verbliebenen Juden in einem sog. Judenhaus (Neue Marktstraße 13) zusammengepfercht wurden. … Eines Tages stand ein Bus vor dem Haus mit der Aufschrift „Fahrt ins Blaue"; alle Juden wurden in den Bus gesetzt; es wurde nie etwas von ihnen gehört. Die Fahrt ins Blaue war die Fahrt in ein Vernichtungslager."

240 Entsprechend dürfte bei den Schwestern Löwenstein verfahren worden sein.

241 Unter Berufung auf den Führererlaß vom 29. 5. 1941 über „die Verwertung des eingezogenen Vermögens von Reichsfeinden" versucht Vermessungsrat Reiche im Herbst 1942 die Hausgrundstücke von Keyser und Gradnauer zu enteignen. Laut Auskunft des Oberfinanzpräsidenten in Hannover scheitert das Vorhaben, weil beide ausländische Staatsbürger sind, für die der Erlaß nicht gilt (StA HM 1, 3137).

242 Beide Dinge sollten in einer ständigen Ausstellung des Museums Hameln ausgestellt werden.

Das weitere Schicksal der aus Hameln Deportierten

Die Zielorte der Transporte, die großen Ghettos des Ostens, sind schrecklich überfüllt, die Lebensbedingungen tödlich. Das sogenannte „Reichsjudenghetto“ Riga bestand vom 1. Dezember 1941 bis zum 2. November 1943. Die Gesamtzahl der aus dem Reichsgebiet nach Riga Deportierten betrug 18000 Menschen. Teilweise wurden die Deportierten gleich nach ihrer Ankunft ermordet; sonst fielen sie den schrecklichen Lebensbedingungen und den regelmäßig stattfindenden „Aussonderungen“ zum Opfer.

Die Teilnehmer des Transportes nach Warschau fanden im Warschauer Ghetto katastrophale Bedingungen vor. Zeitweise lebten im Ghetto auf engstem Raum 500000 Menschen, von denen viele in der Rüstungsindustrie arbeiten mußten. Im Jahre 1941 starben 50000 Personen an Hunger, Entkräftung und Krankheiten. Ab Juli 1942 gab es regelmäßige Deportationen nach Treblinka und andere Orte der Zwangsarbeit und Vernichtung. Die Menschen, die von den Deportationen verschont geblieben waren, werden bei der Vernichtung des Ghettos im Mai 1943 umgekommen sein.

Wer in die Ghettos und Vernichtungslager des Ostens deportiert wurde, hatte keine Überlebenschance; seine Spuren verschwinden. Zeugnisse über sein Leben im Ghetto gibt es kaum, über sein Sterben gar nicht. Diese Menschen gelten als verschollen. Als amtliches Todesdatum wird in der Regel der 8. Mai 1945, das Kriegsende, festgesetzt.

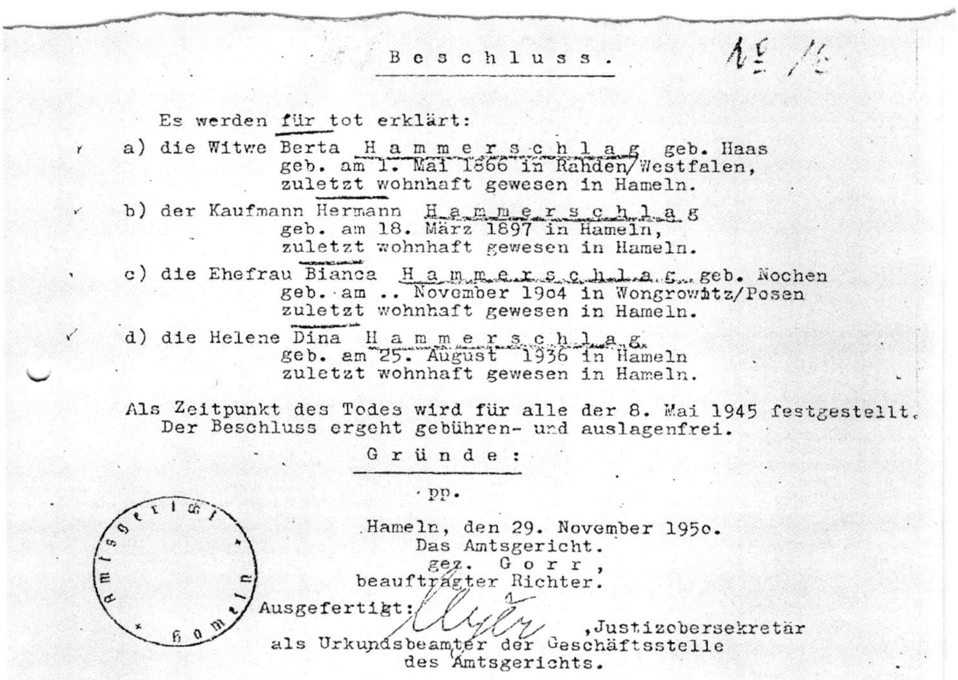

B e s c h l u s s .

Es werden für tot erklärt:

a) die Witwe Berta H a m m e r s c h l a g geb. Haas
geb. am 1. Mai 1866 in Rahden/Westfalen,
zuletzt wohnhaft gewesen in Hameln.

b) der Kaufmann Hermann H a m m e r s c h l a g
geb. am 18. März 1897 in Hameln,
zuletzt wohnhaft gewesen in Hameln.

c) die Ehefrau Bianca H a m m e r s c h l a g geb. Nochen
geb. am .. November 1904 in Wongrowitz/Posen
zuletzt wohnhaft gewesen in Hameln.

d) die Helene Dina H a m m e r s c h l a g
geb. am 25. August 1936 in Hameln
zuletzt wohnhaft gewesen in Hameln.

Als Zeitpunkt des Todes wird für alle der 8. Mai 1945 festgestellt.
Der Beschluss ergeht gebühren- und auslagenfrei.

G r ü n d e :

pp.

Hameln, den 29. November 1950.
Das Amtsgericht.
gez. G o r r ,
beauftragter Richter.

Ausgefertigt: ,Justizobersekretär
als Urkundsbeamter der Geschäftsstelle
des Amtsgerichts.

Todesurkunde für die Familie Hammerschlag[243]

243 Scharf, Dokumente, S. 336.

In Theresienstadt lassen sich die Schicksale der Deportierten noch für einige Zeit weiterverfolgen. Theresienstadt war kein Ort des planmäßigen Massenmordes. Es ist das Lager für die Alten und Privilegierten, das Lager, das dem Internationalen Roten Kreuz geöffnet wird. Das Vorzeigeghetto Theresienstadt war „eine taktische und letztlich heimtückische Maßnahme“[244] Heydrichs. Viele Menschen starben dort wegen der schlechten Versorgung und der unhaltbaren hygienischen Zustände. Für andere war Theresienstadt nur eine Zwischenstation auf dem Wege nach Auschwitz oder in ein anderes Vernichtungslager.

Von den nach Theresienstadt deportierten Hamelner Juden starben in Theresienstadt selbst:

Albert Jonas am 13. 8. 1942
Emilie Jonas am 13. 8. 1942
Rosa Bernstein am 10. 11. 1942
Bertha Hammerschlag am 1. 1. 1943
Johanne Michaelis am 16. 2. 1943
Rosa Culp am 20. 2. 1943
Ida Oppenheimer am 24. 4. 1943
Paula Cahn am 29. 12. 1943
Bertha Jonas am 25. 7. 1944.

Eine Hamelner Jüdin hat Theresienstadt um einige Monate überlebt. Jettchen Birnbaum gehörte zu den 1210 Juden, die das Internationale Rote Kreuz auf Initiative des Grafen Bernadotte am 5. Februar 1945 in die Schweiz bringen konnte. Jettchen Birnbaum stirbt in der Schweiz in Brissago im Jahre 1946.[245]

Die übrigen nach Theresienstadt verschleppten Hamelner Juden wurden ein zweites Mal deportiert; jetzt in eines der Vernichtungslager. Sie sind dort verschollen.

Selma Frankenstein wird am 23. 9. 1942 nach Treblinka deportiert.
Rieka Katz wird am 26. 9. 1942 nach Maly Trostinec deportiert.
Herta Wildau und ihr Ehemann Hugo Wildau werden am 6. 10. 1944 nach Auschwitz deportiert.
Henny Herz wird zu einem unbekannten Zeitpunkt nach Minsk deportiert.

Familie Birnbaum

Die Familie Birnbaum gehört nicht zu den begüterten jüdischen Familien der Stadt. Vater Elias ist Ostjude. Er stammt aus Czernowitz, der Stadt Rose Ausländers und Paul Celans, und ist dort 1863 geboren. Ende des 19. Jahrhunderts kommt er nach Hannover. Er heiratet Henrietta Heilbrunn aus Wichmannshausen im Kreise Eschwege. Henrietta, genannt Jettchen, ist 1933 61 Jahre alt, Elias Birnbaum ist 70.

Um 1900 zieht die Familie nach Hameln. Die Eheleute wohnen zur Miete im Hause des Glasermeisters Carl Büthe in der Großen Hofstraße 17 in der 2. Etage. Elias handelt mit Alteisen.

Sohn Max wird 1893 geboren. Im Jahr der sogenannten Machtergreifung ist er 40 Jahre alt. Er hat Schlosser gelernt. Im Weltkrieg ist Max Soldat gewesen. Wie viele Hamelner Juden hat er sich freiwillig gemeldet. Er besitzt das Eiserne Kreuz.

Max heiratet in eine alte und wohlhabende Hamelner jüdische Familie ein. Der Vater seiner Frau Margarete ist Louis Goldstein, ein begüterter Pferdehändler; ihre Mutter stammt aus der angesehenen Aerzener Familie Herzberg.

Max und Margarete wohnen in der Deisterstraße, damals „Straße der SA“, im Hause Nr. 45 (heute Wellner). Er betreibt

244 Buchholz, Die hannoverschen Judenhäuser, S. 209.
245 S.u., S. 102f.

dort einen Rohproduktenhandel. Das Haus gehört den Eltern der Ehefrau.

Zwei Kinder, Grete und Alfred, werden 1922 und 1924 geboren.

Drei Generationen, sechs Menschen.

Im Dritten Reich machen die Birnbaums zunächst keine erkennbaren Anstalten, Deutschland zu verlassen. Eine Auswanderung – das war vor allem eine Frage von Geld und verwandtschaftlichen Beziehungen ins Ausland; über beides verfügte die Familie nur begrenzt. Es ist auch kein Zweifel, daß die Birnbaums sich als Deutsche gefühlt haben, mit ihren Gefühlen sehr an diesem Land hingen und Hitler nur für eine vorübergehende Erscheinung hielten.

Wir wissen, daß Max Birnbaum in dieser Zeit Vorsitzender der Ortsgruppe Hameln des Reichsbundes jüdischer Frontsoldaten war. Der Reichsbund lehnte entschieden jede Auswanderung aus Deutschland ab, lockerte erst ab 1935 seine Haltung ein wenig. Auf einer Ortsgruppensitzung des Reichsbundes äußert sich Max über seine Haltung zum „nationalpolitischen" Unterricht. Er weigert sich, seine Kinder an diesem Unterricht teilnehmen zu lassen, weil Juden hier „als minderwertige Individuen dargestellt" würden.[246] *Der ehemalige „Frontkämpfer" Max Birnbaum zeigt keine ängstliche Anpassung an das herrschende Regime und durchaus ein selbstbewußtes Pochen auf die eigenen Rechte und persönlichen Mut.*

Mit der wachsenden Dauer des Dritten Reiches wächst die Bedrohung und damit auch das Bewußtsein der Gefährdung. Die Eltern tun etwas, was wir von jüdischen Eltern in diesen Jahren immer wieder hören: sie schicken ihre Kinder ins sichere Ausland. Grete geht im Alter von fünfzehn Jahren im Dezember 1937 allein nach Holland, um sich dort in einem Ausbildungslager auf das Leben in Palästina vorzubereiten. Im Sommer 1939 (wenige Tage nur vor dem Ausbruch des Zweiten Weltkrieges) wird sie nach einer abenteuerlichen Schiffsfahrt Haifa erreichen und dort illegal an Land gehen. Der dreizehnjährige Alfred wird mit einem Kindertransport nach England geschickt und dort in einem Heim untergebracht. Auch er wird überleben.[247]

Die Eltern und Großeltern bleiben in Hameln. Kein Land ist bereit, ihnen eine Einreisemöglichkeit zu gewähren. Immerhin: um den Preis der Trennung wissen sie die Kinder in Sicherheit. 1938 besuchen die Eltern ihre Tochter in Holland. Diese will sie zum Dableiben überreden. „Ich mache keine illegalen Sachen", habe die Ablehnung des Vaters gelautet, verbunden mit der Bemerkung, vier Jahre für Deutschland gekämpft zu haben.[248]

1939 leben nur noch gut dreißig jüdische Menschen in Hameln. In diesem Jahr wird der alte Elias Birnbaum zum Vorsteher der Synagogengemeinde gewählt. So sehr haben sich die Reihen der Männer gelichtet, daß der nun Sechsundsiebzigjährige dieses Amt übernehmen muß.

Im April 1939 werden die Eheleute Max und Margarete plötzlich verhaftet, beide zur Untersuchungshaft ins Gerichtsgefängnis Am Zehnthof in Hameln eingewiesen. Was war geschehen?

Max Birnbaum gehörte zu den zehn Männern, die im Anschluß an die „Reichskristallnacht" in Hameln in „Schutzhaft" genommen wurden. Er verbringt sechs Wochen im Konzentrationslager Buchenwald

246 Vgl. Lagebericht vom 4. 11. 1934, nds. HStA Hannover Hann 80 Hann II Nr. 798, Bl. 428.

247 Das eindrucksvolle Buch von Ester Golan, Auf Wiedersehen in unserem Land, schildert diese Situation der Trennung. Das Buch enthält den Briefwechsel zwischen den in Berlin zurückgebliebenen Eltern und der nach England geschickten Tochter. Die Eltern werden 1942 nach Theresienstadt deportiert.

248 Nach dem Bericht von Elsa Beier über Ruth Keret in der DWZ vom 1. 9. 1990.

und muß, um von dort entlassen zu werden, sich zur Auswanderung und zum Verkauf des Hauses verpflichten. Nun, nach der Entlassung aus Buchenwald, war der Druck ungeheuer, der auf den Eheleuten lastete. Die Schwierigkeiten, die einer Auswanderung im Wege standen, waren riesig. Ein Visum eines aufnahmebereiten Landes zu erhalten, war 1939 fast unmöglich geworden. Beschränkte Einreisemöglichkeiten boten noch Länder wie Cuba oder Mexiko. Eine Schiffspassage war in Devisen zu bezahlen. Geld, über das die Familie aus dem Zwangsverkauf des Hauses verfügt haben mag, war durch die Judenvermögensabgabe und die Reichsfluchtsteuer geschmälert und vor allem: es lag auf einem Sperrkonto.

Die Eheleute hatten, um die Auswanderung zu beschleunigen, sich dazu verführen lassen, die erforderlichen ausländischen Devisen auf dem Schwarzen Markt zu erwerben. Damit hatten sie gegen das Devisengesetz verstoßen. Deswegen waren die Eheleute verhaftet worden.

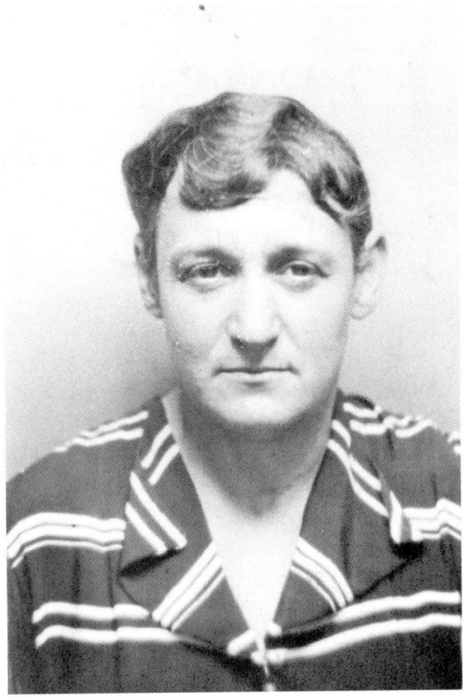

Margarete Birnbaum

Noch in der Untersuchungshaft nimmt sich Margarete das Leben. Sie kann die Schande, im Gefängnis sitzen zu müssen, nicht verwinden. Die Beisetzung von Margarete findet auf dem wenige Monate zuvor total demolierten jüdischen Friedhof in der Scharnhorststraße statt.

Der Bestattung war ein Briefwechsel vorausgegangen. Am 22. Mai 1939 beantwortet der Oberbürgermeister eine Anfrage des Tischlermeisters Rötz aus Hameln, Großehofstraße:

„Ich habe nichts dagegen einzuwenden, daß Sie für die verstorbene Ehefrau Birnbaum einen Sarg herstellen."[249]

So groß ist die Angst dieses Mannes, als „Judentischler" an den Pranger gestellt zu werden, daß er den Oberbürgermeister um eine schriftliche Erlaubnis bittet, bevor er sich an die Arbeit macht! Margaretes Grab bleibt ohne Stein; seine Lage ist heute nicht bekannt. Ein Steinmetz, der bereit war, für die Jüdin einen Stein zu schlagen, hat sich offenbar nicht finden lassen.

Einen Monat nach dem Tod seiner Frau wird der Ehemann durch das Schöffengericht Hameln zu sechs Monaten Gefängnis verurteilt. Die Lokalpresse berichtet am 21. Juni 1939 über den Fall.[250]

> *„Wegen Vergehens gegen die Devisengesetze hatte sich der frühere jüdische Produktenhändler Max Israel Birnbaum zu verantworten. Der Angeklagte befand sich seit einiger Zeit in Untersuchungshaft und hatte sich ausländische Zahlungsmittel erworben.*
> *Um mit den Familienangehörigen auswandern zu können, will er auf Drängen seiner inzwischen verstorbenen Frau zu dem Vergehen gekommen sein.*

[249] StA HM 1, 3138.
[250] NTZ Weserbergland vom 21. 6. 1939.

Vier selbständige Handlungen legt dem Angeklagten die Anklagebehörde zur Last. Um die Einreiseerlaubnis nach Palästina zu erhalten, wurden von ihm Devisen verlangt, die er nicht besaß.
Um aus dieser Not herauszukommen, wurden Devisen beschafft, nämlich u.a. fünf Dollar, zwanzig engl. Pfund und andere Goldmünzen und goldene Ringe sowie eine goldene Armbanduhr. Ferner wurde versucht, Bekleidungsstücke nach holländischen Staatsangehörigen zu verschieben. Die Handlungen beziehen sich auf den Februar 1939.
Der Angeklagte war geständig. ...
Das Gericht verurteilte den Angeklagten zu 6 Monaten Gefängnis, zu 1600 RM Geldstrafe, zur Einziehung der Objekte und rechnete die Untersuchungshaft an. In der Urteilsbegründung wurde anerkannt, daß der Angeklagte bisher unbestraft war und sonst seine Pflichten erfüllt hat."

Anfang November 1939 wird Max die sechsmonatige Gefängnisstrafe abgesessen haben. Der Witwer kann nicht zurück in seine alte Wohnung Straße der SA 45. Das Haus ist verkauft. Er möchte deshalb zu seinen Eltern in die Große Hofstraße ziehen, muß dafür aber die städtischen Behörden um Erlaubnis bitten. Am 13. Oktober des Jahres – Max ist noch in Haft – schreibt der Vater Elias an den Oberbürgermeister, Abteilung Vermesssungsamt, also zu Händen Herrn Reiche.

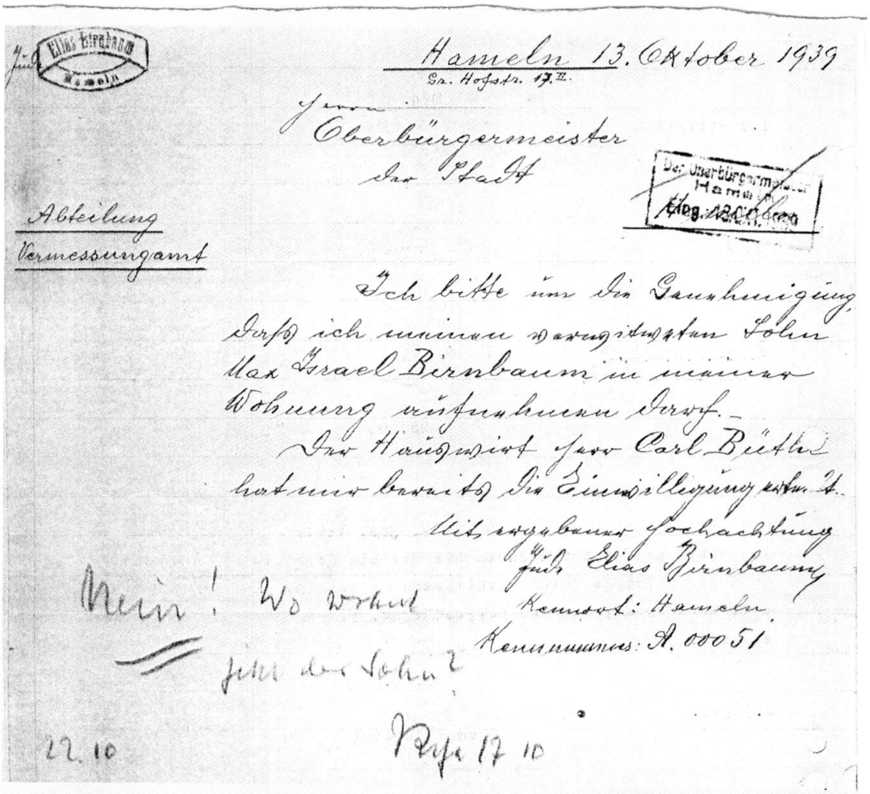
Jüd. Elias Birnbaum Hameln

Hameln 13. Oktober 1939
Gr. Hofstr. 17 II

Herrn Oberbürgermeister der Stadt

Abteilung Vermessungamt

Ich bitte um die Genehmigung daß ich meinen [illegible] Sohn Max Israel Birnbaum in meiner Wohnung aufnehmen darf.
Der Hauswirt Herr Carl Büthe hat mir bereits die Einwilligung erteilt.
Mit ergebener Hochachtung
Jüd. Elias Birnbaum
Kennort: Hameln
Kennummer: A. 00051

Nein! Wo wohnt jetzt der Sohn?

22.10

Reiche 17.10

Brief von Elias Birnbaum an den Oberbürgermeister[251]

[251] StAHM 1, Akte U. In dieser Form mußten Juden mit deutschen Behörden verkehren. Sie mußten stets „unaufgefordert" auf ihr „Judesein" aufmerksam machen.

Auf dem Original des Briefes, der im Stadtarchiv liegt, findet sich handschriftlich die Reaktion des für die „wohnungsmäßigen Umsetzungen“ zuständigen Vermessungsrats Reiche: ein doppelt unterstrichenes „Nein“. Reiche ist in diesen Monaten damit beschäftigt, die ersten Juden in die beiden Hamelner „Judenhäuser“ einzuweisen. Vermutlich will er Max Birnbaum dorthin „umsetzen“. Erst nach weiteren Bittbriefen erteilt Reiche Elias Birnbaum schließlich die Genehmigung, seinen Sohn zu sich aufnehmen zu dürfen.

Anfang 1939 finden die demütigenden „Verhandlungen“ statt, die der alte Elias Birnbaum mit der Stadt über den Verkauf des Synagogengrundstücks führen muß.[252] *Im darauffolgenden Jahre – im Alter von 77 Jahren – stirbt Elias Birnbaum. Er wird wie seine Schwiegertochter auf dem zerstörten Friedhof bestattet. Auch sein Grab bleibt ohne Stein und ist heute nicht aufzufinden.*

Im Laufe der Jahre 1939 und 1940 müssen die meisten Hamelner Juden ihre Wohnungen verlassen und in sogenannte Judenhäuser ziehen. Wann Mutter und Sohn die Wohnung in der Großen Hofstraße aufgeben mußten, ist den Akten nicht zu entnehmen. Einer Notiz vom Juni 1941 können wir entnehmen, daß Mutter und Sohn seit einiger Zeit gemeinsam ein Zimmer im Hause Neue Marktstraße 13 bewohnen.[253]

In die Jahre 1940 und 1941 fallen die vielen diskriminierenden Bestimmungen, die die jüdischen Menschen immer stärker ausgrenzen, u. a. die Einschränkung der Einkaufszeit auf eine Stunde und das Verbot, öffentliche Verkehrsmittel zu benutzen und die Wohngemeinde zu verlassen. Jedes einzelne Verlassen der Stadt muß vorher bei der Polizei beantragt werden.

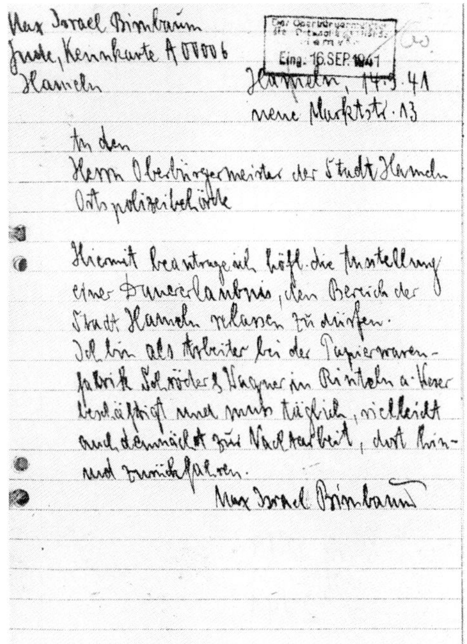

Max Israel Birnbaum
Jude, Kennkarte A 00006
Hameln

Eing. 16. SEP. 1941

Hameln, 14.9.41
neue Marktstr. 13

An den
Herrn Oberbürgermeister der Stadt Hameln
Ortspolizeibehörde

Hiermit beantrage ich höfl. die Ausstellung einer Dauererlaubnis, den Bereich der Stadt Hameln verlassen zu dürfen.
Ich bin als Arbeiter bei der Papierwarenfabrik Schröder & Wagner in Rinteln a. Weser beschäftigt und muß täglich, vielleicht auch demnächst zur Nachtarbeit, dort hin- und zurückfahren.

Max Israel Birnbaum

Antrag von Max Birnbaum

Daß Max Zwangsarbeit leisten muß, erfahren wir aus seinem Antrag auf Ausstellung einer Dauererlaubnis, den Bereich der Stadt Hameln verlassen und die Eisenbahn benutzen zu dürfen. Er ist „als Arbeiter bei der Papierwarenfabrik Schröder & Wagner in Rinteln a. Weser beschäftigt und muß täglich, vielleicht auch demnächst zur Nachtarbeit, dort hin- und zurückfahren.“ Gegen eine Verwaltungsgebühr von 3,- RM wird die Genehmigung zur Benutzung der Eisenbahn erteilt.[254] *Am 22. Dezember 1941 bittet Max „Israel“ Birnbaum, Kennkarte Nr. A 00006 „höflich um die Erneuerung bzw. Verlängerung der … Genehmigung“. Das letzte Lebenszeichen des Mannes stammt von Anfang März 1942; noch immer arbeitet er bei Schröder & Wagner in Rinteln.*[255]

[252] S. o., S. 67.
[253] StA HM 1, 2741.
[254] StA HM 1, 2741.
[255] StA HM 1, 2741.

Max Birnbaum

Jettchen Birnbaum

Im Dezember 1941 haben die „Evakuierungen“ der Juden aus dem Reichsgebiet in die Lager des Ostens eingesetzt. Mutter und Sohn werden getrennt. Der neunundvierzigjährige Max wird wahrscheinlich am 31. März 1942 über Ahlem in das Ghetto Warschau deportiert. Die zweiundsiebzigjährige Henriette gehört zu dem Transport, der am 23. Juli 1942 von Ahlem nach Theresienstadt geht.

Die letzte Nachricht von Max sind zwei Rote-Kreuz-Briefe aus dem Ghetto Warschau an seine Tochter in Israel. Darin teilt er u. a. mit, daß er im Ghetto mit Else Jonas eine zweite Ehe eingegangen sei. Beide Briefe sind verloren gegangen.[256]

Ab Juli 1942 werden die Menschen aus dem völlig überfüllten Ghetto in das Vernichtungslager Treblinka geschafft; ein „Rest“ von 50000 wird bei der Niederschlagung des Ghettoaufstandes im Mai 1943 ermordet. Die auf den Namen Max Birnbaum ausgestellte Sterbeurkunde formuliert: „angeblich 1942 in der Deportation gestorben“.[257]

Jettchen hat ein ganz besonderes Schicksal. Sie überlebt Theresienstadt; sie überlebt den Hunger, die Kälte, die Seuchen. Sie entgeht auch den regelmäßigen Transporten, die von Theresienstadt in die Vernichtungslager führen. Kurz vor Kriegsende, im Februar 1945, kommt sie frei. Einer Initiative des Internationalen Roten Kreuzes unter dem schwedischen Grafen Bernadotte hat sie es zu verdanken, daß sie am 5. Februar 1945 zusammen mit 1210 Menschen in die Schweiz ausgeliefert wird.

Aus der Zeit des Aufenthaltes in der Schweiz existiert noch ein Brief, den sie am 23. September 1946 an ihre alten Vermieter in der Großen Hofstraße 17 schreibt.[258]

256 Mündlich die in Israel lebende Tochter Ruth Keret.
257 Bei Scharf, Dokumente, S. 324.
258 Der Brief stammt aus dem Besitz von Ruth Keret. Der Satzbau im Brief ist zum Teil gestört.

*„Meine liebe Familie Büthe,
Sie werden erstaunt sein, nach langer Zeit von mir zu hören. Es sind bereits über 4 Jahre, daß ich die Heimat verlassen mußte, um in dem Lager Theresienstadt in Gefangenschaft zu gehen, wo ich (als) die Einzigste von dem Hamelner Transport gerettet bin.
Seit Februar 1945 lebe ich in dem gelobten Land der Schweiz, wo wir armen Heimatlosen mit so viel Liebe aufgenommen sind.
Wie mir Frau Weitzel mitteilte, ist die liebe Frau Erbstein eingeschlafen; nehmen Sie alle meine herzlichste Teilnahme entgegen. Es tut mir unendlich leid. ...
Hoffentlich ist der liebe Walter gesund zurückgekommen. ...
Von den Hamelner Bekannten auch mein Vetter, ... mit Frau und Tochter, alle Verwandten sind ein Opfer des grausamen Schicksals geworden.
Das Schwerste für mich ist, daß ich seit langen Jahren von meinem geliebten Sohn, trotz aller Nachforschungen, nichts höre. Ich bin ganz verzweifelt darüber.
Mit den Enkelkindern und (ihrer) Familie stehe ich immer in Verbindung, ... und hoffe ich, mit Gottes Hilfe, mal zu unserer Ruthi[259] nach Palästina zu kommen.
Jetti Birnbaum, Brissago – Locarno
Grand Hotel – Schwietzerland."*

Die Hoffnung, die Enkelin in Palästina besuchen zu können, geht nicht in Erfüllung. Wenige Wochen nach Abfassung dieses Briefes stirbt Jettchen in der Schweiz. Sie wird 76 Jahre alt.

Zuflucht Großstadt?

Viele Juden der Stadt Hameln haben angesichts der heraufziehenden Katastrophe ihre Heimatstadt verlassen und den Schutz der anonymen Großstadt gesucht. Dort – so hoffen sie – weiß niemand um ihr Judentum, und dort gibt es zumeist noch ein gewisses jüdisches Leben und jüdische Selbsthilfeeinrichtungen. Es ist keine Frage, daß die meisten dieser Menschen den Maßnahmen der Bürokratie und der schließlichen Deportation nicht entgehen konnten. Anders als in Holland überlebten in Deutschland nur sehr wenige Juden in Verstecken.

Für Hamelner Juden war es naheliegend, in das benachbarte Hannover zu ziehen.[260] Von ihnen fand ein Teil in den jüdischen Altersheimen der Stadt Unterkunft. Gab es doch in Hannover noch ein funktionierendes jüdisches Wohlfahrtssystem. Fast alle diese Menschen wurden in dem großen Transport vom 15. Dezember 1941 nach Riga deportiert.

Stellvertretend für andere nenne ich hier einige Namen:

Die Eheleute Moritz und Elise Blankenberg gehen nach der erzwungenen Aufgabe ihres Kleider- und Schuhgeschäftes in der Bäckerstraße 47 im Jahre 1936 nach Hannover. Dort leben sie zuletzt im „Judenhaus" Ohestraße. Am 15. Dezember 1941 werden die beiden nach Riga deportiert, die Ehefrau 57 Jahre alt, ihr Mann im Alter von 69 Jahren.

[259] Grete Birnbaum nannte sich in Israel mit Vornamen Ruth.

[260] Für wenigstens 10 Menschen läßt sich ein Umzug nach Hannover nachweisen: die Eheleute Elise und Moritz Blankenberg; Betty Goldstein mit ihrer Tochter Bertha Goldstein; Alice Jonas; Julius Maybaum; Hildegard Nußbaum; Hermann Rosenkranz; Antonia Rothenberg; Ivan Steinberg (Antonia Rothenberg und Ivan Steinberg gelingt noch die Ausreise).

Hildegard Nußbaum, geborene Jonas, geht ebenfalls im Jahre 1936 nach Hannover und zieht dort in das weitgehend von Juden bewohnte Haus Scholvinstraße 12. Im Jahre 1939 holt sie ihre Schwester, die geistig behinderte Alice Jonas, zu sich in die Scholvinstraße. Beide werden am 15. Dezember 1941 nach Riga deportiert, Hildegard im Alter von 44 Jahren, Alice im Alter von 33 Jahren.

Anneliese Vera Jonas

Anneliese Vera Jonas wird am 5. Juli 1908 in Hameln geboren. Sie ist das zweite Kind der Eheleute Bertha und Albert Jonas. Der Vater betreibt einen Viehhandel in der Wendenstraße 10, ab 1929 in der Baustraße 16.

Anneliese lernt Stenotypistin und Kontoristin und arbeitet seit spätestens 1930 in ihrem Beruf. 1933, im Jahr der „Machtergreifung", ist sie fünfundzwanzig Jahre alt. Wie lange sie ihren Beruf noch ausüben kann, ist unklar. Offenbar bis 1938 wohnt die junge Frau bei ihren Eltern. Von Hameln aus, am 22. Dezember 1938, beantragt sie, den Namen „Sara" führen zu „dürfen".

Die zur Untätigkeit verurteilte Frau geht im Oktober 1939 für einige Wochen nach Ottenstein, um der siebenundsiebzigjährigen Helene Rothschild den Haushalt zu führen.[261]

Seit dem 29. November 1939 ist Anneliese „Sara" Jonas in Bielefeld gemeldet.[262] *Als Beruf gibt sie Stenotypistin und Hausgehilfin an. Sie findet in Bielefeld Arbeit in einem Geschäft. Am 31. August 1940 muß sie in das „Judenhaus" Koblenzerstraße 4 umziehen und lebt dort bis zu ihrer Deportation im Juni 1943.*

Am 29. Juni 1943 wird Anneliese Jonas mit einem von der Gestapo Münster organisierten Transport (Transport XI/3–13) in das Ghetto Theresienstadt eingeliefert. Eine Deportation nach Theresienstadt ist für einen jungen Menschen ungewöhnlich. Vermutlich hat Anneliese Jonas eine Gruppe alter und gebrechlicher Personen versorgt und kam als Betreuerin nach Theresienstadt.

Bereits drei Monate später wird sie erneut deportiert. Zusammen mit einem Arzt begleitet sie dieses Mal einen Transport von fünfzig Kindern von Theresienstadt nach Auschwitz (Transport Dn/a-18). In Auschwitz ist Anneliese Jonas verschollen. Ein Todesnachweis liegt nicht vor. Amtliches Todesdatum ist der 8. Mai 1945.[263]

„... nach Holland abgewandert"

Eine ganze Reihe jüdischer Familien aus Hameln emigrierte in der Zeit zunehmender Bedrohung in die benachbarten Niederlande. Die Einreise in dieses Land war relativ einfach. Für einige Hamelner Familien gab es auch familiäre Beziehungen nach Holland. Nach der frühen Besetzung des Landes durch deutsche Truppen saßen alle diese Menschen in der Falle. In den Niederlanden wurden die Deportationen mit derselben bürokratischen Gründlichkeit durchgeführt wie im deutschen Reich. Die in die Niederlande geflüchteten Hamelner Juden wurden fast ausnahmslos deportiert.

261 Melderegister Ottenstein für Oktober 1939.
262 Zur Bielefelder Zeit vgl. Minninger, Antisemitisch Verfolgte registriert in Bielefeld.
263 Bescheinigung des ITS Arolsen, bei Scharf, Dokumente, S. 332.

Familie Keyser

Stellvertretend für viele andere[264] *soll hier das Schicksal der Familie Keyser dargestellt werden. Hier ist eine große Familie mit Großeltern, Eltern und Kindern nahezu ausgelöscht worden.*

Die Kaufmannsfamilie Keyser kommt vor der Jahrhundertwende nach Hameln. In die Hamelner Bürgerschaft ist sie gut integriert. Der älteste Sohn Willy fällt als Kriegsfreiwilliger im Weltkrieg an der Ostfront. Die Familie ist geschäftlich erfolgreich und besitzt zwei Geschäfte, eines für Herrenkonfektion und ein anderes für Schuhe.[265]

Ausflug des liberalen Kaufmannsvereins im Jahre 1910 zur Waldquelle in Aerzen; 1. Reihe links die Geschwister Frieda und Rosa Keyser; 2. Reihe jeweils der 3. von rechts und von links Louis und Willy Keyser

264 Max Bernstein, 1895 als Sohn von Salomon und Rosa Bernstein geboren, emigrierte in die Niederlande. Er wurde 1943 nach Sobibor deportiert und dort ermordet.
Sally Goldmann, Sohn von Leo und Henriette Goldmann (geb. 1890), ging von Hameln zunächst nach Wuppertal und emigrierte von dort in die Niederlande. Von dort wurde er sehr spät – im Jahre 1944 – direkt nach Bergen-Belsen deportiert und starb dort in den letzten furchtbaren Wochen des Lagers. Sein Todesdatum ist der 3. Februar 1945.
Henny Insel wurde 1873 als Henny Rosenberg in Hameln geboren. Mit ihrem Ehemann Siegfried wohnte sie in Oldenburg, zog 1936 nach Hannover und flüchtete 1939 nach Amsterdam. 1943 wurde sie mit ihrem Ehemann nach Sobibor deportiert. Als Todesdatum wird der 28. Mai 1943 angegeben. Möglicherweise ihr jüngerer Bruder ist Hermann Rosenberg (Jahrgang 1877). Er zog von Hameln nach Köln und entkam von dort in die Niederlande. 1942 wurde Hermann Rosenberg nach Auschwitz deportiert. Als Todesort wird Monowitz (bei Auschwitz) angegeben, als Todesdatum der 29. September 1942.
Die Familie Kratzenstein war bereits oben erwähnt worden (s.o., S. 63–64).
Eine Hamelner Familie, die 1934 in die Niederlande emigriert ist, hat die Zeit der deutschen Besatzung in den Niederlanden überlebt. Es handelt sich um die Eheleute Albert und Laura Löwenstein. Albert Löwenstein hatte ein Geschäft für Herrenkonfektion und Schuhwaren in der Osterstraße 45 und dieses nach den Boykotten aufgegeben. Die Eheleute gingen nach Holland, wo bereits die beiden Töchter lebten. In den schlimmsten Zeiten der Judenverfolgung hat die Familie untertauchen können. Kurz vor Kriegsende, im März 1945, wurde Albert entdeckt und verhaftet, jedoch im Mai 1945 von den britischen Truppen in Amersfoort befreit (s.o., S. 31f; bei Wittkowsky, Zur Geschichte der Juden in Hameln, S. 38).

265 S. o., S. 10f, S. 28f und S. 33f.

Emma und Salomon Keyser

Die vier Schwestern Selma, Frieda, Rosa und Berta Keyser (von links)

Salomon und Emma Keyser mit Selma und Alwin Gottschalk und Tochter Dina

Gedenkstein der Familie Keyser auf dem jüdischen Friedhof in Amsterdam-Diemen

Die Eheleute Keyser verlassen Hameln spät. Das Geschäft in der Ritterstraße war im Jahre 1935 verpachtet worden, wird aber erst im Januar 1939 verkauft. Als holländischer Staatsbürger mag der alte Salomon Keyser sich in Deutschland sicher gefühlt haben.

Erst im Juli 1939 wird die Auswanderung als vollzogen gemeldet.[266] *Die Eheleute wohnen in Amsterdam. Die meisten ihrer sieben Kinder kommen mit ihren Familien ebenfalls nach Holland:*

- *Rosa Schenk, geb. Keyser (geb. 1893), mit ihrem Ehemann Leon und den beiden Söhnen Walter und Herbert*
- *Frieda Schenk, geb. Keyser (geb. 1895) mit Ehemann, der Tochter Elisabeth und dem Sohn Kurt*
- *Selma Gottschalk, geb. Keyser (geb. 1900), mit ihrem Ehemann Alwin und der 1933 geborenen Tochter Dina*
- *die unverheiratete Berta Keyser (geb. 1906).*

Im Sommer 1942 – also etwas später als im Reich – beginnen die Deportationen aus den Niederlanden. Die Juden werden zunächst in das Durchgangslager Westerbork gebracht. Dort werden die Züge nach Polen zusammengestellt.

Salomon Keyser stirbt am 9. Mai 1943 im hohen Alter von 86 Jahren im Lager Westerbork. Die Deportation in eines der Vernichtungslager bleibt ihm erspart.

Seine Ehefrau Emma, ebenfalls in hohem Alter, wird von Westerbork in das Vernichtungslager Sobibor verschleppt und ist dort verschollen.

Die älteste Tochter Rosa Schenk wird mit ihrem Ehemann Leon und den beiden Söhnen Walter und Herbert im Jahre 1942 nach Auschwitz deportiert. Die gesamte Familie wird dort ermordet. Als Todesdatum wird der 5. Oktober 1942 angegeben.

Elisabeth Schenk, Tochter von Frieda Schenk, ist verschollen.

Selma Gottschalk und ihr Ehemann Alwin werden am 16. Juli 1943 in Sobibor ermordet.

Die jüngste Tochter, die unverheiratete Berta Keyser, wird am 28. Januar 1944 in Auschwitz ermordet.

Von der großen Familie Keyser mit sieben Kindern und zahlreichen Enkeln überleben nur die Söhne Moses[267] *und Hermann Keyser, die Tochter Frieda Schenk sowie die Enkel Kurt Schenk und Dina Gottschalk.*

266 StA HM 1, 3137, Schreiben vom 12. 11. 1942.

267 Er wandert bereits 1934 von Hameln nach Israel aus. Vgl. den Nachruf auf Moshe Keyser von Günther Niemeyer in der DWZ vom 28. 4. 1984.

Das Ausmaß der Vernichtung

Die Vernichtungsmaschinerie des Dritten Reiches hat in ihrer bürokratischen Gründlichkeit ganze Familien fast völlig vernichtet. Dies wird am Beispiel der Familie Löwenstein deutlich.

Familie Löwenstein

„Großvater" Moses Löwenstein besitzt ein Weizengeschäft in der Baustraße in Hameln. Er stirbt in hohem Alter 1925 und ist zusammen mit seiner Frau Sarah auf dem Hamelner jüdischen Friedhof begraben.

Sarah und Moses Löwenstein

Von den zehn Kindern der Eheleute sind die beiden ersten noch in Bredenborn bei Höxter geboren worden, alle übrigen kommen in Hameln zu Welt. Der Großteil der Löwensteinschen Kinder verläßt später die Heimatstadt Hameln, baut sich in anderen Städten Norddeutschlands eine Existenz auf und gründet Familien.

Max und Regina Schwarz mit ihren Kindern Aenne, Rudolf, Erich und Frieda (von links)

Regina, geboren 1870 in Bredenborn bei Höxter

Die älteste Tochter Regina heiratet den Kaufmann Max Schwarz und lebt mit ihm bis 1911 in der Ritterstraße. In Jülich eröffnet Max Schwarz anschließend ein Textilgeschäft. Aus der Ehe gehen vier Kinder hervor.

Regina und Max werden 1942 von Jülich aus in das Altersghetto Theresienstadt deportiert. Max stirbt 1942 in Theresienstadt. Regine wird weiter nach Auschwitz verschleppt. Die Tochter Frieda ist im Osten verschollen. Der Sohn Rudolf wird 1940 im Konzentrationslager Buchenwald ermordet.

Hermann, geboren 1873 in Bredenborn bei Höxter

Hermann heiratet Jenny Rose. In Elze, später in Northeim, baut er ein Textilgeschäft auf. Im Weltkrieg ist er Soldat.

1938 geht das Ehepaar nach Hamburg in der Hoffnung, in der Großstadt sicher zu sein.

Aus Hamburg werden beide im Jahre 1942 in das Altersghetto Theresienstadt deportiert und wenige Wochen darauf in das Vernichtungslager Auschwitz. Dort sind beide verschollen.

Fanny, geboren 1875 in Hameln

Fanny bleibt unverheiratet. Sie führt einen kleinen Tabakladen in der Emmernstraße 8. Fanny stirbt 1936. Sie wird auf dem jüdischen Friedhof in der Scharnhorststraße begraben.

Ihr Grab bekommt keinen Stein und ist heute unauffindbar.

Sally, geboren 1876 in Hameln

Sally stirbt bei der Geburt.

Albert, geboren 1877 in Hameln

Albert betreibt ein Geschäft für Herrenkonfektion und Schuhwaren in der Osterstraße 45. Er muß das Geschäft wegen der Boykottmaßnahmen im Frühjahr 1933 schließen und wandert mit seiner Frau Laura in die Niederlande aus. Dorthin waren die beiden Töchter der Eheleute bereits 1933 gegangen.

Die Familie überlebt die Verfolgung in einem Versteck. Noch im März 1945 wird Albert von der Gestapo verhaftet, im Mai 1945 jedoch durch britische Soldaten befreit.

Gustav, geboren 1879 in Hameln

Über sein Schicksal ist nichts bekannt.

Julius, geboren 1881 in Hameln

Nach der Heirat ziehen Julius und seine Ehefrau Marta nach Hamburg. Dort kommt die Tochter Ilse zur Welt.

Von Hamburg aus werden die Eheleute mit ihrer Tochter Ilse am 8. November 1941 in das Ghetto Minsk deportiert.

Jenny und Hermann Löwenstein

Albert Löwenstein

Wilhelm und Rosa Löwenstein

Julia Altmann

Rosa und Wilhelm Löwenstein mit den Töchtern Inge und Margarete

Wilhelm, geboren 1882 in Hameln

Mit seiner Ehefrau Rosa lebt er am Kastanienwall 22. Im Weltkrieg ist Wilhelm Soldat. 1913 gehen die Eheleute zunächst nach Paderborn, schließlich nach Essen.

Aus Essen werden die Eheleute zusammen mit ihrer Tochter Margarete, verheiratete de Vries, im Juni 1942 in das Ghetto Izbica in Polen deportiert.

Carl, geboren 1884 in Hameln

Carl lebt mit seiner Frau Julia in Hameln in der Bahnhofstraße 29. Er stirbt 1918. Seine Witwe heiratet in zweiter Ehe Berthold Altmann.

Julia Altmann wird zusammen mit ihrem Ehemann deportiert. Einzelheiten sind unbekannt.

Hedwig, geboren 1889 in Hameln

Die jüngste Tochter Hedwig bleibt unverheiratet. Sie lebt lange bei ihren Eltern in Hameln. 1938 geht sie nach Ahlen in Westfalen.

Aus Ahlen wird sie 1942 in das Vernichtungslager Majdanek deportiert.

Die Jahre 1942–1945

Die Bedrängnis der in „Mischehe" lebenden Juden und ihrer Kinder

Die beiden Hamelner „Judenhäuser" standen seit Juli 1942 leer. Die jüdische Gemeinde der Stadt, formell bereits im Jahre 1939 aufgelöst, gab es nicht mehr. Aber es gab dennoch weiter Juden in der Stadt. Es handelt sich um die in „Mischehe" lebenden Juden und Kinder aus „Mischehen", die sogenannten „Mischlinge ersten Grades". Hinzu kommen die zum Christentum konvertierten oder die religionslosen „Juden", die die Nürnberger Gesetze wieder zu Juden gemacht hatten.

Übertritte zum Christentum und „Mischehen" zwischen Juden und Nichtjuden waren im 20. Jahrhundert häufig. Sie sind Zeichen der in Deutschland weit fortgeschrittenen Assimilation der Juden an ihre Umgebung. Die Nürnberger Gesetze verboten Ehen zwischen Ariern und Juden, lösten aber andererseits bestehende „Mischehen" nicht auf. Geschlossene Ehen anzutasten, scheute die Regierung.

Bei der Anwendung der Sondergesetze unterschied man zwischen privilegierten und nichtprivilegierten „Mischehen".[268] Ein Ehepaar galt als „privilegiert", sofern es sich nicht zur jüdischen Religion bekannte und seine Kinder nicht im jüdischen Sinne erzog. Privilegiert waren auch kinderlose jüdische Frauen arischer Männer, solange die Ehe bestand, aber nicht umgekehrt: jüdische Männer in kinderloser Ehe mit einer arischen Frau galten nicht als privilegiert. Wer privilegiert war, mußte keinen Stern tragen, nicht in eine „Judenwohnung" einziehen, war vom Einhalten der Einkaufsbeschränkung befreit usw.

Auf der Konferenz am Großen Wannsee hatte Heydrich bezüglich der „Ehen zwischen Juden und Deutschblütigen" die Ansicht vertreten: „Von Einzelfall zu Einzelfall muß hier entschieden werden, ob der jüdische Teil evakuiert wird, oder ob er unter Berücksichtigung auf die Auswirkungen einer solchen Maßnahme auf die deutschen Verwandten dieser „Mischehe" einem Altersghetto überstellt wird."[269] Es gab für diesen Personenkreis also keine rechtliche Klarheit. Die Bestimmungen sind kompliziert, und die örtlichen Behörden sind mit den Einzelheiten nicht vertraut. Vor allem wußten die Betroffenen nicht über ihren Status und ihre Rechte. Sie mußten bei jeder neuen behördlichen Anordnung einen zermürbenden Briefwechsel mit den Behörden führen und lebten in ständiger Unsicherheit über das, was der nächste Tag bringt. Daß für „privilegierte Mischehen" das Tragen des Judensterns, die Beschränkung der Einkaufszeit, das Gesetz über Mietverhältnisse mit Juden nicht galt, das mußten sie jeweils mühevoll erkämpfen.

Noch aus einem anderen Grund sind die in „Mischehe" lebenden Juden ständiger Bedrohung ausgesetzt. Starb der arische Partner oder wurde die Ehe geschieden, so waren sie vogelfrei und

[268] Die Rechtslage im Umgang mit „Mischehen" und „Mischlingen" ist außerordentlich kompliziert. Vgl. dazu Adler, Der verwaltete Mensch, S. 279–322, und Hilberg, Die Vernichtung der europäischen Juden, Bd. 2, S. 436–449.

[269] Zitiert nach Buchholz, Die hannoverschen Judenhäuser, S. 234.

wurden sofort deportiert. Die Ehe unterlag also einem ungeheuren Druck. Auf die Ehemänner, die mit einer jüdischen Frau verheiratet sind („jüdisch Versippte"), übte die Gestapo einen ständigen Druck aus, sich scheiden zu lassen. Sie wurden häufig vorgeladen, bedroht und im Beruf benachteiligt.

Zu beachten ist auch noch, daß es um einen Personenkreis geht, der sich häufig überhaupt nicht mehr als jüdisch verstand und in der Regel in bewußter Distanz zur jüdischen Gemeinde lebte, also auch von dort her keine Unterstützung und Information erfuhr.

Kinder aus einer „Mischehe" galten als „Halbjuden" bzw. als „Mischlinge ersten Grades". Anders als „Volljuden" wurden Halbjuden gemäß ihrem Bekenntnis eingestuft. Sie galten dann nicht als Juden, wenn sie sich nicht zum jüdischen Glauben bekannten bzw. nicht mit einem jüdischen Partner verheiratet waren. Freilich müssen alle „Mischlinge 1. Grades" mit erheblichen Nachteilen rechnen. So war ihnen die Mitgliedschaft in Organisationen wie der Hitlerjugend verwehrt, was einer sozialen Ächtung gleichkam. Sie mußten außerdem mit erheblichen beruflichen Nachteilen rechnen. Über die Behandlungen der „Mischlinge 1. Grades" sagte Heydrich auf der Konferenz am Großen Wannsee unter Hinweis auf einige Ausnahmen: „Mischlinge 1. Grades sind im Hinblick auf die Endlösung der Judenfrage den Juden gleichgestellt."[270]

Grundsätzlich ist der hier angesprochene Personenkreis zahlenmäßig nur schwer einzugrenzen. Das ist auch der Gestapo bewußt, die 1942 – nach Abschluß der großen Transporte – den Hamelner Oberbürgermeister auffordert, alle Karteien noch einmal nach gemischten Ehen und „Mischlingen" durchzusehen.

An die
Herren Landräte des Stapobezirks
den Herrn Oberbürgermeister als OPB
in H a m e l n
Nachrichtlich
der Aussendienststelle
in N i e n b u r g

Betrifft: Erfassung der Juden,Mischlinge I. und II. Grades und der Mischehen.
Vorgang: O h n e .

In den letzten Wochen sind verschiedentlich noch Volljuden ,Mischlinge I. und II. Grades und Mischehen festgestellt worden, die hier bislang noch nicht erfasst worden waren.
Ich bitte daher,anhand der geführten Kennkarten -und Volkskarteien die noch im dortigen Bezirk wohnhaften Volljuden, Mischlinge I. und II. Grades und Mischehen festzustellen und unter Angabe der vollständigen genauen Personalien nach hier zu melden. Der deutschblütige Teil einer Mischehe ist ebenfalls festzustellen und die genauen Personalien dieser Personen anzugeben.
Fehlanzeige ist erforderlich.

Erfassung der „Mischlinge" und der „Mischehen". Schreiben der Stapoleitstelle Hannover vom 27. 8. 1942[271]

270 Zitiert nach Buchholz, a. a. O., S. 234.

271 Nds. HStA Hannover, Hann 174, Neustadt Nr. 3087, zitiert nach Homeyer, Juden im Landkreis Hannover, S. 187.

Die Antwort des Hamelner Oberbürgermeisters liegt nicht vor. Aus den Akten ist zu entnehmen, daß es in Hameln damals mindestens fünf Mischehen und aus ihnen eine größere Zahl von Kindern gab, die sämtlich christlich erzogen wurden.[272]

Dargestellt sei das Schicksal einer Familie, das in den Akten recht breit dokumentiert ist:[273] das Schicksal einer Frau, die nicht Jüdin sein will, das Empfinden von vier Töchtern, die zunächst nicht einmal wissen, daß ihre Mutter nach den Nürnberger Rassegesetzen als Jüdin zu gelten hat.

Familie O.

Im März 1940 stellt die Stenotypistin Sophie O., damals 19 Jahre alt, beim Oberbürgermeister einen Antrag auf Arisierung – übrigens, ohne ihre Eltern davon zu informieren. Sophie ist – wie ihre drei jüngeren Schwestern auch – evangelisch getauft und erzogen und hat die Volksschule in Hameln besucht. Daß ihre Mutter Jüdin ist, hatte sie überhaupt erst erfahren, als sie beim Versuch, in den BdM (Bund deutscher Mädel)[274] einzutreten, den Ariernachweis ihrer Mutter nicht vorlegen kann. Der Eintritt in den BdM war ihr und ihren Schwestern daraufhin verwehrt worden. Die Tochter empfindet den Ausschluß vom BdM als Diskriminierung.

Wir müssen annehmen, daß bei den städtischen Behörden das Fehlen des Ariernachweises damals nicht registriert worden ist. Der Gestapo, die 1938 Listen über Juden anlegte, und den Hamelner Behörden war entgangen, daß es sich bei der Mutter Ida um eine Jüdin handelte und bei den Töchtern um „Mischlinge 1. Grades". Die Hamelner jüdische Gemeinde, die alle ihre Mitglieder den Behörden melden mußte, führte die Mutter nicht als Mitglied. Auf der „gültigen Aufstellung der gemeldeten Volljuden, Stand 6. September 1940 in Hameln" fehlt der Name der Mutter.[275] Die Familie hatte nie einen Kontakt zu den Juden der Stadt gepflegt. Als Ende 1938 die Hamelner Juden den zusätzlichen Vornamen Sara bzw. Israel annehmen, stellt Ida O. keinen Antrag. Sie ist durch das engmaschige Netz der Behörden geschlüpft.[276]

Der Antrag der Tochter erregt nun die Aufmerksamkeit der Behörden. Sie stellen Nachforschungen an. Der Regierungspräsident, vom Hamelner Oberbürgermeister einbezogen, fordert die Heiratsurkunde der Mutter an und stellt nach ihrem Eingang fest: „Nach der Heiratsurkunde gehört die Ida O. der mosaischen Religion an. Sie ist also Jüdin."[277] Der Antrag der Tochter auf Arisierung erweist sich als verhängnisvoll: nun erst wird die Frau, werden ihre Töchter den Sondergesetzen unterworfen, die gegen Juden bestehen:

- *im August 1941 stellt der Oberbürgermeister der Frau Ida „Sara" die Verfügung über die Einkaufsbeschränkung zu*
- *im September dann geht die Verfügung über das Tragen des Judensterns an die Mutter Ida und ihre vier Töchter*
- *gleichzeitig fordert der Oberbürgermeister nun auch, daß die Mutter den Vornamen Sara führt und eine besondere Kennkarte für jüdische Personen beantragt.*

272 Es gibt klare Hinweise darauf, daß die Zahl der Mischehen höher lag. Bei Angehörigen von „Mischehen" und bei „Mischlingen" kam es vor, daß sie vor der Deportation geschützt waren, weil sie Protektion genossen.

273 Die im folgenden herangezogenen Akten finden sich sämtlich in StA HM 1, 2739.

274 Der „Bund deutscher Mädel" war die Organisation der vierzehn- bis achtzehnjährigen Mädchen.

275 StA HM 1, Akte U.

276 Bei der Volkszählung von 1939 wird sie allerdings als Volljüdin geführt, ihre vier Töchter als „Mischlinge 1. Grades". Von einem vergleichbaren Fall in Hannover berichtet Buchholz, a. a. O., S. 219 -221.

277 StA HM 1, 2739, Schreiben vom 9. 8. 1940.

In mehreren umfangreichen Schreiben an den Oberbürgermeister und an das Reichsinnenministerium kämpft der Ehemann darum, daß seine Frau und seine Kinder von den diskriminierenden Auflagen verschont bleiben.

Den folgenden Brief schickt er am 13. September 1941 an das Reichsinnenministerium in Berlin:

„Betrifft: Antrag auf Aufhebung des Tragens des Judensterns für meine Ehefrau und meiner (!) 4 Kinder.

...

Meine Ehefrau ist ... seit ihrem 15. Lebensjahre von ihren Eltern fort, sie hat während des Weltkrieges 1914–1918 ihren Vater ... sowie drei Geschwister verloren, ihre Mutter ist nach dem Weltkriege verstorben. Meine Ehefrau hat somit seit ihrem 15. Lebensjahre eine Heimat nicht mehr gehabt und ist von diesem Zeitpunkte ab nur von Deutschen erzogen worden. Sie hat seit ihrem 15. Lebensjahre ab nur unter Deutschen gelebt und hat Verbindungen mit ihrem Geburtsort nicht mehr gehabt.

Seit dem Jahre 1919 bis zum heutigen Tage haben irgendwelche Verbindungen mit Juden oder deren Angehörige nicht im geringsten bestanden ebenso sind jüdische Anzeichen in Wort, Tat und Gesinnung bei meiner Frau nicht vorhanden, da sie von ihrer Jugend nichts behalten hat und durch die 27jährige deutsche Erziehung andere als deutsche Gesinnung nicht vorhanden sein kann.

Meine Frau hat überhaupt keine Vorstellung von Juden, da sie nur deutsche Kultur, Sprache und Gesinnung durch die jahrelange Erziehung kennen gelernt hat.

Meine 4 Kinder sind alle evgl. luth. getauft und hatten bis zum Inkrafttreten der Nürnberger Gesetze keine Ahnung davon, daß meine Frau jüdische Eltern gehabt hat. Ob meine Frau jüdische Großeltern hatte, ist mir nicht bekannt. Bei dem Inkrafttreten der Nürnberger Gesetze waren meine Kinder 15, 14, 13 und 11 Jahre alt. Diese Kinder, die streng nach deutschen Grundsätzen erzogen wurden und deren Arbeitsleistung durch die einzelnen Betriebsführer erfragt werden kann, mußten nun eines Tages erfahren, daß sie aus der Deutschen Volksgemeinschaft ausgestoßen wurden, nur weil die Mutter dieser Kinder vor 42 Jahren von jüdischen Eltern geboren wurde. Was dies für meine Kinder bedeutete, kann ich Ihnen mit Worten nicht schildern. ...

Auf Grund meiner Ausführungen können Sie nun ermessen, wie es mir und meiner Familie zu Mute ist, die nur in dem Bewußtsein gelebt und gearbeitet haben, Deutsche zu sein und für Deutschland arbeiten zu können. Wie schmerzlich es ist, für die Frau und für die Kinder, die in ihrem ganzen Leben nie etwas, auch nicht das Geringste, mit Juden zu tun gehabt haben, auf einmal als Juden gerechnet und gekennzeichnet werden zu sollen und dazu von ihren Arbeitskameraden als Juden verachtet zu werden.

Daß es für mich eine Zertrümmerung meines ganzen Seins bedeutet, brauche ich wohl nicht mehr zu betonen. Ich habe bis heute in meinem Leben ... voll und ganz meine Pflicht getan und werde dies auch für die Zukunft tun, da ich keine andere Einstellung als nur die Deutsche kenne und kann Ihnen versichern, daß meine ganze Familie, Frau und Kinder, mit diesem jüdischen Gesindel nicht das Geringste gemein haben und auch für die fernere Zukunft nicht im mindesten mit diesen Leuten etwas zu tun haben werden. ...

Betrachten Sie meine Frau und Kinder nicht als Juden, sondern gewähren Sie ihnen, daß sie sich als Deutsche bewähren können, indem Sie veranlassen, daß meine Frau und Kinder nicht als Juden gekennzeichnet werden. ...

Heil Hitler."

Am 16. November 1941 entscheidet der Reichsminister des Innern endlich über die Eingabe von Sophie O. vom 8. März 1940 und über die Bittbriefe des Vaters und teilt mit, „daß er im Namen des Führers und Reichskanzlers Ihren Antrag auf rechtliche Gleichstellung mit deutschblütigen Personen abgelehnt habe und daß diese Entscheidung endgültig sei. ... Nach dem mir vorliegenden Abstammungsbescheid des Reichssippenamtes in Berlin ... ist Gesuchsstellerin jüdischer Mischling mit zwei der Rasse nach volljüdischen Großelternteilen (Mischling I. Grades). Die Mutter Ida O., geb. J., ist Volljüdin."[278]

Die Nürnberger Gesetze nehmen die, wie sie es nennen, rassische und nicht die Religionszugehörigkeit als Kriterium der Zuordnung. Die Argumentation des Ehemannes ist dagegen ohne jede Chance; am Rassegedanken prallt sie hilflos ab.

Gleichzeitig erstattet nun der Oberbürgermeister Anzeige gegen die Mutter wegen „Vergehens gegen §§ 2 und 4 der 2. Verordnung zur Durchführung des Gesetzes über die Änderung von Familiennamen und Vornamen vom 17. 8. 38 ... und §§ 1 und 4 der 3. Bekanntmachung über den Kennkartenzwang vom 23. 7. 38. ... Als Volljüdin ist Frau O. verpflichtet, den Vornamen „Sara" zusätzlich anzunehmen. Frau O. ist weiter verpflichtet, als Volljüdin eine Kennkarte zu führen."

Am 12. März 1942 erscheint Mutter Ida bei der Hamelner Polizeibehörde und gibt „zu Protokoll, daß ich ... von nun an zusätzlich den Vornamen „Sara" annehme."

Die Pflicht, den Stern zu tragen und die Einkaufsbeschränkung[279] hat der Ehemann offensichtlich von seiner Frau abwenden können. Daß die Gefahr für die Familie damit nicht beseitigt ist, daß die Angst vor Verfolgung[280] und Deportation weiter über den Menschen schwebt, wird im nächsten Kapitel deutlich.

Ein wenig lassen die Aktenauszüge die seelischen Qualen deutlich werden, denen diese Menschen ausgesetzt waren. Sie verstehen sich als Deutsche, sind möglicherweise überzeugte Nationalsozialisten, haben teilweise mit ihrer jüdischen Herkunft abgeschlossen, bisweilen nicht einmal ihre Kinder darüber informiert. Jetzt werden sie aufgrund der Nürnberger Rassegesetze erneut zu Juden gemacht. Diese christlichen „Nichtarier" und ihre Kinder, die ja keine Juden sein wollen und Kontakte zur jüdischen Gemeinde nie gepflegt haben, sitzen zwischen allen Stühlen; sie sind „nicht Fisch, nicht Fleisch". Von den Peinigungen und Denunziationen der Mitmenschen erzählen die Akten nichts.

Insgesamt wisssen wir wenig über die Bedrängnis der Menschen, die in „Mischehe" lebten, und über die Not ihrer Kinder. Was die Akten enthalten, ist nur ein kleiner Ausschnitt. Als Personengruppe sind sie wenig umrissen. Nach dem Kriege haben sie sich in aller Regel nicht zum Judentum bekannt und sind auch nicht offiziell als Verfolgte anerkannt worden. So blieben sie mit ihrem Geschick allein. Niemand hat sich bisher um diesen Personenkreis gekümmert.

Eine Anmerkung sei am Schluß dieses Kapitels noch gestattet. Aus Hameln ist kein Fall bekannt, daß der arische Ehegatte dem Druck der Gestapo nachgab, sich scheiden zu lassen. Alle Ehen haben in der Zeit des Dritten Reiches gehalten, eine große Leistung.

278 StA HM1, 2739 (mit den folgenden Zitaten).

279 Charakteristisch ist eine Notiz eines städtischen Beamten auf einer Anordnung über die Einschränkung der Einkaufszeit. Die Anordnung geht in diesem Falle an Frau F., eine ebenfalls in „Mischehe" lebende Jüdin. Ihr Ehemann hatte dagegen protestiert, daß seiner Frau für Einkäufe nur noch die Zeit von 9–10 Uhr gestattet sei. Die Notiz des Beamten lautet: „Ich habe Herrn F. genehmigt, daß seine Frau nicht unter diese Anordnung fällt. Er wird sie aber nach Möglichkeit beachten. (Mischehe)." Die Dienststellen des Dritten Reiches verhandeln nicht mit Juden – und schon gar nicht mit jüdischen Frauen.

280 Ein Hinweis auf die dauernde Bedrohung: Robert C., der als „Volljude" in „Mischehe" mit einer „arischen" Ehefrau lebt, kommt 1944 für einige Zeit ins Zuchthaus. 1938 hatten ihm die Hamelner Behörden seinen Wandergewerbeschein abgenommen (StA HM 1, 2739; s. o., S. 49).

Der letzte Transport im Februar 1945

Bis in das Jahr 1944 blieben die „Mischlinge“ und die Juden, die in „Mischehen“ lebten, von den Deportationen verschont. Anfang Oktober 1944 gab dann Heinrich Himmler per Erlaß zunächst die Anordnung, alle jüdischen „Mischlinge I. Grades“ und „jüdisch Versippte“ „zum geschlossenen Arbeitseinsatz zu bringen“.[281] „Jüdisch Versippte“ sind „deutschblütige“ Ehemänner, die in „Mischehe“ mit einer jüdischen Partnerin leben. Sie wurden immer wieder von der Gestapo vorgeladen und zur Scheidung von ihrer Frau gedrängt. Kurz vor Kriegsende wurde der Druck auf diese Gruppe verschärft. Die „jüdisch versippten“ Männer wurden verhaftet und zur Zwangsarbeit befohlen. Aus dem Hamelner Raum wurden die Männer in das große Konzentrationslager Holzen bei Eschershausen gebracht und dort in Zwangsarbeitslager der Organisation Todt eingewiesen.[282]

Drei Monate später – im Februar 1945 – sollten schließlich auch die jüdischen Männer und Frauen, die in Mischehen lebten, deportiert werden. „Zum Abschluß der Aktion hat der RFSS (= Reichsführer der SS, Heinrich Himmler) befohlen, nunmehr auch die jüdischen Teile aus Mischehen zum geschlossenen Arbeitseinsatz zu bringen.“ In der Anweisung der Staatspolizeileitstelle Hannover an die Landräte des Regierungsbezirks Hannover und den Herrn Oberbürgermeister in Hameln heißt es weiter:[283]

Ich bitte daher, alle im dortigen Bezirk lebenden arbeitsfähigen staatsangehörigen und staatenlosen Juden/Jüdinnen – auch Geltungsjuden –(siehe nachfolgende Liste) ungeachtet der z.Zt. bestehenden Arbeitsverhältnisse am Montag, dem 19.2.1945 bis 14 Uhr der hiesigen Dienststelle, Hildesheimerstrasse 12, Zimmer 5/6, zwecks Weiterbeförderung zum Arbeitseinsatz nach Theresienstadt zuzuführen.

Wo zur Vermeidung unbilliger Härten in besonders gelagerten Fällen Zurückstellung für erforderlich gehalten wird, behalte ich mir diese Entscheidung vor.

Von der Wohnsitzverlegung nach Theresienstadt ausgenommene Juden/Jüdinnen sind zur Freimachung von Wohnraum für bombengeschädigte Deutschblütige entsprechend den Ortsverhältnissen auf engstem Raum zusammenzulegen.

Gepäck kann im üblichen Umfange bis zu 1 Zt. (kein sperrendes Gut) mitgenommen werden.

Zu empfehlen ist jedoch die Mitnahme von warmer Kleidung, derbem Schuhzeug, Wolldecken, Wäsche, Essgeschirr, Teller oder Topf mit Löffel und Lebensmittel für ca. 8 Tage.

Transportbefehl der Gestapo vom 8. Februar 1945

281 Buchholz, Die hannoverschen Judenhäuser, S. 234 mit Anm. 75.

282 Vgl. Buchholz, a. a. O., S. 234.

283 Nds. HStA Hannover, abgedruckt bei Homeyer, Juden im Landkreis Hannover, S. 189 f. Als „Geltungsjude“ galt, wer „nur von zwei der jüdischen Religionsgemeinschaft angehörenden Großeltern abstammte, aber selbst zu einem bestimmten Stichtag mosaisch gewesen war.“ Vgl. Adler, Der verwaltete Mensch, S. 187.

Zwei Monate, bevor der Krieg im Weserbergland zu Ende ging, wurde dieser Transport tatsächlich noch zusammengestellt, und er ging auch nach Theresienstadt! Zwei Monate vor Kriegsende gab es noch Transportraum, um diese Menschen zu deportieren! Man kann daraus ersehen, welche Bedeutung die Vernichtung der Juden im Dritten Reich hatte. Sie hatte Vorrang vor der Kriegsführung.

Auf der Namensliste, die der Anweisung angefügt ist, finden sich sieben Namen jüdischer Frauen und Männer aus der Stadt Hameln sowie fünf Namen aus dem Kreis Hameln-Pyrmont. Zwei Männer, zehn Frauen. In Hameln war der Sammelplatz für die Deportation die Hermannschule. Dort hatten sich die Männer und Frauen mit ihrem Gepäck einzufinden.

Caroline Lampe

Die Jüdin Caroline Lampe (geborene Oppenheim) wird 1884 geboren. Sie heiratet den Forstbeamten Friedrich Lampe. Die Eheleute haben zwei Töchter. 1929 kommt die Familie in das Dorf Brünnighausen bei Coppenbrügge. Friedrich Lampe übernimmt dort die Leitung eines Forstamtes. Er ist im Dorf beliebt und geachtet. Caroline Lampe bleibt Jüdin, ohne freilich ihre Religion zu praktizieren. Die beiden Töchter werden evangelisch getauft und erzogen.

Im Dritten Reich hält die Dorfbevölkerung insgesamt zur Familie, obwohl die jüdische Herkunft von Caroline allgemein bekannt ist. Einzelne nur setzen das Gerücht in Umlauf, Frau Lampe sei Kommunistin. Der Ehemann erhält mehrere Vorladungen

Caroline und FriedrichLampe

zur Gestapo Hannover, die die Scheidung von der jüdischen Frau verlangt. Sein Gehalt wird gekürzt, Beförderungen werden verweigert – Friedrich Lampe hält seiner Frau die Treue.

Im Oktober 1944 wächst der Druck auf den Ehemann. Friedrich Lampe wird von der Gestapo verhaftet und zur Zwangsarbeit in das Konzentrationslager Holzen bei Eschershausen befohlen. Aber hier greift die vorgesetzte Forstbehörde in Hannover ein und schützt den Mann. Seine „Dienstverpflichtung" zur Organisation Todt, Bauleitung Eschershausen, wird „auf höhere Anweisung" aufgehoben. Friedrich Lampe darf nach Holzen zurückkehren.

Von der für den Februar vorgesehenen Deportation hatten die Eheleute vorher erfahren. Caroline war gewarnt worden. Aber sie hat offenbar nicht daran gedacht, sich zu verstecken. Als schließlich der Landrat des Kreises Hameln-Pyrmont beim Bürgermeister von Brünnighausen nach Caroline „Sara" Lampe fragt, hält sie sich noch im Dorf auf. Aber der Bürgermeister[284] (und mit ihm der Dorfpolizist) verleugnet die Existenz der Jüdin! Und auch das gesamte

284 Über die Motive des Dorfbürgermeisters, der als Nationalsozialist beschrieben wird, kann man natürlich nur Vermutungen anstellen. So gefährlich es einerseits war, Juden zu helfen, so verlockend war dies doch auch im Blick auf das nahe bevorstehende Ende des tausendjährigen Reiches! Einen Juden beschützt zu haben, konnte vor Vergeltungsmaßnahmen der Sieger schützen!

Dorf hält still. So entgeht Caroline Lampe der Deportation und überlebt das Dritte Reich.

Die 1924 geborene Tochter Ilse („Mischling I. Grades") erzählt von den offenen Angriffen der Lehrer, die sie im Victoria Luise Gymnasium zu ertragen hatte. Sie darf nicht zum BdM, verläßt mit 15 Jahren die Schule vorzeitig und arbeitet bis zum Kriegsende als Putzmädchen in einem Pyrmonter Krankenhaus.

Edith Schünemann

Die Jüdin Edith Schünemann wird 1905 in Bodenwerder geboren. Ihr Mädchenname ist Blumenthal. Die Eltern besitzen ein Manufakturwarengeschäft in Bodenwerder. Das Geschäft muß zu Beginn des Dritten Reiches aufgegeben werden. Der Ehemann, Friedrich Schünemann, ist erst im Geschäft der Schwiegereltern tätig, dann – nach der Geschäftsaufgabe – als Reisender; er ist „Arier".

In der vergeblichen Hoffnung auf Schutz vor den Rassegesetzen der Nationalsozialisten läßt sich Edith 1936 taufen; ihre beiden Töchter erzieht sie evangelisch. Jeden Monat muß sie sich beim Kreisleiter in Holzminden melden. Ihr Mann wird vom Kreisleiter brutal unter Druck gesetzt, sich von seiner jüdischen Frau scheiden zu lassen. Als Soldat wird er degradiert, mehrfach zur Zwangsarbeit in das Konzentrationslager Holzen eingeliefert. Der Mann hält zu seiner Frau.

Im Januar 1945 hört Friedrich Schünemann über den englischen Radiosender, daß nun auch jüdische Frauen aus Mischehen deportiert werden sollen. Er wendet sich daraufhin an den Hamelner Arzt Dr. Klages mit der Bitte um Hilfe. Als schließlich der Ortspolizist die Deportation für den nächsten Morgen sechs Uhr ankündigt, fährt

Edith und Friedrich Schünemann mit Tochter Gerda (um 1927)

Edith noch abends mit dem Zug nach Hameln. Dr. Richard Klages, Frauenarzt am Wilhelmsplatz, bringt sie mit mehreren anderen Verfolgten in seiner Station unter. Die mit Spritzen krank gemachte Frau ist nicht transportfähig und deswegen vor der Deportation geschützt.

Für die letzten Kriegstage sieht sich auch der Arzt überfordert; er meint, die Frauen nun nicht mehr schützen zu können. Edith Schünemann versteckt sich mit ihrem Mann in Kirchohsen – aus Angst vor fanatisierten Hitlerjungen, die als „Werwolf" weiterkämpfen wollen.

Auch hier ein Blick auf eine der Töchter. Mit 14 Jahren muß sie die Schule verlassen. Sie geht zu einer Familie nach Hannover und lebt dort als „Haustochter" praktisch untergetaucht bis Kriegsende.

Aus Berichten von Angehörigen ist bekannt, daß noch weitere Menschen der Deportation so kurz vor dem Kriegsende entgehen:

Frau Ida O. wird durch den Einsatz ihrer Töchter gerettet. Sie begleiten die Mutter zum Sammelplatz in der Hermannschule und weigern sich, die Mutter zu verlassen.

Frau Käthe H. wird durch den persönlichen Einsatz eines Bekannten in Hannover aus dem abfahrbereiten Zug geholt.

Gegen den Abtransport von Frau Adelheid F. protestiert ihr Ehegatte erfolgreich.

Frau Cäcilie Seutemann aus Bad Pyrmont entgeht der Deportation in einem Versteck in Neersen.[285]

So nah vor dem Kriegsende war der Mut der Menschen größer geworden, sich zu widersetzen.

Wahrscheinlich am 20. Februar 1945[286] fuhren dann insgesamt 220 Männer und Frauen von Hannover nach Theresienstadt.

Unter ihnen ist aus Hameln zum Beispiel Johanna I., geb. Pinczower. Die vierundsechzigjährige Frau ist mit dem Arbeiter Wilhelm I. verheiratet und lebt in Afferde. „Bis auf wenige Ausnahmen" kehrten die Deportierten einige Monate später, nach der Befreiung des Lagers Theresienstadt, in ihre Heimatorte zurück.[287]

Die aus Hameln kurz vor Kriegsende Deportierten überleben offenbar alle.

285 Vgl. DWZ vom 25. 2. 1995.
286 Buchholz, a. a. O., S. 237.
287 Buchholz, a. a. O., S. 238.

Fragen nach der Verantwortung

Die Täter in Hameln

Kein Zweifel: Der Täter ist Hitler. Ohne ihn hätte es die Vernichtung der Juden nicht gegeben. Er hat die Macht, beliebig Weisungen zu erteilen. Er formuliert große Pläne, regelt aber auch bisweilen winzige Details. Er selbst steht jenseits der Bürokratie. Aus seinen internen Äußerungen und aus seinen privaten Gedanken werden Gesetze und Verordnungen. Es kommt auch vor, daß wichtige Maßnahmen auf dem Gebiet der Judenpolitik ohne seine ausdrückliche Zustimmung ergriffen werden. Hier sind es vor allem Goebbels und Himmler, die sich in ihrem Eifer überbieten.[288]

Die Vernichtung der Juden war nicht zentralisiert. Es gab kein Budget, keinen Haushalt der Judenvernichtung, es gab auch kein spezielles Amt dafür. Die antijüdischen Maßnahmen verteilen sich auf

- den Staatsdienst und alle Behörden (auch Arbeitsamt und Finanzamt)
- die Partei und ihre Gliederungen
- bestimmte Berufsgruppen wie die Standesorganisationen der Ärzte und Rechtsanwälte, die Industrie- und Handelskammer
- die Banken u. a. m.

Bezahlen mußten die Juden ihre Ausgrenzung und Entrechtung und Vernichtung in allen ihren Schritten übrigens selbst. Dazu war das Instrument der „Reichsvereinigung der Juden in Deutschland" geschaffen worden.[289]

Wie es in Berlin Hitler und die Partei sind, von denen zunächst die entscheidenden Anstöße ausgehen, so ist es in der Stadt Hameln die Ortsgruppe der NSDAP und vor allem die SA, die zur offenen Gewalt gegen die Hamelner Juden greifen. Die pogromartigen Zustände des März und April 1933 und die Ereignisse in der Nacht des 9. November 1938 sind durch die Hamelner SA und NSDAP herbeigeführt worden.[290]

Die besondere Eigenart der Hamelner NSDAP und ihrer Organisationen verkörpert sich in ihrer Führung. Kalusche, Scheller, Teich, Melcher: vier Personen, die die Partei sogar selbst als Belastung empfunden und später aus ihren Ämtern entfernt hat.[291] Die vier Namen stehen stellvertretend für andere, die in Vergessenheit geraten sind. Sie stehen für Fanatismus und Roheit, für demonstratives Rabaukentum und gewollte Radikalität im Vorgehen gegen die Hamelner Juden. Für die wilden Ausschreitungen gegen die Hamelner Juden ist kein Mitglied der Hamelner NSDAP und SA jemals zur Rechenschaft gezogen worden.

Gegenüber der Stadtverwaltung erleben wir die Partei in einer antreibenden Rolle. 1935, kurz vor der Verabschiedung der Nürnberger Gesetze, äu-

288 Vgl. zum vorliegenden Kapitel insgesamt Raul Hilberg, Täter, Opfer, Zuschauer, S. 15–120.
289 S. o. , S. 81–83.
290 S. o. , S. 19–24 und 55–58.
291 S. o. , S. 41–42.

ßerten „alte Kämpfer" gegenüber dem Oberbürgermeister ihren Unwillen über die lasche Befolgung der Boykottmaßnahmen gegen die jüdischen Geschäfte in der Stadt.[292] Hat die Stadtverwaltung die Juden zu schützen versucht?

In der Zeit der Märzpogrome ist die alte, aus der Weimarer Zeit stammende Verwaltungsspitze noch im Amt. Der Oberbürgermeister Dr. Scharnow wurde von der NSDAP stark unter Druck gesetzt und mußte im Juli 1933 aus dem Amt ausscheiden. Der 2. Bürgermeister Dr. Harm, ein SPD-Mitglied, wurde am 31. März beurlaubt.[293] Eine ordnungsgemäße Führung der Verwaltung war zu dieser Zeit kaum gegeben. Die gesamte Verwaltung war von der Entlassung bedroht und wie paralysiert. Zum Terror auf den Straßen schwieg sie.[294]

Für die späteren Jahre, als Detlef Schmidt als Oberbürgermeister und Dr. Hans Krüger als besoldeter Stadtrat an der Spitze der nationalsozialistisch ausgerichteten Verwaltung standen[295], gab es gewiß Meinungsunterschiede über den Stil der Vorgehens. Die Forschheit der Partei und der von der SA praktizierte Antisemitismus der Straße haben die städtischen Behörden bisweilen gestört. Aber im Ziel, die jüdische Bevölkerung aus der Stadt und aus dem Geschäftsleben zu entfernen, waren sich beide einig.

Seit 1937 bemühte sich der nationalsozialistische Staat um die lückenlose Erfassung, die Kenntlichmachung, die Ausgrenzung der Juden. Hier wurde nun die Verwaltung auf ihren verschiedenen Ebenen und mit ihren verschiedenen Ämtern aktiv. Sie tat dies im vorgegebenen gesetzlichen Rahmen, in rechtsförmigem Gewande, still und reibungslos. Für die restlose Erfassung, Kennzeichnung, Isolierung und Ghettoisierung der Juden – entscheidende Schritte auf dem Wege hin zu ihrer Vernichtung – reichten die Maßnahmen der Verwaltung völlig aus. Dafür brauchte man auch keine besonders fanatischen Nationalsozialisten, sondern korrekte und fleißige Beamte.

Verschiedene Dienststellen des Rathauses waren beteiligt:

Das Einwohnermeldeamt erfaßte die Hamelner Juden namentlich in einer Kartei.

Das Standesamt veranlaßte die Eintragung des zusätzlichen Namen Sara bzw. Israel.

Die Schulleiter meldeten ihren „Bestand" an jüdischen Kindern, differenziert nach den Kriterien der Nürnberger Gesetze und nach aktueller Religionszugehörigkeit.

Die Kreispolizei zog die Führerscheine ein.

Die Ortspolizei sprach die Verfügung zur Einschränkung der Einkaufszeit der Juden auf die Zeit von 9–10 Uhr aus.

Das Vermessungsamt der Stadt nahm die „Wohnungsumsetzungen in die Judenhäuser" vor; es verwaltete und verwertete das Vermögen der Geflohenen und Deportierten.

292 S. o. , S. 35–37. Dasselbe geschieht noch einmal im Jahre 1941. Da mahnt die NSDAP-Ortsgruppe Hameln-Süd eine Festsetzung der Einkaufszeit für Juden an. Unmittelbar darauf wird vom Oberbürgermeister „die Zeit von 9–10 Uhr für die Einkäufe der Juden freigegeben." S. o., 78.

293 Vgl. Rollfing, Die Machtübernahme, S. 15.

294 Die pogromartigen Vorfälle des März und April 1933 werden teilweise noch von der Ortspolizei untersucht – freilich ohne Ergebnis.

295 Vgl. Rollfing, Nationalsozialismus in Hameln, S. 28. Detlef Schmidt ist seit Januar 1934 im Amt, Dr. Hans Krüger seit Dezember 1936.

Diese Liste ließe sich fortsetzen. Zum Verständnis des behördlichen Handelns muß man grundsätzlich sagen:

Es wird jede Behörde für ihre spezifische Aufgabe eingeschaltet – es gibt auch in Hameln kein zentrales Amt für Judenfragen.
Beamte und Verwaltungsangestellte, die mit der „Judenfrage" befaßt sind, handeln im Rahmen ihrer jeweiligen Kompetenzen.
Maßnahmen im Zusammenhang mit Juden machen nur einen kleinen Teil ihrer Tätigkeiten aus.

Und so haftet diesem ganzen Vorgang das Merkmal einer furchtbaren bürokratischen Normalität an.[296]

Auf ein besonders zynisches Merkmal des Täterhandelns muß hingewiesen werden. Immer wieder werden die Juden zur Mitwirkung verpflichtet.

Die jüdische Gemeinde muß ein Verzeichnis der Mitglieder, des jüdischen Hausbesitzes und der Wohnverhältnisse vorlegen.
Die Juden müssen den Vornamen Sara bzw. Israel eigens beantragen, die Änderung im Standesamtsregister auch bezahlen.
Der Kaufpreis für das Synagogengrundstück wird mit der Begründung auf ein Sperrkonto eingezahlt, daß davon die Auswanderung der armen Hamelner Juden bezahlt werden soll.
Die Juden müssen den Stern kaufen.

Obwohl die meisten „Judensachen" – wie geschildert – von den unterschiedlichen Ämtern der Stadtverwaltung im Rahmen ihrer normalen Tätigkeit betrieben wurden, traten doch einzelne städtische Beamte als treibende Kräfte immer wieder in Erscheinung. Da war vor allem der Vermessungsrat Reiche, der die „Umsetzungen" in die Judenwohnungen betrieb, und da war der Stadtrat Dr. Krüger, bei dem laut Weisung des Oberbürgermeisters alle „Judensachen" konzentriert waren. Als sich mit dem Jahre 1938 die gesetzlichen Maßnahmen gegen die Juden häuften und die Richtung auf ihre endgültige „Ausschaltung" hin sich deutlicher abzeichnete, traf der Hamelner Oberbürgermeister eine Entscheidung über die Zuständigkeiten, um die Verwaltungsvorgänge zu straffen:

„Die Bearbeitung aller Angelegenheiten der Juden wird unter dem Dezernat des Stadtrats Dr. Krüger der Abteilung 10 übertragen. Die Sachbearbeitung erfolgt durch Stadtinspektor Grote."[297]

Dr. Hans Krüger, geboren am 5. April 1905 in Wolfenbüttel, war auf Veranlassung des Kreisleiters Dröge nach Hameln geholt worden. Er wurde hier am 1. Dezember 1936 zum besoldeten Stadtrat ernannt.[298] In seine Zuständigkeit fielen im wesentlichen soziale und rechtliche Angelegenheiten. Er war außerdem Vertreter des Oberbürgermeisters. Daß Krüger ein überzeugter Nationalsozialist gewesen ist, wird aus seinen übrigen Ämtern deutlich. Krüger war „Kreisbeauftragter des ras-

296 Jenseits dieser furchtbaren bürokratischen Normalität kommt es auf Seiten der Stadtverwaltung auch zu offenen Unrechtshandlungen. Die Einweisung in „Judenwohnungen" wird in Hameln nicht nur sehr früh, sondern auch unter starkem Druck vollzogen. Der eigenmächtige Abriß der gebrandschatzten Synagoge sowie die erpresserischen Verhandlungen um den Kauf von Synagogengrundstück und Lehrerhaus fallen aus dem Rahmen.

297 StA HM 1, 3138; am 19. 12. 1938.

298 Zu Krüger vgl. seine Personalakte im Personalamt der Stadt Hameln; außerdem Rollfing, Nationalsozialismus in Hameln, S. 28.

senpolitischen Amtes" der NSDAP und hielt in dieser Funktion Vorträge über „Rassenschande". Die SA-Mitgliedschaft besaß Krüger seit 1933, Parteimitglied war er seit 1935, außerdem war er Rechtsberater der SA-Standarte. Seit dem 21. Februar 1940 leistete Krüger Wehrdienst in der Heeresverwaltung. Zur Zeit der Deportationen war er also nicht mehr in Hameln.[299]

Gerhard Reiche, geboren am 19. August 1888, war als Vermessungsrat seit 1913 bei der Stadt Hameln beschäftigt.[300] Zu seinen Aufgaben gehörte auch die Verwaltung der Liegenschaften der Stadt und die Grunderwerbspolitik. Reiche war seit 1933 Mitglied im Reitersturm der Hamelner SA-Standarte 164, später auch Parteimitglied. Er war verantwortlich für die Zusammenlegung der Hamelner Juden in sogenannten Judenwohnungen und verwaltete und verwertete das Vermögen der Geflohenen und Deportierten. Die Einberufung zur Wehrmacht als Landvermesser im Jahre 1943 setzte seiner Tätigkeit in Hameln ein Ende. Aber zu dieser Zeit waren fast alle Hamelner Juden deportiert.

Im Jahre 1951 sehen wir beide Beamte in ihrem angestammten Amt bei der Stadt Hameln beschäftigt. Beide waren sie nach Kriegsende entlassen worden, beide hatten sie sich einem Entnazifizierungsverfahren unterziehen müssen.

Bei Krüger endete das Entnazifizierungsverfahren am 28. Januar 1949. Krüger wurde in Kategorie IV („Unterstützer") eingestuft. Er ging straflos aus und unterlag keiner beruflichen Beschränkung. Unmittelbar nach Abschluß des Verfahrens verlangte er seine Wiederbeschäftigung als Stadtrechtsrat bei der Stadt Hameln. Der damalige Oberbürgermeister sträubte sich vergeblich gegen die Wiedereinstellung. Seit dem 1. November 1949 arbeitete Krüger wieder für die Stadt, zunächst als „juristischer Mitarbeiter", ab 1. November 1950 wieder in seinem alten Amt als Stadtrechtsrat – bis zu seiner Pensionierung im Jahre 1969.

Reiche wurde in einem Verfahren der britischen Militärregierung in Kategorie III („Nazi, minderbelastet") eingestuft. Vor einem deutschen Berufungsausschuß erreichte er schließlich am 3. September 1948 dieselbe Einstufung wie Krüger (Kategorie IV „Unterstützer"). Einer Wiedereinstellung in die Verwaltung stand damit nichts mehr im Wege, und Reiche setzte sie auch durch.[301] Bis zu seiner Pensionierung im Jahre 1953 stand Reiche in den Diensten der Stadt Hameln.

Am 10. Oktober 1951 erreicht eine Anfrage des Rechtsamtes der Stadt Hannover die Stadt Hameln. Die Stadt Hannover war von einem Juden, der im Herbst 1941 seine Wohnung und seine Möbel hatte aufgeben müssen und in eine sogenannte Judenwohnung eingepfercht worden war, auf Wiedergutmachung verklagt worden. Nach Meinung der Stadt Hannover war für diese „Aktion" aber nicht die Kommune, sondern allein die Partei in Person des Gauleiters Lauterbacher verantwortlich.[302] Für ihre Position sucht die Stadt Hannover nun Zeugen und Verbündete in anderen Städten.

Dieser Brief landet nun auf dem

[299] In den vorliegenden Akten tritt er häufig hervor, zum Beispiel bei der Ausweisung der Familie Kamenetzky (S. 52 f) und beim Verkauf der Synagoge (S. 67).

[300] Zu Reiche vgl. seine Personalakte im Personalamt der Stadt Hameln.

[301] Vgl. Nds. HStA Hannover Hann 80 Hann II g Nr. 179 und Personalakte Reiche.

[302] Zur „Aktion Lauterbacher" vgl. Buchholz, Die hannoverschen Judenhäuser, S. 39–55.

Schreibtisch von Stadtrechtsrat Dr. Krüger. Krüger[303] leitet den Vorgang „an Herrn Vermessungsrat Reiche" weiter, der erst seit einigen Tagen wieder im Amt ist. Reiche formuliert am 7. November die folgende handschriftlich niedergelegte Stellungnahme:

„Soweit ich mich entsinne, lag der derzeitigen Evakuierung der jüdischen Familien eine Regierungsverfügung zugrunde. Betrieben wurde damals die Evakuierung von der Kreisleitung (Wöhning), der die Stadt (Wohnungsamt) wegen der Feststellung der betr. Wohnungen heranzog. Gez. Reiche, 7. 11. 1951."[304]

Krüger übernimmt für seine Antwort Reiches Stellungnahme, erweitert sie etwas und schickt dann den folgenden Brief an das Rechtsamt der Stadt Hannover:

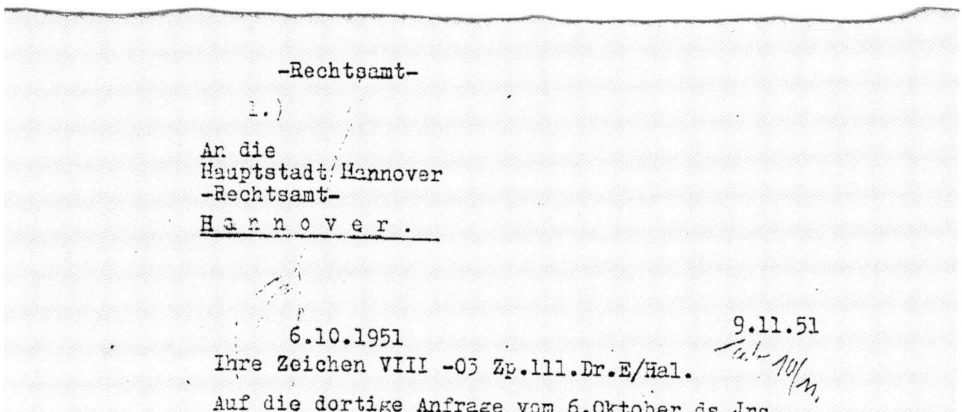

-Rechtsamt-

1.)

An die
Hauptstadt Hannover
-Rechtsamt-

H a n n o v e r .

6.10.1951 9.11.51

Ihre Zeichen VIII -03 Zp.111.Dr.E/Hal.

Auf die dortige Anfrage vom 6.Oktober ds.Jrs. teilen wir mit, daß nach den hiesigen Feststellungen die Zusammenfassung der in Hameln wohnenden jüdischen Familien in sog. Judenwohnungen auf Veranlassung der Kreisleitung der NSDAP. erfolgte. Bei der Feststellung der betreffenden Wohnungen wurde das städtische. Wohnungsamt beteiligt. Nach unseren Ermittelungen soll für diese Maßnahme eine Verfügung der Regierung maßgebend gewesen sein, die hier aber nicht bekannt ist. Es wird angenommen, daß diese Vorgänge während des Krieges beseitigt wurden. Über den Verbleib der in den früheren Wohnungen zurückgelassenen Möbel ist ebenfalls nichts Näheres bekannt, wahrscheinlich hat auch darüber die Kreisleitung der NSDAP. verfügt.

2.) Der Oberstadtdirektor
J.A.

(Dr. Krüger)

Schreiben des Stadtrechtsrates Dr. Krüger

303 Laut maschinenschriftlicher Notiz auf dem Original des Briefes vom 5. 11. 1951, StA HM 1, 371.
304 Der gesamte Vorgang liegt im StA HM 1, 371.

In der gleichen Sache hatte das Oberlandesgericht Celle direkt bei der Stadt angefragt. Dem Oberlandesgericht trägt Krüger in seiner Antwort vom 27. November fast wortgleich dieselben „Feststellungen“ vor, fügt freilich noch hinzu, daß „sowohl die leitenden Beamten der Stadtverwaltung als auch die Sachbearbeiter nicht mehr gefragt werden können.“

Dieselben Beamten, die im Dritten Reich in Hameln die „Judenangelegenheiten“ bearbeitet haben, sitzen wieder in Amt und Würden. Alle persönliche Verantwortung und jede Beteiligung der Stadt wälzen sie ab – auf die Partei, deren Hamelner Vertreter verschwunden sind, und auf die nationalsozialistische Regierung in Berlin, die nicht mehr im Amt ist. Die Kontinuität der Jahre vor und nach 1945 reicht tief. Sie ist nicht nur in den Personen gegeben, die wieder im Amt sitzen, in der Sprache von Reiche und Krüger zeigt sich auch die Kontinuität des Denkens.[305]

Werner Frankenstein, der sich nun Israel Paran nennt, war 1946 für einige Tage aus Israel in seine Geburtsstadt zu Besuch gekommen. Sein Eindruck nach vielen Gesprächen mit ehemaligen Bekannten und Freunden: „Niemand wollte es gewesen sein.“

Die Zuschauer in Hameln

Die meisten Zeitgenossen der jüdischen Katastrophe sind weder Täter noch Opfer.[306] Doch viele sehen oder hören von dem Geschehen, sie sind Zuschauer. Und auch wer sich abwendet und weder fragt noch auf Gerüchte hört, behält ein dumpfes Bewußtsein. Das Verschwinden der Juden oder das Freiwerden ihres Besitzes signalisiert deutlich genug, was vor sich geht. Man konnte das Geschehen nicht völlig ignorieren. In einigen Bereichen werden die Zuschauer selbst zu Tätern. Sie nutzen das Unglück der Juden aus und schlagen Profit daraus. Aber es gibt auch jene, die den Gejagten helfen.

Judenverfolgung spielte sich nicht hinter verschlossenen Türen ab. Wenn die Bevölkerung auch nicht über die vielfältigen Gesetze und Erlasse informiert war, so waren doch die Auswirkungen antijüdischer Politik in einer Kleinstadt wie Hameln niemandem verborgen. Die pogromartigen Aus-

305 Die Haltung von Reiche und Krüger ist kein Einzelfall, im Gegenteil, sie ist damals die Regel. Der Deutsche Städtetag war vom Oberlandesgericht Celle ebenfalls um eine Stellungnahme zu der Frage gebeten worden, welche Rolle die städtischen Verwaltungen bei der zwangsweise erfolgten Zusammenlegung der Juden in „Judenhäusern“ gespielt hatten.
Der Deutsche Städtetag formuliert die folgende Stellungnahme: „Im Herbst 1941 ist auf Anordnung oberster Parteistellen der NSDAP ‚mit Billigung des Führers‘ allgemein, besonders aber in den größeren Städten, ein gleichzeitiges Vorgehen gegen die jüdische Bevölkerung eingeleitet worden, in deren Zug diese aus ihren Wohnungen entfernt wurde, ohne daß ihr dabei hinreichende Möglichkeit gegeben wurde, ihr Hab und Gut mitzunehmen oder zu bergen. … Die Stadtverwaltungen waren über diese sog. ‚Evakuierungs‘-Aktion nicht unterrichtet und auch mit deren Durchführung nicht beauftragt.“
Nach der Argumentation des Deutschen Städtetages sei deutlich zu erkennen, „daß schlagartig von den obersten Parteistellen mit Billigung des Führers eine Großaktion von riesigem Ausmaß eingeleitet worden ist und daß diese nicht auf die Initiative örtlicher Stellen, insbesondere von Gemeindebehörden zurückging“ – so der Schlußsatz des Briefes (StA HM 1, 371; Schreiben vom 1. 8. 1951).
Diese Darstellung mag für die Vorgänge in Hannover gelten, die tatsächlich auf Gauleiter Lauterbacher zurückgehen. Die Beamten der Stadt Hameln aber können ihre Verantwortung nicht auf die Partei abwälzen.

306 Vgl. zum ganzen Kapitel Hilberg, Täter, Opfer, Zuschauer, S. 215–293.

schreitungen gegen die jüdischen Geschäfte im Jahre 1933 geschahen in aller Öffentlichkeit. Jüdische Läden wurden geschlossen, und die neuen Inhaber zeigten stolz den Wechsel des Besitzers an. Jüdische Schüler verschwanden von den Schulen. Alle wußten von der Brandschatzung der Synagoge und der Demolierung der jüdischen Friedhöfe. Allein der letzte Akt, die Deportationen aus Hameln, geschah wohl nicht in der Öffentlichkeit. Aber daß nun Wohnungen plötzlich leer standen, daß Menschen fehlten, auch das mußte von vielen Bürgern bemerkt worden sein.

Die Verbreitung und der Grad des Antisemitismus in der Hamelner Bevölkerung lassen sich kaum erfassen. Es gibt nur einzelne Indizien.[307]

Da liegt im Stadtarchiv ein undatiertes Foto. Es zeigt Wallbaums Weinstuben Ecke Bürenstraße / Kaiserstraße, nur wenige Schritte von der Synagoge entfernt. Im Fenster der Gaststätte hängt ein Schild; nur mit der Lupe ist der Text auf dem Foto lesbar: „Juden unerwünscht". – Niemand verlangte von einem Wirt, ein solches Schild auszuhängen. Es ist der alltägliche, der gewöhnliche Antisemitismus der Bürger, der in seiner Summe die Brutalitäten der SA erst möglich macht! Hier greifen wir den Antisemitismus der Zuschauer. Er muß nicht zur Tat werden, aber die Grenzlinie zwischen Zuschauern und Tätern ist bisweilen denkbar schmal.

Es gibt auch die, die aus dem Unglück der Juden Profit schlagen, die Gewinner. Sie ergreifen die Gelegenheit, ein Geschäft oder ein Haus billig zu erwerben. Die Verdrängung der Juden hat neben der ideologischen vor allem auch eine materielle Seite. Das beginnt mit den Berufsverboten gegen jüdische Ärzte und Rechtsanwälte, die von den Standesorganisationen der Ärzte und Rechtsanwälte aktiv mitgetragen werden. Das setzt sich fort in den „Arisierungen" jüdischer Geschäfte, Grundstücke und Häuser. Die Juden waren gezwungen, fast jeden Preis zu akzeptieren, der ihnen geboten wurde.[308]

Groß ist die Gier nach den Wohnungen der jüdischen Menschen. Immer wieder wenden sich Hamelner Bürger an die Stadtverwaltung mit der Bitte, Juden aus ihren Wohnungen und Häusern hinauszuwerfen. In einem Falle lautet die Begründung, es sei unzumutbar, im Luftschutzkeller „in Gesellschaft dieser Rasse ... zu verweilen".[309] Diese Gier hat die sogenannten Entmietungen und Zwangsumsetzungen mit Sicherheit beschleunigt.

Und wer nicht, wie so viele Bürger damals, die Juden haßt oder ihre Not auszunutzen versucht, der hat doch allen Grund, jüdische Menschen zu meiden. Wer in dieser Zeit noch mit Juden Umgang hat, mußte mit Denunziation rechnen und um seine persönliche Sicherheit besorgt sein. Denunziation war im Dritten Reich weit verbreitet. Die Gefährlichkeit der personell eher schwach besetzten Gestapo beruhte zu einem Teil auf der großen Bereitschaft der Bevölkerung, ihre Mitmenschen heimlich gegenüber der Polizei zu beschuldigen.

Ein Beispiel für eine Denunziation haben die Akten des Stadtarchivs erhalten. Ernst Haase, der Besitzer des Restaurants am Schlachthof, Schlachthof-

[307] Dieses Kapitel ist mehr als die vorhergehenden mit Unsicherheiten belastet. Es fehlt weitgehend an aussagekräftigem Aktenmaterial. Ganz schwierig ist es, zum Thema „Zuschauer" Interviewpartner zu finden, und wie sehr vermag die Erinnerung gerade hier zu trügen.

[308] Nach 1945 kommt es hier in vielen Fällen zu gerichtlichen Nachprüfungen und anschließend auch zu Wiedergutmachungszahlungen. Siehe die Akte im StA HM 1, 3136.

[309] Schreiben vom 6. 10.1939, StA HM 1, 3136.

straße 18, berichtet 1937 dem Hamelner Oberbürgermeister, „daß ich persönlich Herrn Sch. mit einer Kuh am Strick und dem Juden S. Weinberg, für den er die Kuh zum Schlachthof trieb, auf der Ringstraße getroffen habe, welches der Jude W. bestätigen muß. Auch hat Herr Sch. dem Juden W. viele Gefälligkeiten erwiesen, zum Beispiel auf dem Schlachthof, wo er die Köpfe von dem Juden geschlachtete Ziegen an andere Volksgenossen für Weinberg verkauft haben soll (!). Dieses ist kürzlich bei mir im Lokal erzählt worden, wofür ich den Zeugen bringen kann. Heil Hitler. E. Haase."

Der vorliegende Fall geht glimpflich aus. Die Denunziation wird vom Oberbürgermeister mit der Begründung niedergeschlagen, der Vorfall liege über drei Jahre zurück.[310]

In den Akten des Stadtarchivs finden sich drei ganz parallel lautende Beispiele aus dem Jahre 1939, die belegen, wie gefährlich es war, für Juden Arbeiten auszuführen.

Da läßt sich der Friedhofsgärtner Michelsen von dem Hamelner Oberbürgermeister eine förmliche Bescheinigung ausstellen: „Ich bin damit einverstanden, daß der Gärtnereibesitzer Michelsen für Rechnung der jüdischen Gemeinde auf dem jüdischen Friedhof Scharnhorststraße Arbeiten ausführt."[311]

Der Tischlermeister Rötz, Hameln, Große Hofstraße, erhält auf seine Bitte hin den folgenden Brief: „Ich habe nichts dagegen einzuwenden, daß Sie für die verstorbene Ehefrau Birnbaum einen Sarg herstellen."[312]

Der Arbeiter Heinrich Pracht bekommt immerhin noch die schriftliche Zusicherung des Oberbürgermeisters: „Es ist mir keine Verordnung bekannt, die es verbietet, daß Sie für die jüdische Gemeinde die Reinigung des Fußsteiges vor dem Friedhof ausführen."[313]

Wer für Juden arbeitet – von Hilfe ist ja noch gar nicht die Rede – , muß sich des Schutzes der Obrigkeit vergewissern, ist vor Denunziationen und auch tätlichen Angriffen „deutscher Volksgenossen" nicht sicher. Immer wieder kann man hören, daß es für die Angehörigen ganz schwierig war, für einen verstorbenen Juden einen Sarg zu bekommen.[314] Ein Hamelner Tischler, der mehrmals Särge für verstorbene Juden angefertigt hat, ist als „Judentischler" verschrien. 1938 brennen ihm Haus und Werkstatt nieder. Polizeiliche Ermittlungen wegen Brandstiftung verlaufen im Sande.

Gibt es noch aktiven Antisemitismus in der Bevölkerung zu einer Zeit, als die Juden als Zielscheibe des Hasses mehr und mehr aus der Öffentlichkeit verschwinden und der Krieg mit seiner Fülle an Belastungen die Menschen besetzt hält? Die Frage ist kaum zu beantworten. Spätestens seit Beginn des Krieges muß es stumm geworden sein um die Juden.

Daß es nicht nur Haß und Besitzgier, nicht nur Wegschauen oder Angst, nicht nur Gleichgültigkeit, sondern daß

310 Am 9. 7. 1937; StA HM 1, 604. Die Abkürzungen im Zitat entsprechen denen im Original. Bei der Niederschlagung der Denunziation mag auch eine Rolle gespielt haben, daß der Denunzierte Ratsherr war.

311 Schreiben vom 4. 8. 1939 in der Akte über den Jüdischen Friedhof im Grünflächenamt der Stadt Hameln.

312 StA HM 1, 3138 aus dem Jahre 1939; zum Tod von Frau Birnbaum S. o., S. 99.

313 StA HM 1, 439, Schreiben vom 21. 2. 1939.

314 Etwa bei Martha Cohn, s.o., S. 80. Den ganzen Krieg hindurch finden – in aller Heimlichkeit – Bestattungen auf dem jüdischen Friedhof statt – jedoch stammt der letzte Grabstein auf dem Friedhof aus dem Jahre 1934! Seitdem ist kein Steinmetz bereit, für einen Juden zu arbeiten.

es bisweilen auch Hilfe und Zuwendung gegenüber den Juden gab, ist oben an manchen Stellen deutlich geworden. Wer freilich Beziehungen halten wollte, wer gar helfen wollte, tat gut daran, offene Kontakte zu meiden, nicht gesehen zu werden. Da schickt eine Familie mehrmals die kleine Tochter in die Neue Marktstraße 13 mit Näharbeiten und Lebensmitteln.[315] Da fertigt ein Tischler einer Frau, die sich zum Transport nach Theresienstadt bereit machen muß, eine Transportkiste an.[316] Da schützt schließlich ein Hamelner Arzt eine jüdische Frau aus einer „Mischehe" vor der Deportation, indem er sie in seine Klinik aufnimmt und künstlich krank macht.[317] Das waren – vom letzten Beispiel abgesehen – keine Handlungen, die die Katastrophe haben aufhalten können, aber doch Zeichen von Mut und Menschlichkeit in einer unmenschlich gewordenen Welt.

Die Beispiele dürfen nicht darüber hinwegtäuschen, daß die Juden seit 1939 in den deutschen Städten in völliger Isolierung von der übrigen Bevölkerung lebten. Heydrich hatte die Einrichtung spezieller, leicht zu kontrollierender Judenghettos in den deutschen Städten abgelehnt. Er bevorzugte die Kontrolle der Juden durch den wachsamen Blick der Bevölkerung. „Daß ein Heer von Deutschen, Männern wie Frauen, ständig bereit war, alles Verdächtige in der jüdischen Gemeinschaft ständig zu berichten,"[318] in dieser Annahme hat sich Heydrich offensichtlich nicht getäuscht. Im Vergleich zu anderen Ländern war in Deutschland „der Unterschied zwischen Tätern und Zuschauern am wenigsten ausgeprägt."[319]

Nach der Vernichtung

„Alle Juden, ob getauft oder ungetauft, haben sich auf dem Rathaus zwecks Registrierung zu melden." Diesen in der Sprache und den Kategorien dem Dritten Reich verpflichteten Aufruf der Stadtverwaltung druckt die DWZ am 2. August 1946. Wir wissen nichts über die Gründe für den Aufruf, und auch über sein Ergebnis hat sich in den städtischen Akten nichts erhalten. Aber Mutmaßungen sind hier gar nicht nötig. Von den 1941 und 1942 Deportierten konnte niemand zurückkehren. Sie sind alle in den Vernichtungslagern ermordet worden.[320] Von den aus Hameln und aus Deutschland vertriebenen Juden wollte niemand in die „Vaterstadt" zurückkehren. Zu tief saß das Trauma der Verfolgung und Entrechtung.

„Jede Erinnerung an diese Zeit kostet mich ein Stück Gesundheit", so formuliert ein ehemaliger Hamelner Jude im Rückblick auf die Zeit seiner Verfolgung. Der Mann war nach dem fürchterlichen Buchenwaldaufenthalt 1939 nach Südamerika entkommen. Weil der alte Mann die Hitze in Ecuador nicht mehr ertragen kann, kommt er 1957 nach Deutschland zurück, aber eben nicht nach Hameln.[321]

315 Zu Martha Cohn, vgl. S. 80.
316 Zu Johanne Michaelis, vgl. S. 95.
317 Zu Edith Schünemann, vgl. S. 118 f.
318 Hilberg, Täter, Opfer, Zuschauer, S. 216.
319 Hilberg, a. a. O., S. 215.
320 Zu Henrietta Birnbaum s.o., S. 102f.
321 DWZ 8. 11. 1978.

In Hameln überleben und bleiben einige Menschen, die von den Nürnberger Rassegesetzen zu Juden gemacht worden waren, die sogenannten Mischlinge, und Menschen jüdischen Glaubens, die durch ihre Heirat mit einem Nichtjuden vor der Katastrophe geschützt worden waren.

Beide Gruppen waren verfolgt worden, hatten sich aber durch die Katastrophe retten können. Nur ein kleiner Teil dieser Menschen versteht sich noch als jüdisch, vermeidet aber peinlich, sich öffentlich zum Judentum zu bekennen.

Es ist dem Dritten Reich damit gelungen, fast alle Spuren jüdischen Lebens in Hameln dauerhaft auszulöschen.

Die allerersten Schritte, den Ermordeten und Vertriebenen Gerechtigkeit und Gedenken widerfahren zu lassen, gehen von der britischen Besatzungsmacht aus. Auf Anordnung der Briten und auf Drängen der jüdischen Gemeinde in Hannover erklärt sich die Stadt Hameln am 6. April 1946 bereit, „den Friedhof wieder, so gut es geht, instandzusetzen."[322] Die Stadtverwaltung beauftragt am selben Tage einen Steinmetzmeister mit den Wiederherstellungsarbeiten. Es ist ausgerechnet derselbe Steinmetz, der die Steine 1943 zum Abtransport und zur Weiterverwendung erworben und das Friedhofsgelände gepachtet hatte.[323]

Die damals vorgenommene Rekonstruktion des Friedhofs – für sie standen 3000 DM zur Verfügung – war offensichtlich sehr unvollkommen. So hat man sich nicht die Mühe gemacht, zerschlagene Steine wieder zusammenzusetzen. Dr. Ernst Katzenstein, der als Offizier der US-Armee den Friedhof 1949 und 1950 besucht, findet zunächst keine Spur der Gräber seines Vaters und seiner beiden Onkel. Er berichtet, daß noch 1949 an der Mauer rechts vom Eingang des Friedhofes eine Reihe zusammengetragener und zerschlagener Steine lag.[324]

Ebenfalls auf Weisung der Besatzungsmacht hat die Stadtverwaltung bereits am 7. August 1945 ein „Verzeichnis über jüdische Grundstücke innerhalb der Stadt Hameln" angelegt.[325]

In einer größeren Zahl von Fällen kommt es in den folgenden Jahren zu gerichtlichen Wiedergutmachungsverfahren. Häufig sind es die überlebenden Angehörigen von deportierten Juden, die die Prozesse anstrengen. Falls es keine Überlebenden gibt, werden auch jüdische Organisationen tätig.[326] In vielen Fällen führen die Prozesse zu Entschädigungszahlungen; die Verkäufe selbst werden nicht rückgängig gemacht.

Die Stadt Hameln bleibt im Besitz des Grundstückes der ehemaligen Synagoge, ohne daß es hier zu einem Wiedergutmachungsverfahren kommt. Hier fehlte ein Kläger.

Das Gelände wird als Garten genutzt; die Stadt Hameln hat es an den Mieter des ehemaligen Lehrerhauses verpachtet.

322 Akte über den Jüdischen Friedhof im Grünflächenamt der Stadt Hameln; Schreiben vom 6. 4. 1946.

323 Am 5. Oktober 1945 waren Pachtvertrag und Kauf entschädigungslos rückgängig gemacht worden. Siehe Akte über den Jüdischen Friedhof im Grünflächenamt.

324 Vgl. die Briefe von E. Katzenstein, in der Akte über den Jüdischen Friedhof im Grünflächenamt.

325 StA HM 1, 3136.

326 Im Falle Moritz Marcus – Georg Saul, Osterstraße 13, ist es die Jewish Trust Corporation.

Es dauert achtzehn Jahre, bis sich die Stadt Hameln dazu entschließt, auf einer Ecke des Grundstückes, auf dem sich inzwischen ein Spielplatz befindet, einen Gedenkstein zu errichten. Am 26. November 1963 wird der schlichte Stein feierlich eingeweiht. Er trägt die Inschrift:

„Menschen verstummen – Steine reden immer. Zum Gedenken an den Untergang der jüdischen Gemeinde Hameln in den Jahren 1933–1945."

Die schrecklichen Ereignisse in der Nacht des 9. November 1938 werden in Hameln nicht vor Gericht gebracht.[327]

Verzeichnis über

jüdische Grundstücke innerhalb der

Stadt Hameln.

-.-.-.-

Bezeichnung des Grundstücks	Früherer Eigentümer	Jetziger Eigentümer
Bürenstrasse 5	Synagogengemeinde	Stadtgemeinde Hameln
Emmernstrasse 19	Moritz Salm (zur ideellen Hälfte)	Ehefrau des Generaloberarztes Dr. Mohr
Osterstrasse 7	Frl. Michaelis	Blumenhändler Pfohl
Kastanienwall 3	Witwe Kratzenstein	Deutsches Reich
Am Markt No. 1	Salomon Keyser	Salomon Keyser
Ritterstrasse 1	Salomon Keyser	Kaufmann Kolle
Pferdemarkt 8	Witwe Katz	Frau Bültemeyer
Emmernstrasse 28	Hammerschlag	Klempnermeister Heusing
Ostertorwall 34	Dr. Gradnauer	Dr. Gradnauer (Verwalter Kater)
Deisterstr. 45	Goldstein	Kaufmann Wellner
Münsterkirchhof 13	Bernstein	Interessengemeinschaft (Popken, Lohmann, Molsen, Müschen, Mönnich)
Bäckerstrasse 25	Behrend	Deutsches Reich
Bäckerstrasse 45	Friedheim	Kaufmann Holtmann
Neuemarktstrasse 13	Frankenstein	Fritz Lütke, Hesslingen
Fischpfortenstr. 4.	Goldmann	Deutsches Reich.
Friedhof	Synagogengemeinde	Synagogengemeinde
Ostertorwall 7	Goldstein	Heinr. Ruf
Klütstrasse 1	Goldstein	Landwirt Kurt Brandes
Marienthalerstr.	Albert Steinberg (Wollwarenfabrik)	G.m.b.H.Anteile sind auf den Fabrikanten Mertens übergegangen.

Verzeichnis über ehemals jüdische Grundstücke

[327] Warum das unterbleibt, ist unklar. Zu Prozessen kommt es z. B. in Hehlen und in Bad Pyrmont; s.o., S. 55.

Dr. Ernst Hammerschlag

Dr. Ernst Hammerschlag hat als einziger aus seiner Familie das Dritte Reich überlebt. Sein Brief stammt aus dem Jahre 1963.[328]

„Sehr geehrter Herr Sielaff!

Ihr Schreiben vom 23. 10. und auch das frühere habe ich erhalten und daraus ersehen, daß Sie sich als Stadtjugendwart für das Schicksal unserer kleinen Gemeinde in der Zeit des Dritten Reiches interessieren. Ich konnte Ihnen bisher leider nicht antworten, weil ich selbst herzkrank bin und meine Frau zu hause leider auch krank liegt. Es sind die Folgen der schweren Zeit, die wir durchleben mußten und an denen wir jetzt noch tragen. Nebenbei muß ich auch noch arbeiten, um uns den Unterhalt zu verdienen.

Was nun zunächst meine Person angeht, so bin ich im März 1901 in Hameln geboren. Mein Vater war dort seit 1896 als selbständiger Kaufmann tätig. Ich hatte noch einen älteren 1897 geborenen Bruder, der aber im Herbst 1942 mit Frau und einem sechsjährigen Kinde deportiert wurde. Er ist, wie ich später ermitteln konnte, in einem der berüchtigten polnischen Lager umgekommen ebenso wie seine Frau und sein Kind. Einige Monate später wurde meine noch lebende Mutter im Alter von siebzig Jahren nach Theresienstadt deportiert und ist dort ebenfalls umgekommen.

Ich habe mich in dieser schlimmen Zeit in Belgien und später in Frankreich verbergen können und wie durch ein Wunder mit Gotteshilfe überleben können. Erst 1949 konnte ich nach Deutschland zurückkommen und habe niemanden meiner Angehörigen und nichts von unserer Habe mehr angetroffen. Sogar das Grab meines 1935 gestorbenen Vaters war auf unserem kleinen Friedhof nicht mehr auszumachen. Der Friedhof ist ja zerstört worden.

Man spricht ja heute nicht mehr gerne von diesen Dingen, weil man immer wieder in traurige Stimmung verfällt, und das tut mir gesundheitlich nicht gut. Meine kranke Frau und ich sind die einzigen Überlebenden einer einst großen Familie. Wäre ich jünger und bei Kräften, würde ich noch auswandern und in einem anderen Lande Vergessen suchen.

Die früheren Mitglieder der Gemeinde kenne ich noch. Mit einigen habe ich auch im Briefwechsel gestanden, von anderen wieder habe ich nichts mehr gehört. Man schreibt sich gelegentlich wohl einmal, aber dann schläft der Briefwechsel auch wieder ein. Mit Kurt Adler habe ich einen Briefwechsel gehabt, mit den Friedheims Söhnen nicht. Mit Dr. Katzenstein, dem früheren Anwalt dort, habe ich auch einige Male gesprochen; er wohnt in Frankfurt a. M. Sonst habe ich keine Berührung mehr mit Gemeindemitgliedern gehabt.

Das ist, was ich Ihnen mitteilen kann. Wenn Sie noch irgendwelche Fragen haben und ich sie beantworten kann, bin ich dazu bereit. Für heute darf ich Sie freundlichst begrüßen

als Ihr ergebener Dr. E. Hammerschlag."

328 StA HM Akte Korrespondenz mit Juden. Adressat des Briefes ist der Stadtjugendwart Sielaff, der sich in Hameln als erster nach dem Krieg darum bemüht hat, mit den vertriebenen Juden Kontakte zu knüpfen.

Die Opfer

Das vorliegende Gedenkbuch hat die Aufgabe, an die Bürgerinnen und Bürger jüdischen Glaubens oder jüdischer Herkunft Hamelns zu erinnern, die während der Zeit des Nationalsozialismus ermordet wurden.

Es verzeichnet einhundert Namen von Menschen, die in Hameln geboren wurden, in dieser Stadt lebten oder Hameln als Wohnsitz nahmen. Aufgenommen wurden auch Bewohner der unmittelbar angrenzenden Dörfer.

Die Mehrzahl der Ermordeten hat die Stadt Hameln vor der Katastrophe verlassen, häufig deswegen, weil sie sich angesichts des alltäglichen Antisemitismus in der Anonymität der Großstädte sicherer fühlten. Diese boten noch ein funktionierendes jüdisches Wohlfahrtssystem. Andere waren in die Niederlande geflohen. Neunundzwanzig waren bis zum Schluß in Hameln geblieben, viele von ihnen ältere, oft alleinstehende Frauen. Neunundzwanzig werden von Hameln aus deportiert; die übrigen aus den verschiedensten Städten des Deutschen Reiches und der Niederlande.

Berücksichtigt wurden jene Personen, die von den Nationalsozialisten als Juden diskriminiert, verfolgt und ermordet wurden. Darunter sind Menschen, die außerhalb der jüdischen Gemeinschaft gelebt haben, Menschen, die erst durch die nationalsozialistischen Rassegesetze zu Juden gemacht worden sind.

Die Darstellung folgt der alphabetischen Reihenfolge. Eine Ordnung nach Familien verbot sich, weil in mehreren Fällen die Verwandtschaftsbeziehungen nicht mehr zu rekonstruieren sind. Jede Person sollte eine eigene Darstellung erfahren. Es ist nicht versucht worden, Wiederholungen, besonders in den Biographien von Verwandten, zu vermeiden.

Die Darstellung der Schicksale wurde auf ein Grundgerüst reduziert, wobei die Lebensbeschreibungen der Frauen naturgemäß kürzer ausfallen müssen als die der Männer.

Nur bei neun Menschen wissen wir das Datum und den Ort ihres Todes. Bei der Mehrzahl der Deportierten gibt die Nennung des Namens auf einer Transportliste einen letzten Hinweis; Ortsnamen wie Warschau, Riga, Auschwitz, Maly Trostinez sind die letzte Spur ihres Lebens. Vierundzwanzigmal steht ein „verschollen“ am Ende der Zeile. Dann wissen wir nicht einmal vom Datum und Zielort der Deportation. Über die näheren Umstände des Todes der Deportierten wissen wir in den allermeisten Fällen nichts. Starben sie bereits auf dem Transport? Starben sie an Krankheit und Hunger und Entkräftung im Ghetto oder Lager? Wurden sie in der Gaskammer eines Vernichtungslagers ermordet, oder wurden sie erschossen?
Berücksichtigt wurden auch Menschen, die sich angesichts der Verfolgung das Leben nahmen, Menschen, die den Aufenthalt im Konzentrationslager überlebten und Wochen später an den erlittenen gesundheitlichen Schäden starben, und schließlich die Menschen, die im Oktober 1938 als polnische Juden an die polnisch-deutsche Grenze verschleppt wurden und seitdem verschollen sind.

Das Ausmaß an Schrecken, das die Deportierten erleiden mußten, führt an die Grenzen unseres Vorstellungsvermögens. Die wenigen Zeilen, die das Gedenkbuch über jeden Ermordeten enthält, sind kaum in der Lage, dies zu zeigen.

Lotte Arensberg, geb. Blankenberg

wurde am 26. 6. 1906 in Hameln als Tochter von Moritz und Else Blankenberg geboren. Sie lebte bis zu ihrer Heirat bei ihren Eltern in der Bäckerstraße 47 und lernte den Beruf der Kindergärtnerin. Ihre Eltern sind ebenfalls deportiert worden.

1930 heiratete sie den Kaufmann Philipp Paul Arensberg und wohnte mit ihm in Hannover.

In Hannover mußte sie zuletzt im Judenhaus Ohestraße 8/9 leben. Im Alter von 35 Jahren wurde sie zusammen mit ihrem Ehemann am 15. 12. 1941 in das Ghetto Riga deportiert.

Lotte Arensberg gilt als verschollen. Das Amtsgericht Hannover hat sie für tot erklärt.

Gustav Behrendt

wurde am 25. 7. 1980 in Hameln geboren. Er war der einzige Sohn der Eheleute Jacob und Friederike Behrendt. Gustav Behrendt war unverheiratet.

Der Kaufmann lebte bis zu seiner Deportation in der Bäckerstraße 25. Dort betrieb er ein Manufaktur- und Modewarengeschäft, das er von seinem Vater geerbt hatte. Infolge der Boykottmaßnahmen mußte er sein Geschäft aufgeben.

Im Anschluß an den 9. November 1938 gehörte Gustav Behrendt zu den zehn Hamelner jüdischen Männern, die in „Schutzhaft" genommen und in das Konzentrationslager Buchenwald deportiert wurden.

Im Alter von 61 Jahren wurde er – wahrscheinlich am 31. 3. 1942 über Hannover-Ahlem in das Ghetto Warschau – deportiert. Gustav Behrendt gilt als verschollen.

Else Bernstein

wurde am 27. 10. 1891 in Hameln geboren. Ihre Eltern sind Kusel und Esther (Emma) Bernstein. Von ihren fünf Geschwistern wurden ihr Bruder Karl und ihre Schwester Thekla (verh. Cohn) ebenfalls deportiert.

Über Else Bernstein ist sehr wenig bekannt. Sie blieb unverheiratet und lebte später in Essen.

Im Alter von 49 Jahren wurde Else Bernstein aus Essen in das Ghetto Lodz deportiert. Sie gilt als verschollen. Das Amtsgericht Essen hat sie für tot erklärt.

Karl Bernstein

wurde am 13. 11. 1880 in Hameln als Sohn des Kaufmanns Kusel Bernstein und seiner Ehefrau Esther (Emma) geboren. Er heiratete die aus Obernkirchen stammende Paula Lion. Die Ehe blieb ohne Kinder. Seine Ehefrau und zwei seiner Geschwister (die Schwestern Else und Thekla, verh. Cohn) wurden ebenfalls deportiert.

Solange Karl Bernstein in Hameln lebte, wohnte er am Münsterkirchhof 13. Er hatte von seinem Vater ein Manufakturwarengeschäft geerbt, das er zu einem bedeutenden Laden ausbaute. Obwohl er unter den Boykottmaßnahmen in besonderer Weise zu leiden hatte, hielt er sein Geschäft bis zum 9. November 1938 geöffnet.

Am 9. November 1938 wurde das Geschäft von Karl Bernstein geplündert, er selbst verhaftet und für mehrere Monate in das Konzentrationslager Buchenwald verschleppt. Kurz nach seiner Entlassung mußte er im Juni 1939 erneut für einige Wochen in Haft, weil er den zusätzlichen Vornamen Israel nicht benutzt hatte.

Im September 1939 verließ Karl Bernstein Hameln und zog nach Köln-Sülz. Eine für den November 1939 geplante Ausreise nach Valparaiso mißlang, obwohl die Vorbereitungen weitgehend abgeschlossen waren.

Sein letzter Wohnsitz war Berlin Charlottenburg, Schlüterstraße 48. Von dort wurde der einundsechzigjährige

Mann am 15. 8. 1942 mit dem 18. Osttransport der Gestapo Berlin in das Ghetto Riga deportiert. Karl Bernstein gilt als verschollen. Das Amtsgericht Köln hat ihn für tot erklärt.

Max Bernstein

wurde am 25. 7. 1895 als Sohn der Eheleute Salomon und Rosa Bernstein in Hameln geboren. Seine Mutter Rosa wurde ebenfalls deportiert.

In Hameln lebte er bei seinen Eltern in der Osterstraße 31. Über Max Bernstein ist wenig bekannt. Er blieb unverheiratet und emigrierte später in die Niederlande.

Von den Niederlanden aus wurde Max Bernstein im Alter von 52 Jahren 1943 in das Vernichtungslager Sobibor deportiert. Als Todesdatum wird der 28. 5. 1943 angegeben. Max Bernstein gilt als verschollen.

Paula Bernstein, geb. Lion

wurde am 7. 9. 1883 in Obernkirchen geboren. Sie war die Ehefrau von Karl Bernstein. Ihr Ehemann wurde ebenfalls deportiert.

Seit ihrer Heirat lebte sie in Hameln am Münsterkirchhof 13. Dort befand sich auch das Manufakturwarengeschäft ihres Mannes. Das Ehepaar blieb kinderlos.

Von Hameln ging Paula Bernstein im Jahre 1939 nach Düsseldorf. Von Düsseldorf aus wurde die Neunundfünfzigjährige im Jahre 1942 in das Ghetto Riga deportiert. Sie gilt als verschollen. Das Amtsgericht Düsseldorf hat sie für tot erklärt.

Rosa Bernstein, geb. Neuburg

wurde am 3. 6. 1855 in Vinsebek bei Einbeck geboren. Durch die Heirat mit Salomon Bernstein kam sie nach Hameln. Die Eheleute hatten fünf Kinder. Ihr Sohn Max erlitt ebenfalls das Schicksal der Deportation.

Nach dem frühen Tod ihres Mannes lebte die Witwe zunächst weiter im Hause Osterstraße 31; seit 1916 im Hause Gröninger Straße 4; seit 1938 mit einer unverheirateten Tochter in der Gröninger Straße 24.

Seit dem 1. 4. 1939 lebten Mutter und Tochter im späteren „Judenhaus" Hummenstraße 1.

Nach dem Tod der Tochter mußte die alte Frau Bernstein in das Vorderhaus Neue Marktstraße 13 umziehen. Sie war die älteste Bewohnerin des „Judenhauses".

Die siebenundachtzigjährige Greisin wurde am 23. 7. 1942 aus Hameln über Hannover-Ahlem in das Altersghetto Theresienstadt deportiert. Dort starb sie am 10. 11. 1942.

Henrietta (Jettchen) Birnbaum, geb. Heilbrunn

wurde am 1. 7. 1872 in Wichmannshausen, Kreis Eschwege geboren. Sie heiratete den aus Czernowitz stammenden Elias Birnbaum. Das Ehepaar hatte einen Sohn, Max. Dieser wurde ebenfalls deportiert.

Die Eheleute lebten zunächst in Hannover und zogen um 1900 nach Hameln. Hier wohnten sie zur Miete in der Großen Hofstraße 17.

Elias Birnbaum betrieb einen Altwarenhandel.

Seit Juni 1941 – kurz nach dem Tod ihres Mannes – mußte Jettchen Birnbaum zusammen mit ihrem Sohn Max im Judenhaus Neue Marktstraße 13 leben.

Die siebzigjährige Witwe wurde am 23. 7. 1942 von Hameln aus über Hannover-Ahlem in das Altersghetto Theresienstadt deportiert.

Auf eine Initiative des Internationalen Roten Kreuzes unter dem Grafen Bernadotte konnte sie am 5. 2. 1945 Theresienstadt verlassen und wurde in die neutrale Schweiz gebracht. Dort starb sie im Jahre 1946.

Margarete Birnbaum, geb. Goldstein wurde am 4. 3. 1895 als Tochter der Eheleute Louis und Betty Goldstein geboren. Seit 1900 lebte sie in Hameln. Im Juni 1921 heiratete sie Max Birnbaum. Ihre Schwester Bertha Goldstein und ihr Ehemann Max Birnbaum wurden deportiert.

Die Eheleute hatten zwei Kinder, Grete und Alfred. Sie wohnten in der Deisterstraße 45 und unterhielten dort ein Eisenwarengeschäft. Margarete fungierte als Geschäftsführerin. Seit 1939 gehörte sie auch zum Beirat der Synagogengemeinde.

Im Jahre 1937 mußte das Geschäft wegen der anhaltenden Boykottmaßnahmen geschlossen werden.

Weil eine Ausreise der ganzen Familie sich als unmöglich herausstellte, entschlossen sich die Eltern, die Kinder Grete (nach Holland) und den Sohn Alfred (nach England) ins Ausland zu schicken.

Im Anschluß an den 9. November 1938 wurde Margaretes Ehemann Max für einige Monate in das Konzentrationslager Buchenwald verschleppt. Nach der Entlassung von Max aus Buchenwald mußte das Ehepaar um jeden Preis auswandern. Im April 1939 wurden die Eheleute wegen eines Devisenvergehens verhaftet. Um die Auswanderung zu beschleunigen, hatten sie sich ausländische Devisen auf dem schwarzen Markt beschafft.

Am 21. 5. 1939 wurde Margarete in ihrer Zelle im Gerichtsgefängnis Am Zehnthof 2 tot aufgefunden. Sie hatte sich das Leben genommen, weil sie die Schande, im Gefängnis sitzen zu müssen, nicht ertragen konnte. Zum Zeitpunkt ihres Todes ist Margarete 44 Jahre alt.

Max Birnbaum wurde am 11. 8. 1893 in Hannover Linden als einziges Kind der Eheleute Elias und Henrietta Birnbaum geboren. Um die Jahrhundertwende zog er mit seinen Eltern nach Hameln und wohnte zunächst in der elterlichen Wohnung Große Hofstraße 17. Max heiratete Margarete Goldstein. Die Eheleute hatten zwei Kinder, Grete und Alfred.

Aus der Familie von Max wurden seine Mutter Jettchen und seine zweite Ehefrau Else, geb. Jonas, ebenfalls deportiert.

Im 1. Weltkrieg war Max Birnbaum als Kriegsfreiwilliger Soldat gewesen. Er besaß aus dieser Zeit das Eiserne Kreuz.

Max Birnbaum war gelernter Schlosser und hatte nach seiner Heirat zusammen mit seiner Frau Margarete eine Eisenwarenhandlung in der Deisterstraße 45 aufgebaut. Wegen der anhaltenden Boykottmaßnahmen mußte das Geschäft 1937 aufgegeben werden. Weil der Familie die Ausreise nicht gelang, wurden wenigstens die Kinder ins sichere Ausland geschickt.

Im Anschluß an den 9. November 1938 wurde Max in das Konzentrationslager Buchenwald verschleppt und dort 6 Wochen lang festgehalten. Im Mai 1939 wurden die Eheleute wegen eines Devisenvergehens festgenommen und in Untersuchungshaft gebracht. Um die Auswanderung zu beschleunigen, hatten sich die Eheleute auf dem schwarzen Markt Devisen beschafft. In der Haft nahm sich Margarete das Leben. Max wurde zu 6 Monaten Gefängnis verurteilt.

Nach Abbüßung der Gefängnisstrafe wohnte Max erneut bei seinen Eltern in der Großen Hofstraße 17. Seit Juni 1941 – kurz nach dem Tod seines Vaters – mußte Max zusammen mit seiner Mutter in eine kleine Wohnung des „Judenhauses" Neue Marktstraße 13 ziehen. Von dort fuhr er täglich zur Zwangsarbeit in einer Papierfabrik nach Rinteln.

Max Birnbaum wurde wahrscheinlich am 31. 3. 1942 von Hameln über Hannover-Ahlem in das Ghetto Warschau deportiert. Im Ghetto Warschau ging Max Birnbaum eine zweite Ehe mit der ebenfalls aus Hameln deportierten Else Jonas ein.

Max Birnbaum gilt als verschollen. Zum Zeitpunkt seiner Deportation ist er 48 Jahre alt.

Henriette Blancke

wurde am 10. 2. 1885 in Hameln geboren. Ihre Eltern sind Nathan und Natalie Blancke.

Aus ihrer Familie wurde ebenfalls ihr Bruder Oskar deportiert.

Über Henriette ist wenig bekannt. Sie lebte zunächst mit ihren Eltern in der Emmernstraße 19.

Im Jahre 1942 wurde die siebenundfünfzigjährige Henriette Blancke von Berlin aus in das Lager Trawniki deportiert. Sie gilt als verschollen.

Oskar Blancke

wurde am 1. 6. 1879 in Hameln als Sohn der Eheleute Nathan und Natalie Blancke geboren.

Seine Schwester Henriette ist ebenfalls deportiert worden.

Über Oskar Blancke ist wenig bekannt.

Im Jahre 1943 wurde er im Alter von 64 Jahren in das Vernichtungslager Auschwitz deportiert. Oskar Blancke gilt als verschollen.

Else (oder Elise) Blankenberg, geb. Steeg

wurde am 14. 4. 1883 in Warburg geboren. Sie heiratete den Hamelner Kaufmann Moritz Blankenberg und hatte mit ihm zwei Töchter. Sie wohnte mit ihrem Ehemann bis 1936 in Hameln in der Bäckerstraße 47. Ihr Ehemann und ihre Tochter Lotte Arensberg wurden ebenfalls deportiert.

Nach der erzwungenen Geschäftsaufgabe zogen die Eheleute am 10. 7. 1936 nach Hannover und wohnten zuletzt im „Judenhaus" Ohestraße 8/9.

Am 15. 12. 1941 wurde Else Blankenberg im Alter von 57 Jahren zusammen mit ihrem Ehemann in das Ghetto Riga deportiert. Sie gilt als verschollen.

Moses Moritz Blankenberg

wurde am 30. 3. 1872 in Eberschütz geboren. Er wohnte seit 1901 in der Bäckerstraße 7, seit 1918 in der Bäckerstraße 47.

Moritz Blankenberg war mit Else Blankenberg, geb. Steeg, verheiratet. Zwei Töchter gingen aus der Ehe hervor.

Seine Ehefrau und die Tochter Lotte Arensberg wurden ebenfalls deportiert.

Moritz Blankenberg hatte ein Warenhaus für Damen- und Herrenkonfektion sowie für Schuhwaren in der Bäkkerstraße 47.

Durch die andauernden Boykottaktionen gezwungen, mußte er das Geschäft im Jahr 1936 aufgeben.

Am 10. 7. 1936 zogen die Eheleute nach Hannover um. Sie wohnten zuletzt im „Judenhaus" in der Ohestraße 8/9.

Im Alter von 69 Jahren wurde Moritz Blankenberg zusammen mit seiner Ehefrau in das Ghetto Riga deportiert.

Das Datum des Transportes war der 15. 12. 1941. Moritz Blankenberg gilt als verschollen.

Paula Cahn

wurde am 8. 11. 1866 in Mülheim an der Ruhr geboren.

Über Paula Cahn ist sehr wenig bekannt. Sie war unverheiratet und offenbar ohne Beruf. Seit 1939 mußte die alte Dame im Hamelner „Judenhaus" Pferdemarkt 8 leben.

Paula Cahn wurde am 23. 7. 1942 aus Hameln über Hannover-Ahlem in das Altersghetto Theresienstadt deportiert. Dort starb sie im Alter von 77 Jahren am 29. 12. 1943.

Martha Cohn

wurde am 11. 2. 1895 in Preuß. Cekzin geboren.

Wann die unverheiratete Frau nach Hameln kam, ist nicht bekannt. Seit 1931 hatte sie gemeinsam mit ihrer Schwester Cäcilie ein Putzgeschäft in der Ritterstraße 13 und fertigte außerdem Übersetzungen an. 1935 zog sie in die Bäckerstraße 56, 1938 – nach dem Tod der Schwester – in die Fischpfortenstraße 18. Das Putzgeschäft hatte sie aufgeben müssen. Sie lebte nun von kleinen Näharbeiten und von Übersetzungen.

Im Jahre 1940 mußte Martha Cohn in das „Judenhaus" Neue Marktstraße 13 ziehen und bewohnte dort zwei schräge Zimmer unter dem Dach.

Wahrscheinlich wurde Martha Cohn am 31. 3. 1942 aus Hameln über Hannover-Ahlem in das Ghetto Warschau deportiert. Sie ist damals 47 Jahre alt. Martha Cohn gilt als verschollen.

Thekla Cohn, geb. Bernstein

wurde am 16. 5. 1884 als Tochter der Eheleute Kusel und Esther Bernstein in Hameln geboren. Aus ihrer Familie wurden ihre Geschwister Karl und Else Bernstein deportiert.

Bis zu ihrer Heirat im Jahre 1926 lebte sie in der Bäckerstraße 23. Von Hameln zog sie nun nach Düsseldorf. In zweiter Ehe lebte sie seit 1930 in Paderborn.

Im Jahre 1941 wurde Thekla Cohn – sie ist 57 Jahre alt – aus Berlin in das Ghetto Minsk deportiert. Sie gilt als verschollen. Das Amtsgericht Düsseldorf hat sie für tot erklärt.

Rosa Culp, geb. Weinberg

wurde am 28. 2. 1867 in Dortmund geboren.

Ihr Ehemann, der zum evangelischen Christentum konvertierte Benjamin Culp, arbeitete in Soest zunächst als Textilhändler, später als Maschinenputzer. Benjamin Culp starb 1923. Die Eheleute hatten zehn Kinder, darunter die Tochter Sophie Friedheim, die ebenfalls deportiert wurde.

Spätestens im Jahre 1931 wohnte die Witwe Rosa Culp in Hameln, zuerst in der Alten Marktstraße 51, seit 1939 in der Neuen Marktstraße 14.

Rosa Culp wurde am 23. 7. 1942 von Hameln aus über Hannover-Ahlem in das Altersghetto Theresienstadt deportiert. Sie ist dort am 20. 2. 1943 im Alter von 75 Jahren gestorben.

Mary Dehnicke

wurde am 9. 5. 1866 in Hameln geboren.

Über Mary Dehnicke ist fast nichts bekannt.

Im Jahre 1943 wurde sie aus Berlin in das Altersghetto Theresienstadt deportiert. Sie starb dort im Alter von 78 Jahren am 2. 10. 1944.

Selma Frankenstein

wurde am 4. 3. 1869 in Barntrup geboren. Um die Jahrhundertwende kam die unverheiratete Frau zusammen mit der Familie ihres Bruders Max nach Hameln. Max Frankenstein betrieb in dem großen Hauskomplex Neue Marktstraße 13 / Hummenstraße 1 einen Getreidehandel.

Nach dem Tode des Bruders im Jahre 1923 und der Aufgabe des Getreidegeschäftes lebte Selma von den Mieteinkünften aus den beiden Häusern.

Seit dem Sommer 1939 wurde ihr Haus von der Stadtverwaltung als „Judenhaus" genutzt. Selma Frankenstein mußte auf Weisung der Stadtverwaltung Mietverträge mit den Personen abschließen, denen die Stadtverwaltung eine Wohnung in ihrem Hause zugewiesen hatte.

Die dreiundsiebzigjährige Frau wurde am 23. 7. 1942 von Hameln über Hannover-Ahlem in das Altersghetto Theresienstadt deportiert.

Von Theresienstadt aus wurde sie am 23. 9. 1942 in das Vernichtungslager Treblinka verschleppt. Sie gilt als verschollen.

Henriette (Jettchen) Friedheim, geb. Kanstein

wurde am 9. 10. 1875 als Tochter des Lehrers Kanstein geboren. Sie war verheiratet mit Carl Friedheim. Die Eheleute hatten vier Kinder.

Carl Friedheim war Besitzer des 1899 gegründeten Warenhauses Carl Friedheim & Co in der Bäckerstraße 45. 1933 mußte der Geschäftsbetrieb wegen der anhaltenden Boykottmaßnahmen aufgegeben werden.

Nach der Geschäftsaufgabe zogen die Eheleute nach Leipzig in ein Altersheim. Im Jahre 1935 starb Carl Friedheim. Seine Witwe besuchte im Jahre 1937 die nach Palästina emigrierte Tochter, kam aber anschließend nach Deutschland zurück.

Von Leipzig aus wurde die sechsundsechzigjährige Frau am 20. 9. 1942 in das Altersghetto Theresienstadt deportiert. Sie ist dort am 8. 7. 1944 ums Leben gekommen.

Ingrid Friedheim

wurde am 14. 11. 1936 in Hameln geboren. Die Eltern des kleinen Mädchens waren Hermann und Sophie Friedheim. Das kleine Mädchen wuchs zunächst in der Wohnung seiner Großmutter Rosa Culp in der Neuen Marktstraße 14 auf.

Am 6. 7. 1942 mußten Ingrids Eltern mit ihrer Tochter von ihrem Wohnort Münder nach Hannover in das Ahlemer „Judenhaus" ziehen.

Am 2. 3. 1943 wurde Ingrid Friedheim im Alter von 6 Jahren zusammen mit ihren Eltern aus Hannover-Ahlem in das Vernichtungslager Auschwitz deportiert. Sie gilt als verschollen.

Sophie Friedheim, geb. Culp

wurde am 28. 11. 1909 als Tochter von Benjamin und Rosa Culp in Soest geboren. Ihr Ehemann war der Pferdehändler und Landwirt Hermann Friedheim aus Münder. Die Eheleute hatten eine Tochter mit Namen Ingrid. Auch die Mutter von Sophie Friedheim, Rosa Culp, wurde deportiert.

Sophie Friedheim hatte Näherin gelernt. Sie lebte bis zur Eheschließung am 26. 8. 1939 in der Wohnung ihrer Mutter in der Neuen Marktstraße 14. Anschließend zogen Mutter und Tochter zum Ehemann nach Münder.

Von Münder aus mußte die Familie am 6. 7. 1942 in das „Judenhaus" in Hannover-Ahlem ziehen.

Aus Hannover-Ahlem wurde die dreiunddreißigjährige Sophie Friedheim zusammen mit ihrem Ehemann und ihrer kleinen Tochter am 2. 3. 1943 in das Vernichtungslager Auschwitz deportiert. Sie gilt als verschollen. Das Amtsgericht Münder hat sie für tot erklärt.

Hermann Goldmann

wurde am 20. 10. 1878 in Hameln als Sohn des Handelsmannes Leser (Leo) Goldmann und seiner Frau Jidel (Henriette) Goldmann, geb. Katz geboren. Er lebte in Hameln in der Fischpfortenstraße 4. Seine beiden Brüder Louis und Sally wurden ebenfalls deportiert.

Über Hermann Goldmann ist wenig bekannt.

Hermann Goldmann wurde 1942 im Alter von 66 Jahren aus seinem letzten Wohnort Berlin in das Ghetto Riga deportiert. Er gilt als verschollen. Das Amtsgericht Berlin-Schöneberg hat ihn für tot erklärt.

Louis Goldmann

wurde am 4. 1. 1877 in Hameln geboren. Er lebte im Hause seiner Eltern Leser (Leo) und Jidel (Henriette) Goldmann in der Fischpfortenstraße 4.

Seine beiden Brüder Hermann und Sally wurden ebenfalls deportiert.

Über Louis Goldmann ist wenig bekannt.

Der fünfundsechzigjährige Louis Goldmann wurde im Jahre 1942 von seinem letzten Wohnort Wuppertal in das Ghetto Minsk deportiert. Er gilt als verschollen. Das Amtsgericht Wuppertal hat ihn für tot erklärt.

Sally Goldmann

wurde am 17. 5. 1890 als jüngster Sohn der Eheleute Leser (Leo) und Jidel (Henriette) Goldmann in Hameln geboren. Er wohnte zunächst im Hause der Eltern in der Fischpfortenstraße 4.

Seine beiden älteren Brüder wurden ebenfalls deportiert.

Über Sally Goldmann ist wenig bekannt.

Wie sein Bruder Louis lebte er in Wuppertal. Von dort emigrierte er in die Niederlande.

Im Jahre 1944 wurde der vierundfünfzigjährige Sally Goldmann in das Konzentrationslager Bergen-Belsen deportiert. Dort soll er am 3. 2. 1945 gestorben sein.

Bertha Goldstein

wurde am 12. 3. 1890 in Bösingfeld geboren. Ihre Eltern waren Louis Goldstein und Betty Goldstein, geb. Herzberg. Aus ihrer Familie wurde außerdem ihre Mutter deportiert. Ihre Schwester Margarete Birnbaum nahm sich 1939 in der Untersuchungshaft in Hameln das Leben.

Bertha Goldstein lebte im elterlichen Hause Deisterstraße 45. Sie besuchte die Victoria Luise Schule. Nach einem Studium an Universitäten in Deutschland und Paris war sie Studienrätin am Lyzeum in Gleiwitz.

Nach dem Berufsverbot im Jahre 1933 wohnte die unverheiratete Frau wieder bei ihrer Mutter in Hameln in der Deisterstraße 45.

Ihr letzter nachweisbarer Wohnort ist im Jahre 1941 Hannover, Waldstraße 6. Bertha Goldstein ist damals 52 Jahre alt.

Datum und Zielort der Deportation von Bertha Goldstein sind unbekannt. Sie gilt als verschollen.

Betty Goldstein, geb. Herzberg

wurde am 16. 4. 1858 in Aerzen geboren. Sie stammte aus der wohlhabenden Familie Herzberg, die in Aerzen einen Landhandel betrieb. Betty Goldstein war mit dem Hamelner Viehhändler Louis Goldstein verheiratet. Aus der Ehe gingen zwei Töchter hervor; Bertha wurde ebenfalls deportiert; Margarete, verh. Birnbaum, nahm sich in der Untersuchungshaft das Leben.

Die Eheleute zogen im Jahre 1900 nach Hameln und wohnten zunächst Deisterstr. 13, später Deisterstraße 45. Am 16. 8. 1939, einige Jahre nach dem Tod ihres Mannes (um 1935), zog die Witwe von Hameln nach Hannover in das jüdische Altersheim in der Ellernstraße. Seit dem 4. 9. 1941 wurde dieses Haus von der Stadt Hannover als „Judenhaus" genutzt. Zu diesem Zeitpunkt ist Betty Goldstein 83 Jahre alt.

Datum und Zielort der Deportation von Betty Goldstein sind unbekannt. Sie gilt als verschollen.

Selma Gottschalk, geb. Keyser

wurde am 2. 5. 1900 als Tochter des Kaufmanns Salomon Keyser und seiner Ehefrau Emma geboren. Bis zu ihrer Heirat mit dem Kaufmann Alwin Gottschalk am 26. 10. 1932 lebte sie im elterlichen Hause Ritterstraße 1. Aus der Ehe ging eine Tochter hervor, die die Verfolgung überlebte.

Ihre Eltern Salomon und Emma und zwei ihrer Schwestern (Rosa Schenk und Berta Keyser) wurden ebenfalls deportiert.

Die Eheleute wohnten seit 1933 in Geilenkirchen. Aus Geilenkirchen emigrierte die Familie Gottschalk in die Niederlande.

Im Jahre 1943 wurde Selma Gottschalk – 43 Jahre alt – zusammen mit ihrem Ehemann nach Sobibor deportiert. Als ihr Todesdatum gilt der 16. 7. 1943.

Erich Grawi

wurde am 22. 7. 1893 in Hameln geboren. Sein Vater war der Viehhändler Moses Grawi, seine Mutter Pauline Grawi, geb. Eisenstein.

Über Erich Grawi ist wenig bekannt. Erich lebte bei seinen Eltern, zunächst in der Kanalstraße 8, seit 1900 in der Kupferschmiedestraße 1, seit 1912 in der Königstraße 37. Von Hameln verzog er nach Bremerhaven.

Erich Grawi wurde im Jahre 1942 im Alter von 49 Jahren in das Konzentrationslager Buchenwald eingeliefert. Als sein Todesdatum gilt der 7. 9. 1942.

Bertha Hammerschlag, geb. Haas

wurde am 1. 5. 1866 in Rahden in Westfalen geboren. Sie heiratete den Kaufmann Louis Hammerschlag. Spätestens 1895 zogen die Eheleute nach Hameln und eröffneten hier ein Kleidergeschäft. Aus der Ehe gingen zwei Söhne hervor. Hermann wurde ebenfalls deportiert. Der zweite Sohn Ernst überlebte die Einlieferung in das Konzentrationslager Buchenwald. Er flüchtete im Anschluß an seine Entlassung nach Belgien und verbrachte die Zeit der nationalsozialistischen Herrschaft in verschiedenen Verstecken in Belgien und Frankreich.

Nach dem Tod ihres Ehemannes im Jahre 1935 führte Bertha zusammen mit ihrem Sohn Hermann das Geschäft weiter. Es war inzwischen in die Emmernstraße 28 verlegt worden.

Am 9. November 1938 wurde das Geschäft geplündert und anschließend geschlossen. Nach dem erzwungenen Verkauf des Hauses wohnte Bertha mit ihrem Sohn Hermann und seiner Familie zunächst noch zur Miete in einer Wohnung der Emmernstraße 28. Ende 1939 mußte sie mit der Familie ihres Sohnes in das „Judenhaus" Neue Marktstraße 13 ziehen.

Bertha Hammerschlag wurde am 23. 7. 1942 von Hameln aus über Hannover-Ahlem in das Altersghetto Theresienstadt deportiert. Dort starb sie – 77 Jahre alt – am 1. 1. 1943.

Bianka Hammerschlag, geb. Nochem

wurde am 22. 11. 1905 in Wongrowitz (Polen) geboren. 1934 ging sie mit dem Kaufmann Hermann Hammerschlag die Ehe ein und wohnte seitdem in Hameln, Emmernstraße 28. Die Eheleute hatten eine Tochter, Helene Dina.

Ende 1939 mußte die dreiköpfige Familie ihre Wohnung in der Emmernstraße verlassen und in das „Judenhaus" Neue Marktstraße 13 ziehen. Dort lebte sie zusammen mit der Mutter des Ehemannes in zwei Räumen.

Im Jahre 1942 wurde die sechsunddreißigjährige Bianka Hammerschlag zusammen mit ihrem Mann und ihrer Tochter von Hameln aus deportiert. Das Datum und der Zielort der Deportation sind unbekannt: wahrscheinlich am 31. 3. 1942 über Hannover-Ahlem in das Ghetto Warschau. Bianka Hammerschlag gilt als verschollen. Das Amtsgericht Hameln hat sie für tot erklärt.

Helene Dina Hammerschlag

wurde am 28. 8. 1936 in Hameln geboren. Ihr Vater war der Kaufmann Hermann Hammerschlag, ihre Mutter Bianka Hammerschlag, geb. Nochem.

Helene wuchs im elterlichen Hause Emmernstraße 28 auf. Ende 1939 mußte sie zusammen mit ihren Eltern und ihrer Großmutter in das „Judenhaus" Neue Marktstraße 13 ziehen.

Im Jahre 1942 wurde die fünfjährige Helene zusammen mit ihren Eltern aus Hameln deportiert, wahrscheinlich am 31. 3. 1942 über Hannover-Ahlem in das Ghetto Warschau. Das Datum und der Zielort der Deportation sind unbekannt. Helene Dina Hammerschlag muß als verschollen gelten. Das Amtsgericht Hameln hat sie für tot erklärt.

Hermann Hammerschlag

wurde am 18. 3. 1897 in Hameln geboren. Seine Eltern sind der Kaufmann Louis Hammerschlag und dessen Ehefrau Bertha Hammerschlag, geb. Haas. Im Jahre 1934 heiratete Hermann Hammerschlag Bianka Nochem. Er hatte mit ihr eine Tochter.

Nach dem Tod des Vaters im Jahre 1935 führte der Sohn zusammen mit seiner Mutter das Kleidergeschäft in der Emmernstraße 28 trotz der Boykottmaßnahmen weiter.

Am 9. November 1938 wurde das Geschäft geplündert und anschließend geschlossen. Hermann Hammerschlag wurde an diesem Tag in Schutzhaft genommen und in das Konzentrationslager Buchenwald verschleppt. Nach der Rückkehr aus Buchenwald mußte er das Haus Emmernstraße 28 verkaufen. Die Familie lebte zunächst zur Miete in ihrer angestammten Wohnung.

Ende 1939 fand die „Umsetzung" in das „Judenhaus" Neue Marktstraße 13 statt. Die dreiköpfige Familie lebte hier zusammen mit der Mutter von Hermann in zwei Räumen.

In dieser Zeit mußte Hermann Hammerschlag bei einer Gartenbaufirma in Hannover-Herrenhausen Zwangsarbeit leisten.

Im Jahre 1942 wurde der fünfundvierzigjährige Hermann Hammerschlag zusammen mit seiner Frau und seiner kleinen Tochter aus Hameln deportiert. Das Datum und der Zielort der Deportation sind nicht bekannt: wahrscheinlich am 31. 3. 1942 über Hannover-Ahlem in das Ghetto Warschau. Hermann Hammerschlag gilt als verschollen. Das Amtsgericht Hameln hat ihn für tot erklärt.

Henriette (Henny) Herz, geb. Jordan

wurde am 6. 6. 1867 in Telgte geboren. Nach dem Tod ihres Mannes zog sie nach Hameln, wo ihre Schwester Rieka Katz, geb. Jordan, lebte.

Die Rentnerin wohnte seit 1930 zur Miete in der Osterstraße 5. 1939 mußte sie in das Haus ihrer Schwester Pferdemarkt 8 umziehen. Die städtische Verwaltung hatte dieses Haus zum „Judenhaus" bestimmt.

Im Alter von 75 Jahren wurde Henny Herz am 23. 7. 1942 von Hameln aus über Hannover-Ahlem in das Altersghetto Theresienstadt deportiert. Zu diesem Transport gehörte auch ihre Schwester.

Am 26. 9. 1942 wurde die alte Frau in das Vernichtungslager Treblinka verschleppt. Sie gilt als verschollen.

Eugenie Hochheimer, geb. Frankenberg

wurde am 25. 4. 1870 in Höxter geboren. Nach ihrer Heirat mit Louis Hochheimer lebte sie in Hameln. Ihr Ehemann starb im Jahre 1933. Über Eugenie Hochheimer ist wenig bekannt.

Eugenie Hochheimer wurde aus Münster in das Altersghetto Theresienstadt deportiert. Ihr Transport erreichte das Lager am 1. 8. 1942. Von Theresienstadt wurde die Zweiundsiebzigjährige am 23. 9. 1942 in das Vernichtungslager Treblinka verschleppt..

Ihr Grabstein auf dem Hamelner jüdischen Friedhof in der Scharnhorststraße verzeichnet als Todesdatum den 8. 5. 1945.

Bertha Hohenstein, geb. Oppenheimer

wurde am 15. 10. 1878 in Barntrup geboren. Mit ihrem Ehemann Moritz Hohenstein hatte sie eine Tochter, Ilse Limbach, die das Dritte Reich überlebte.

Die Eheleute lebten in wechselnden Wohnungen; vor 1929 Osterstraße 29,

1929 Ritterstraße 3, 1930 Bäckerstraße 35, 1935 Ringstraße 2. Am 12. 5. 1939 mußten Bertha und Moritz Hohenstein in das „Judenhaus" Neue Marktstraße 13 ziehen. Sie bewohnten dort eine Kammer und Wohnküche.

Ende 1941 oder 1942 wurde Bertha Hohenstein zusammen mit ihrem Mann aus Hameln deportiert. Sie war damals 63 Jahre alt. Das Datum und der Zielort ihrer Deportation sind unbekannt. Bertha Hohenstein gilt als verschollen.

Moritz Hohenstein

wurde am 14. 10. 1876 in Tuchel (Westpreußen) geboren. Mit seiner Ehefrau Bertha Hohenstein, geb. Oppenheimer, hatte er eine Tochter.

Moritz Hohenstein betrieb zunächst in der Osterstraße 29 ein Geschäft für Herrengarderobe. Nach der Aufgabe des Geschäftes war er als reisender Kaufmann tätig. Am 5. 10. 1938 wurde ihm seine Gewerbekarte aberkannt. Seitdem waren die Eheleute ohne Einkommen.

Am 12. 5. 1939 erfolgte die Zwangseinweisung in das „Judenhaus" Neue Marktstraße 13.

Ende 1941 oder 1942 wurde Moritz Hohenstein zusammen mit seiner Frau aus Hameln deportiert. Er war damals 65 Jahre alt. Das Datum und der Zielort seiner Deportation sind nicht bekannt. Moritz Hohenstein gilt als verschollen.

Henny Insel, geb. Rosenberg

wurde am 26. 12. 1873 in Hameln geboren. Henny war mit Siegfried Insel verheiratet.

Möglicherweise handelt es sich bei dem ebenfalls deportierten Hermann Rosenberg um ihren Bruder.

Über Henny Insel ist wenig bekannt. Im Jahre 1936 zogen die Eheleute Henny und Siegfried Insel von Oldenburg nach Hannover, 1939 emigrierten sie nach Amsterdam.

Die neunundsechzigjährige Henny Insel wurde im Jahre 1943 aus den Niederlanden in das Vernichtungslager Sobibor deportiert. Als Datum ihres Todes gilt der 28. 5. 1943.

Albert Jonas

wurde am 18. 10. 1871 in Tündern bei Hameln geboren. Seine Eltern waren Alexander und Veilchen Jonas aus Tündern.

Albert Jonas heiratete Bertha Jonas, geb. Rothenberg. Die Eheleute hatten drei Kinder, von denen nur dem Sohn Arthur die Emigration gelang.

Aus der Familie von Albert Jonas wurden deportiert seine Geschwister Emilie und Paul, seine Ehefrau Bertha sowie seine Töchter Else und Anneliese.

Albert Jonas war von Beruf Viehhändler. Seit 1900 lebte er in der Wendenstraße 10, seit 1929 in der Baustraße 16. 1936 war Albert zum Vorsteher der Synagogengemeinde gewählt worden, ein Amt, das er ein Jahr später aus Gesundheitsgründen aufgab.

Am 9. November 1938 wurde Albert Jonas zusammen mit seinem Sohn Arthur in das Konzentrationslager Buchenwald verschleppt. Nach der Entlassung mußte die Familie die eigene Wohnung aufgeben und lebte mit Tochter Else und Sohn Arthur im Haus der verwitweten Frau Kratzenstein am Kastanienwall 3.

Ende 1939 oder Anfang 1940 erfolgte die Zwangseinweisung in das „Judenhaus" Neue Marktstraße 13. Mit den Eheleuten lebte hier die Tochter Else.

Albert Jonas wurde im Alter von 70 Jahren am 23. 7. 1942 zusammen mit seiner Ehefrau von Hameln aus über Hannover-Ahlem in das Altersghetto Theresienstadt deportiert. Dort starb Albert Jonas wenige Tage nach seiner Einlieferung am 13. 8. 1942.

Alfred Jonas

wurde am 21. 7. 1900 in Hameln geboren. Seine Eltern waren Paul und Rosette Jonas, geb. Rothenberg. Sie wurden beide ebenfalls deportiert.

Alfred Jonas hat nach seiner Jugendzeit in Hameln anschließend in Hannover gewohnt.

Todesort und Todesdatum von Alfred Jonas sind unbekannt. Er gilt als verschollen.

Alice Jonas

wurde am 8. 1. 1908 in Tündern bei Hameln geboren. Ihr Vater war Isidor Jonas.

Ihre Schwester Hildegard Jonas, verheiratete Nußbaum, wurde ebenfalls deportiert.

Nach dem Tod ihres Vaters (um 1930/31) lebte die unverheiratete junge Frau bei ihrer Tante Emilie Jonas in Tündern, Am Werder 16. Alice Jonas soll nervenkrank gewesen sein.

Am 4. 12. 1939 zog Alice Jonas zu ihrer Schwester Hildegard Nußbaum nach Hannover in die Scholvinstraße 12. Dieses Haus wurde seit 1941 von der Hannoverschen Stadtverwaltung als „Judenhaus" genutzt.

Die dreiunddreißigjährige Alice Jonas wurde am 15. 12. 1941 von Hannover, Scholvinstraße aus in das Ghetto Riga deportiert. Sie gilt als verschollen.

Anneliese Jonas

wurde am 5. 6. 1908 in Hameln geboren. Ihre Eltern waren der Viehhändler Albert Jonas und seine Frau Bertha. Ihre Eltern wurden beide deportiert, von ihren beiden Geschwistern außerdem Else Jonas, verh. Birnbaum.

Anneliese Jonas war gelernte Stenotypistin und Kontoristin. Sie lebte bis 1938 bei ihren Eltern in der Baustraße 16. Im Oktober 1939 betreute die arbeitslose junge Frau für einige Wochen die alte, pflegebedürftige Helene Rothschild in Ottenstein.

Seit dem 29. 11. 1939 war Anneliese Jonas in Bielefeld gemeldet und mußte seit dem 31. 8. 1940 im Bielefelder „Judenhaus" Koblenzerstraße 4 leben.

Anneliese Jonas wurde im Alter von 35 Jahren in einem von der Gestapo Münster organisierten Transport in das Altersghetto Theresienstadt deportiert. Dieser Transport kam am 29. 6. 1943 in Theresienstadt an.

Am 5. 10. 1943 wurde Anneliese Jonas von Theresienstadt in das Vernichtungslager Auschwitz deportiert. Hierbei handelte es sich um einen Transport von Kindern aus Bialystok, den sie zusammen mit einem Arzt als Helferin begleitete. Anneliese Jonas gilt als verschollen.

Bertha Jonas, geb. Rothenberg

wurde am 26. 4. 1873 in Stadtoldendorf geboren. Ihr Ehemann war der Viehhändler Albert Jonas. Die Eheleute hatten drei Kinder, von denen nur dem Sohn Arthur im Jahre 1939 die Emigration gelang. Aus der Familie von Bertha Jonas wurden deportiert ihr Ehemann Albert, ihre Töchter Else (verh. Birnbaum) und Anneliese sowie ihre Schwester Rosette Jonas, geb. Rothenberg.

Seit 1900 lebten die Eheleute in der Wendenstraße 10, von 1929 an in der Baustraße 16.

Spätestens Anfang 1940 mußten die Eheleute in das „Judenhaus" Neue Marktstraße 13 ziehen; hier lebten sie zusammen mit ihrer Tochter Else.

Bertha Jonas wurde am 23. 7. 1942 zusammen mit ihrem Ehemann von Hameln aus über Hannover-Ahlem in das Altersghetto Theresienstadt deportiert. Wenige Tage nach der Ankunft starb dort ihr Mann. Bertha Jonas überlebte noch 2 Jahre in Theresienstadt und starb dort am 25. 7. 1944.

Else Jonas, verh. Birnbaum

wurde am 17. 9. 1900 in Hameln geboren. Ihre Eltern, Albert und Bertha Jonas, wurden ebenfalls deportiert, ebenso ihre Schwester Anneliese.

Die unverheiratete Frau wohnte bei ihren Eltern.

Spätestens Anfang des Jahres 1940 mußte sie zusammen mit ihren Eltern im „Judenhaus" Neue Marktstraße 13 leben.

Else Jonas wurde wahrscheinlich am 31. 3. 1942 von Hameln über Hannover-Ahlem in das Ghetto Warschau deportiert. Im Ghetto Warschau soll sie den ebenfalls aus Hameln deportierten Max Birnbaum geheiratet haben. Else Jonas, verheiratete Birnbaum, gilt als verschollen. Zum Zeitpunkt ihrer Deportation aus Hameln ist sie 41 Jahre alt.

Emilie Jonas

wurde am 20. 6. 1864 in Tündern bei Hameln geboren. Ihre Eltern waren Alexander und Veilchen Jonas aus Tündern. Emilie Jonas blieb unverheiratet. Ihre Brüder Albert und Paul wurden ebenfalls deportiert, ebenso ihre Nichte Alice, für die sie bis zum Jahre 1939 sorgte.

Emilie Jonas war von Beruf Haushälterin und lebte zusammen mit ihrer Nichte Alice in ihrem Haus in Tündern, Am Werder 16. Am 9. November 1938 wurde ihr Haus demoliert.

Im Jahre 1940 mußte Emilie ihr Haus in Tündern verlassen und in das Hamelner „Judenhaus" Neue Marktstraße 13 ziehen.

Die achtundsiebzigjährige Emilie Jonas wurde am 23. 7. 1942 aus Hameln über Hannover-Ahlem in das Altersghetto Theresienstadt deportiert. Wenige Tage nach ihrer Einlieferung starb sie dort am 13. 8. 1942.

Paul Jonas

wurde am 30. 12. 1868 in Tündern bei Hameln geboren. Seine Eltern waren Alexander und Veilchen Jonas aus Tündern. Er heiratete Rosette Jonas, geb. Rothenberg, aus Stadtoldendorf. Die Eheleute hatte einen Sohn, Alfred Jonas.

Aus der Familie von Paul Jonas wurden deportiert seine Geschwister Emilie, Paul und Albert, seine Ehefrau Rosette sowie sein Sohn Alfred.

Über die Eheleute Paul und Rosette Jonas ist wenig bekannt. Im Januar 1937 zogen sie von Verden nach Hannover. Ihr letzter Wohnort vor der Deportation war das „Judenhaus" in Hannover-Ahlem, Wunstorfer Straße 1.

Am 23. 7 1942 wurde Paul Jonas mit seiner Frau aus Hannover-Ahlem in das Altersghetto Theresienstadt deportiert. Er starb dort im Alter von 75 Jahren am 20. 2. 1944.

Rosette Jonas, geb. Rothenberg

wurde am 22. 1. 1875 in Stadtoldendorf geboren. Sie war die Ehefrau von Paul Jonas.

Ihr letzter Wohnort vor der Deportation war das „Judenhaus" in Hannover-Ahlem, Wunstorfer Straße 1.

Am 23. 7. 1942 wurde die siebenundsechzigjährige Frau zusammen mit ihrem Ehemann aus Hannover-Ahlem in das Altersghetto Theresienstadt deportiert. In einem weiteren Transport wurde die Frau von dort in das Vernichtungslager Auschwitz verschleppt. Sie gilt als verschollen.

Eva Kamenetzky

wurde am 21. 6. 1928 als Tochter der Eheleute Salomon und Henriette Kamenetzky geboren. Von ihrer Familie überlebte nur ihr Bruder Hermann.

Das zehnjährige Mädchen wurde am 27. 10. 1938 zusammen mit seinen Eltern von der Hamelner Polizei in Abschiebehaft genommen, nach Hannover „überstellt" und einen Tag später in einem Sondertransport an die polnische Grenze deportiert. Als Begründung galt ein Aufenthaltsverbot für Juden polnischer Staatsangehörigkeit.

Eva Kamenetzky gilt als verschollen.

Henriette Kamenetzky, geb. Löwenstein

wurde am 5. 7. 1895 in Ibbenbüren geboren. Sie heiratete den aus Polen stammenden Salomon Kamenetzky. Die Eheleute hatten zwei Kinder, von denen nur der Sohn Hermann überlebte.

Wegen des von der nationalsozialistischen Regierung plötzlich erlassenen Aufenthaltsverbots für polnische Juden wurde die Familie Kamenetzky mit der Tochter Eva am 28. 10. 1938 über Hannover an die polnische Grenze deportiert. Henriette war damals 43 Jahre alt.

Henriette Kamenetzky gilt als verschollen.

Salomon Kamenetzky

wurde am 9. 2. 1886 in Rotzko, Kreis Grodnow (Polen) geboren. Er heiratete in Deutschland Henriette Kamenetzky, geborene Löwenstein, aus Ibbenbüren.

Seit 1925 lebten die Eheleute in Hameln. Salomon hatte in der Bahnhofstraße 40 ein Schuhgeschäft. Die Wohnung der Familie lag in der Königstraße 37, seit 1935 in der Königstraße 2.

Spätestens 1936 mußte wegen der anhaltenden Boykottmaßnahmen das Geschäft in der Bahnhofstraße geschlossen werden. Salomon arbeitete seitdem als reisender Kaufmann, seit 1938 als Arbeiter.

Wegen des von der nationalsozialistischen Regierung plötzlich erlassenen Aufenthaltsverbots für Juden mit polnischer Staatsangehörigkeit wurde der damals zweiundfünfzigjährige Salomon Kamenetzky zusammen mit seiner Ehefrau und Tochter Eva am 27. 10. 1938 in Hameln in Abschiebehaft genommen und am nächsten Tag über Hannover an die polnische Grenze deportiert.

Salomon Kamenetzky gilt als verschollen.

Rieka Katz, geb. Jordan

wurde am 14. 9. 1870 in Telgte bei Münster geboren. Ihr Ehemann war der Viehhändler Abraham Katz aus Hameln. Aus der Ehe gingen zwei Söhne hervor, Walter und Karl Katz, von denen nur Karl die Flucht aus Deutschland gelang. Mit Rieka Katz wurde auch ihre Schwester Henny Herz, geb. Jordan, deportiert.

Die Familie besaß in Hameln das Haus Pferdemarkt 8. Nach dem Tod ihres Mannes im Jahre 1930 führte Rieka Katz mit ihren Söhnen das Viehgeschäft weiter. Nach dem erzwungenen Verkauf des Geschäftes scheiterten Versuche auszuwandern. Seit Ende 1939 wurde das Haus Pferdemarkt 8 von der Hamelner Stadtverwaltung als „Judenhaus“ verwendet. Rieka Katz mußte auf Weisung der Stadtverwaltung Mietverträge mit den Personen abschließen, denen die Stadtverwaltung eine Wohnung in ihrem Hause zugewiesen hatte.

Die zweiundsiebzigjährige Rieka Katz wurde am 23. 7. 1942 von Hameln über Hannover-Ahlem in das Altersghetto Theresienstadt deportiert. Von Theresienstadt wurde sie am 26. 9. 1942 in das Vernichtungslager Maly Trostinec verschleppt. Rieka Katz gilt als verschollen.

Walter Katz

wurde am 7. 2. 1904 in Posen geboren. Seine Eltern waren der Viehhändler Abraham Katz und dessen Frau Rieka. In Hameln besaß die Familie ein Haus am Pferdemarkt 8.

Im Anschluß an die Schulzeit arbeitete Walter Katz als Angestellter im Warenhaus Löwenstein in Hildesheim. Nach dem Tod des Vaters kam er nach Hameln zurück, um der Mutter bei der Führung des Viehgeschäftes zu helfen.

Am 9. November 1938 wurde Walter Katz im Alter von 34 Jahren in Hameln in „Schutzhaft" genommen und zusammen mit neun weiteren jüdischen Männern aus Hameln in das Konzentrationslager Buchenwald verschleppt. Walter Katz wurde am 7. 1. 1939 in Buchenwald ermordet. Sein Urnengrab befindet sich auf dem jüdischen Friedhof in Hannover-Bothfeld.

Berta Keyser

wurde am 30. 12. 1906 in Hameln geboren. Ihre Eltern waren Salomon und Emma Keyser. Berta Keyser blieb unverheiratet.

Aus ihrer Familie wurden ihre Eltern sowie zwei ihrer sechs Geschwister (Rosa Schenk und Selma Gottschalk) deportiert.

Berta Keyser wohnte stets im elterlichen Hause Ritterstraße 1.

Im Juli 1939 floh sie mit ihren Eltern in die Niederlande.

Ihr letzter Wohnsitz war Amsterdam, Sloestraat 6.

Berta Keyser wurde am 10. 12. 1943 aus Amsterdam in das niederländische Konzentrationslager Westerbork verschleppt.

Am 25. 1. 1944 wurde die siebenunddreißigjährige Frau aus Westerbork in das Vernichtungslager Auschwitz deportiert.

Als ihr Todestag gilt der 28. 1. 1944.

Emma Keyser, geb. Goldmann

wurde in Bösingfeld geboren. Ihr Geburtsdatum ist nicht bekannt. Emma Keyser heiratete den niederländischen Bürger Salomon Keyser und hatte mit ihm sieben Kinder. Einer der Söhne starb als Kriegsfreiwilliger im 1. Weltkrieg in Rußland. Ihr Ehemann und drei ihrer Kinder (Rosa Schenk, Selma Gottschalk und Berta Keyser) wurden ebenfalls deportiert.

Ende des 19. Jahrhunderts kam die Familie Keyser nach Hameln. Sie lebte stets im Hause Ritterstraße 1, in dem sich auch das Kleidergeschäft von Salomon Keyser befand.

Im Juli 1939 floh die Familie in die Niederlande.

Emma Keyser wurde aus den Niederlanden über Westerbork in das Vernichtungslager Sobibor deportiert. Das Datum ihres Transportes ist nicht bekannt. Sie gilt als verschollen.

Salomon Keyser

wurde am 18. 2. 1857 in Holland geboren. Er heiratete Emma Goldmann aus Bösingfeld. Aus der Ehe gingen sieben Kinder hervor.

Ende des 19. Jahrhunderts kamen die Eheleute nach Hameln. Hier begründete Salomon im Hause Ritterstraße 1 ein Geschäft für Kleiderkonfektion und Schuhwaren.

Im Jahre 1933 wurde das Geschäft von Salomon Keyser mehrmals demoliert. Wegen der anhaltenden Boykottmaßnahen verpachtete Keyser das Geschäft zunächst, um es 1939 schließlich zu verkaufen.

Weil er nach wie vor die niederländische Staatsbürgerschaft hatte, lag es für Salomon Keyser nahe, nach Holland zu gehen.

Im Juli 1939 verließen die Eheleute Hameln.

Salomon Keyser wurde im Alter von 86 Jahren in das niederländische Konzentrationslager Westerbork verschleppt. Bevor er in eines der Vernichtungslager im Osten deportiert werden konnte, starb er dort am 9. 5. 1943.

Leon Elias Kratzenstein

wurde am 21. 10. 1906 in Hameln geboren. Seine Eltern waren der Arzt Dr. Siegmund Kratzenstein und dessen Ehefrau Sara Sabina, geb. Elze. Er heiratete Elisabeth Holmann aus Berlin. Die Ehe blieb kinderlos.

Leon Elias lebte in Hameln im elterlichen Hause Kastanienwall 3. Nach dem

Abschluß der Schulzeit in Hameln absolvierte er ein Studium an der Kunsthochschule in Berlin. Er galt als begabter Maler.

Anfang 1934 verließen die Eheleute Deutschland und gingen in die Niederlande.

Leon Elias Kratzenstein wurde 1943 im Alter von 36 Jahren mit seiner Ehefrau Elisabeth aus den Niederlanden in das Vernichtungslager Sobibor deportiert.

Als Todesdatum gilt der 23. 7. 1943.

Dr. Siegmund Kratzenstein

wurde am 3. 6. 1876 in Höringhausen, Kreis Frankenberg, geboren. Im Jahre 1904 heiratete Siegmund die Niederländerin Sara Sabina Elze. Aus der Ehe gingen drei Kinder hervor; Leon Elias, Margot, verheiratete Altmann und Emanuel Ernst. Margot und Emanuel gelang die Flucht aus Deutschland, Leon Elias wurde deportiert.

Nach dem Abitur auf dem Gymnasium in Korbach studierte Siegmund Kratzenstein Medizin in Göttingen, Marburg und Straßburg. Seine erste Stelle als Arzt hatte er am jüdischen Krankenhaus in Köln. Hier lernte er auch seine spätere Frau kennen. 1903 kamen die beiden nach Hameln. Siegmund Kratzenstein eröffnete hier eine Praxis als praktischer Arzt in der Bäkkerstraße. Im 1. Weltkrieg diente Dr. Kratzenstein als Stabsarzt im Reservelazarett und später in einem Gefangenenlager.

Nach dem Ende des Krieges eröffnete Dr. Kratzenstein eine Praxis im Hause Kastanienwall 3. Er war ein sehr beliebter Arzt.

Im Dritten Reich wurde dem Arzt zunächst die Kassenzulassung entzogen, schließlich traf ihn ein allgemeines Behandlungsverbot. Eine geplante Auswanderung mißlang.

Am 9. November 1938 wurde die Praxis von Dr. Kratzenstein verwüstet, er selbst vor die brennende Synagoge geführt. Anschließend wurde er in „Schutzhaft" genommen und in das Konzentrationslager Buchenwald verschleppt. Der todkranke Mann wurde am 25. 11. 1938 aus Buchenwald nach Hameln entlassen.

Dr. Siegmund Kratzenstein starb mit 62 Jahren am 28. 11. 1938 um 21.30 Uhr in seiner Wohnung Kastanienwall 3 infolge der Mißhandlungen, die er im Konzentrationslager Buchenwald erlitten hatte. Er wurde auf dem Hamelner jüdischen Friedhof begraben.

Paula Kretlow, geb. Meyer

wurde am 4. 9. 1885 in Lechenich, Kreis Euskirchen geboren.

Über Paula Kretlow ist wenig bekannt. Sie lebte seit 1930 in Hameln in der Uferstraße 7.

Vermutlich im Jahre 1938 verstarb ihr Ehemann.

Paula Kretlow wurde – wahrscheinlich 1942 – aus Hameln deportiert. Das Datum und das Ziel ihres Transportes sind unbekannt. Paula Kretlow gilt als verschollen.

Helene Lehs, geb. Zamory

wurde am 31. 3. 1903 in Hameln geboren. Ihre Eltern waren der Kaufmann Isidor Zamory und seine Frau Käthe. Die Familie lebte in der Emmernstraße 26.

Über Helene Lehs ist wenig bekannt. Offenbar seit ihrer Heirat im Jahre 1932 lebte Helene Lehs in Berlin.

Im Alter von 38 Jahren wurde Helene Lehs 1941 aus Berlin in das Ghetto Minsk deportiert. Sie gilt als verschollen.

Dr. Herbert Levy

wurde am 7. 3. 1900 in Hohensalza geboren.

Über Dr. Herbert Levy ist fast nichts bekannt. Auch seine Wohnorte in Hameln kennen wir nicht.

Der Mann wurde am 20. 1. 1941 im Alter von 40 Jahren vom Zuchthaus Hameln in das Polizeigefängnis in Berlin „überstellt".

Dr. Herbert Levy gilt als verschollen.

Emma Esther Lilienthal, geb. Frank

wurde am 18. 7. 1869 in Hameln geboren.

Über Emma Esther Lilienthal ist wenig bekannt. Von Hameln aus verzog sie nach Berlin.

Emma Esther Lilienthal wurde im Alter von 73 Jahren aus Berlin deportiert. Am 28. 8. 1942 kam ihr Transport im Altersghetto Theresienstadt an. Dort verstarb sie am 13. 10. 1942.

Adele Löwenstein

wurde am 26. 5. 1875 in Herford geboren. Ihre Eltern sind Selig und Emilie Löwenstein.

Ihre Schwester Selma Löwenstein wurde mit ihr deportiert.

Adele Löwenstein lebte mit ihren Eltern und ihrer Schwester seit 1900 in Hameln, zunächst in der Bahnhofstraße 45, seit 1903 in der Wettorstraße 18. Nach dem Tod der Eltern wohnten die unverheirateten Schwestern weiter in der Wettorstraße 18, spätestens seit 1940 in der Domeierstraße 22.

Beide hatten offenbar keinen Beruf und bezogen zeitweise Wohlfahrtsunterstützung.

Am 15. 1. 1941 mußte Adele mit ihrer Schwester in das „Judenhaus" Neue Marktstraße 13 ziehen.

Die siebenundsechzigjährige Adele Löwenstein wurde – wahrscheinlich am 31. 3. 1942 über Hannover in das Ghetto Warschau – zusammen mit ihrer Schwester deportiert. Sie gilt als verschollen.

Hedwig Löwenstein

wurde am 8. 3. 1889 in Hameln als jüngste Tochter der Eheleute Moses und Sara Löwenstein geboren. Hedwig Löwenstein blieb unverheiratet. Von ihren neun Geschwistern wurden vier deportiert.

Hedwig Löwenstein lebte bei ihren Eltern in der Baustraße, später in der Alten Marktstraße. Seit 1938 ist sie in Ahlen, Westfalen, Amselweg 20, gemeldet.

Hedwig Löwenstein wurde 1942 im Alter von 61 Jahren von Ahlen in das Vernichtungslager Majdanek deportiert. Sie gilt als verschollen.

Hermann Löwenstein

wurde am 22. 6. 1873 in Bredenborn bei Höxter geboren. Er war der älteste Sohn der Eheleute Moses und Sara Löwenstein. Hermann Löwenstein heiratete Jenny Rose aus Liebenau bei Nienburg. Aus der Ehe ging die Tochter Hedwig (Hete) hervor, die als einziges Familienmitglied überlebte.

Hermann Löwenstein wuchs bei seinen Eltern in Hameln in der Baustraße auf. Er war gelernter Kaufmann. 1906 gingen die Eheleute nach Elze, wo Hermann ein Bekleidungsgeschäft eröffnete. 1912 wurde das Geschäft nach Northeim verlegt.

1938 – nach der erzwungenen Geschäftsaufgabe – zogen die Eheleute nach Hamburg. Der letzte Wohnort vor der Deportation war Hamburg, Krochmannstraße 13.

Hermann Löwenstein wurde im Alter von neunundsechzig Jahren am 15. 7. 1942 zusammen mit seiner Ehefrau in das Altersghetto Theresienstadt deportiert. Von dort wurden die Eheleute am 21. 9. 1942 in das Vernichtungslager Auschwitz verschleppt. Hermann Löwenstein gilt – wie seine Frau – als verschollen.

Julia Löwenstein, geb. Levy

wurde am 18. 6. 1888 in Altenkirchen im Westerwald als Tochter der Eheleute Anselm und Bertha Levy geboren. Im Jahre 1911 heiratete sie Carl Löwenstein. Die Eheleute lebten in Hameln in der Bahnhofstraße 29. Aus der Ehe ging ein Sohn (Werner) hervor, der aus dem Machtbereich des Dritten Reiches fliehen konnte.

Nach dem Tod von Carl Löwenstein im Jahre 1918 heiratete Julia Löwenstein in zweiter Ehe Berthold Altmann und zog mit ihrem Ehemann nach Dresden, Altenzeller Straße 32.

Julia Altmann wurde im Jahre 1943 von Dresden aus deportiert. Sie gilt als verschollen.

Julius Löwenstein

wurde am 2. 4. 1881 in Hameln als Sohn der Eheleute Moses und Sara Löwenstein geboren. Er wuchs in Hameln in der Baustraße auf.

Julius Löwenstein heiratete Martha Bielefeld aus Hamburg. Die Familie lebte zusammen mit der Tochter Ilse in Hamburg.

Julius Löwenstein wurde im Alter von sechzig Jahren am 8. 11. 1941 mit Frau und Tochter von Hamburg in das Ghetto Minsk deportiert. Er gilt als verschollen.

Rosa Löwenstein, geb. Oberschützki

wurde am 9. 6. 1882 in Hannover geboren. Sie heiratete Wilhelm Löwenstein. Die Eheleute hatten zwei Töchter, Inge und Margarete Berta. Nur Inge überlebte.

Die Eheleute lebten zunächst in Paderborn, seit 1924 wieder in Hameln, Kastanienwall 22, schließlich seit 1930 in Essen.

Rosa Löwenstein wurde im Juni 1942 im Alter von 60 Jahren zusammen mit ihrem Ehemann Wilhelm in das Ghetto Izbica deportiert. Sie gilt als verschollen.

Selma Löwenstein

wurde am 10. 9. 1879 in Herford geboren. Ihre Eltern waren Selig und Emilie Löwenstein.

Selma Löwenstein war die jüngere Schwester von Adele Löwenstein. Wie diese blieb sie unverheiratet.

Selma Löwenstein lebte mit ihren Eltern und ihrer Schwester seit 1900 in Hameln in der Bahnhofstraße 45, seit 1903 in der Wettorstraße 18. Nach dem Tode der Eltern lebten die Schwestern spätestens seit 1940 in der Domeierstraße 22. Die beiden Frauen waren ohne Beruf und bezogen zeitweise Wohlfahrtsunterstützung.

Am 15. 1. 1941 mußten Selma und Adele Löwenstein in das „Judenhaus" Neue Marktstraße 13 ziehen.

Die dreiundsechzigjährige Selma Löwenstein wurde – wahrscheinlich am 31. 3. 1942 in das Ghetto Warschau – zusammen mit ihrer Schwester deportiert. Sie gilt als verschollen.

Wilhelm Löwenstein

wurde am 28. 12. 1882 in Hameln geboren. Seine Eltern waren Moses und Sara Löwenstein, seine Ehefrau Rosa, geb. Oberschützki. Von den beiden Töchtern der Eheleute, Inge und Margarete, überlebte nur Inge.

Im 1. Weltkrieg war Wilhelm Löwenstein Soldat. Die Eheleute lebten zunächst in Paderborn, seit 1924 in Hameln am Kastanienwall 22. Von Hameln zogen sie 1933 nach Essen.

Der neunundfünfzigjährige Wilhelm Löwenstein wurde im Juni 1942 von Essen aus mit seiner Ehefrau Rosa in das Ghetto Izbica deportiert. Er gilt als verschollen.

Erna Marcus, geb. Lehmann

wurde am 3. 6. 1883 in Ahrensburg geboren. Sie war verheiratet mit Moritz Moses Marcus. Die einzige Tochter Ruth, verheiratete Hesse, überlebte die Verfolgung des Dritten Reiches.

Die Eheleute wohnten bis spätestens 1935 in Hameln in der Osterstraße 13. Von dort gingen sie nach Hamburg, Bornstraße 22.

Erna Marcus wurde mit ihrem Ehemann am 15. 7. 1942 von Hamburg in das Altersghetto Theresienstadt deportiert. Die Sechzigjährige wurde dann am 15. 5. 1944 mit ihrem Ehemann von Theresienstadt in das Vernichtungslager Auschwitz verschleppt. Sie gilt als verschollen.

Moritz Moses Marcus
wurde am 4. 10. 1878 in Liebenau geboren. Seine Ehefrau war Erna Marcus, geb. Lehmann.

In Hameln besaß Moritz Marcus seit 1904 in der Osterstraße 13 ein Möbelgeschäft. Das Kino „Kammerlichtspiele“, das sich auf seinem Grundstück befand, betrieb er nicht selbst, sondern stellte nur die Räume zur Verfügung.

Aufgrund der Geschäftsboykotte gab Moritz Marcus seinen Möbelhandel im Jahre 1934 auf. Er verließ daraufhin Hameln und zog mit seiner Ehefrau nach Hamburg, Bornstraße 22.

Moritz Marcus wurde mit seiner Ehefrau am 15. 7. 1942 von Hamburg in das Altersghetto Theresienstadt deportiert. Im Alter von fünfundsechzig Jahren wurde er dann am 15. 5. 1944 mit seiner Frau Erna in das Vernichtungslager Auschwitz verschleppt. Er gilt als verschollen.

Julius Maybaum
wurde am 28. 10. 1876 in Barntrup geboren. Seine Ehefrau Else (oder Ilse), geb. Benjamin, und seine Kinder Hans und Liselotte überlebten das Dritte Reich.

Julius Maybaum war seit 1904 Viehhändler in Hameln, Alte Marktstraße 10. Seit 1907 lebte er mit seiner Familie in der Bäckerstraße 28, seit 1910 in der Kaiserstraße 27, seit 1925 in der Kaiserstraße 78, schließlich – seit 1935 – in der Königstraße 58.

Das Viehgeschäft mußte im Jahre 1938 abgemeldet werden. Am 1. 3. 1938 gingen die Eheleute Maybaum nach Hannover. Sie sind von dort am 1. 1. 1939 in die Niederlande geflohen.

Julius Maybaum wurde aus seinem letzten Wohnort in Amsterdam am 30. März 1943 über Westerbork in das Vernichtungslager Sobibor verschleppt. Er war damals 66 Jahre alt. Julius Maybaum gilt als verschollen.

Käthe Mendelsohn, geb. Rosenstern
wurde am 30. 8. 1889 in Hameln geboren. Ihre Eltern waren Hermann und Ida Rosenstern.

Käthe lebte zunächst in der Osterstraße 5, wo ihr Vater einen Pferdehandel betrieb. Nach dem Tod des Vaters im Jahre 1910 wohnte Käthe mit ihrer Mutter in der Emmernstraße 19. Nach ihrer Heirat im Jahre 1927 zog Käthe Mendelsohn nach Berlin Charlottenburg.

Käthe Mendelsohn wurde 1942 im Alter von 63 Jahren von Berlin in das Ghetto Riga deportiert. Sie gilt als verschollen.

Johanne Michaelis
wurde am 28. 6. 1871 in Hameln geboren. Ihr Vater war Carl Michaelis, ihre Mutter Friederike, geborene Oppenheimer.

Mit ihrem Bruder Julius lebte die unverheiratete und berufslose Frau in ihrem Geburtshaus in der Osterstraße 7. Ihr Bruder starb im Jahre 1934.

1939 wurde sie gezwungen, ihr Haus zu verkaufen. Sie mußte am 23. 5. 1940 in das „Judenhaus“ Pferdemarkt 8 ziehen.

Am 23. 7. 1942 wurde Johanne Michaelis im Alter von 71 Jahren von Hameln über Hannover-Ahlem in das Altersghetto Theresienstadt deportiert. Sie starb dort am 16. 2. 1943.

Gertrud Moos, geb. Jonas

wurde am 20. 2. 1888 in Tündern geboren.

Über Gertrud Moos ist nichts bekannt.

Gertrud Moos wurde in das Vernichtungslager Auschwitz deportiert. Sie gilt als verschollen.

Fritz Münchhausen

wurde am 15. 4. 1896 als Sohn von Louis und Helene Münchhausen in Hameln geboren. Seiner Schwester Antonia, verheiratete Rothenberg, und seinem Bruder Otto gelang die Flucht aus Deutschland. Fritz Münchhausen war zweimal verheiratet. Die Namen seiner Ehefrauen und möglicher Kinder sind nicht bekannt.

Der Kaufmann Fritz Münchhausen lebte nach dem Tode der Eltern weiter im elterlichen Hause Bäckerstraße 56. Um 1934 verließ er Hameln und wohnte seitdem in Ennigloh.

Fritz Münchhausen wurde 1942 im Alter von 46 Jahren deportiert. Er gilt als verschollen. Das Amtsgericht Bünde hat ihn für tot erklärt.

Hedwig Nußbaum, geb. Bernstein

wurde am 14. 11. 1887 in Hameln geboren.

Über Hedwig Nußbaum ist wenig bekannt. Es ist auch nicht klar, wer ihre Eltern waren.

Hedwig Nußbaum wurde im Alter von 55 Jahren von Bonn aus in das Ghetto Minsk deportiert. Sie gilt als verschollen.

Hildegard Nußbaum, geb. Jonas

wurde am 4. 2. 1896 in Hameln als Tochter von Isidor und Sophie Jonas geboren. Ihre jüngere, unverheiratete Schwester Alice Jonas wurde mit ihr deportiert.

Hildegard lebte zunächst bei den Eltern in der Mühlenstraße 2, später zog die Familie nach Tündern. Seit dem 17. 11. 1936 war Hildegard in Hannover, Scholvinstraße 12 – dem späteren „Judenhaus" – gemeldet. Am 4. 12 1939 holte sie ihre kranke Schwester Alice von Tündern zu sich nach Hannover, um für sie zu sorgen.

In erster Ehe war Hildegard mit einem Rosenberg verheiratet; ihre zweite Ehe mit einem Nußbaum ging sie am 12. 11. 1941 in Hannover ein – unmittelbar vor ihrer Deportation.

Die vierundvierzigjährige Hildegard Nußbaum wurde zusammen mit ihrer kranken Schwester am 15. 12. 1941 aus Hannover über Ahlem in das Ghetto Riga deportiert. Sie gilt als verschollen. Das Amtsgericht Hannover hat sie für tot erklärt.

Ida Oppenheimer

wurde am 6. 9. 1864 als Tochter der Eheleute Hermann und Henriette Oppenheimer in Hameln geboren. Ida Oppenheimer blieb unverheiratet.

Sie führte die von ihrem Vater gegründete Musikalienhandlung in der Bäckerstraße 58 weiter – bis zur erzwungenen Geschäftsaufgabe im Jahre 1935. Sie wohnte stets in ihrer angestammten Wohnung in der Bäckerstraße 58.

Die achtundsiebzigjährige Ida Oppenheimer wurde am 23. 7. 1942 von Hameln aus über Hannover-Ahlem in das Altersghetto Theresienstadt deportiert. Sie starb dort am 24. 4. 1943.

Georg Reichmann

wurde am 12. 3. 1886 in Kiew geboren.

Georg Reichmann war Schuhmachermeister und lebte seit 1925 in Hameln. Zunächst wohnte er in der Neuen Marktstraße 35, seit 1931 in der Alten Marktstraße 52, schließlich – seit 1940 – in der Alten Marktstraße 58.

Georg Reichmann gilt als verschollen.

David Rosenbaum

wurde am 16. 2. 1877 in Hameln als Sohn des Lehrers Adolf Rosenbaum und seiner Frau Johanne geboren. David Rosenbaum war zweimal verheiratet. Die zweite Ehe schloß er 1936 in Berlin. Bei der ebenfalls deportierten Paula Rosenbaum, geb. Hanke, könnte es sich um seine Ehefrau gehandelt haben. Seine ältere Schwester Jenny Rosenbaum wurde ebenfalls deportiert.

David Rosenbaum wuchs auf im elterlichen Hause in der Ritterstraße 13. Später wohnte er in Berlin.

David Rosenbaum wurde 1941 von Berlin aus in das Ghetto Lodz deportiert. Er soll dort im Alter von fünfundsechzig Jahren am 13. 3. 1942 gestorben sein.

Jenny Rosenbaum

wurde am 19. 1. 1876 in Hameln geboren. Ihre Eltern waren der Lehrer Adolf Rosenbaum und seine Ehefrau Johanne. Ihr jüngerer Bruder David wurde ebenfalls deportiert.

Jenny Rosenbaum lebte im Hause ihrer Eltern in der Ritterstraße 13. Die unverheiratete Frau zog von dort nach Berlin.

Im Jahre 1942 wurde die sechsundsechzigjährige Jenny Rosenbaum von Berlin in das Arbeitslager Trawniki deportiert. Sie gilt als verschollen.

Paula Rosenbaum, geb. Hanke

wurde am 3. 12. 1877 geboren.

Über Paula Rosenbaum ist wenig bekannt. Es ist wahrscheinlich, daß es sich bei dem ebenfalls deportierten David Rosenbaum um ihren Ehemann gehandelt hat.

Paula Rosenbaum wurde1942 im Alter von vierundsechzig Jahren von Berlin aus in das Arbeitslager Trawniki deportiert. Sie gilt als verschollen.

Hermann Rosenberg

wurde am 13. 3. 1877 in Hameln geboren. Seine Eltern waren der Lederhändler Eduard Rosenberg und seine Frau Lina. Möglicherweise handelt es sich bei der ebenfalls deportierten Henny Insel, geb. Rosenberg, um seine Schwester.

Die Familie lebte 1877 in der Osterstraße 13, seit 1900 am Pferdemarkt 4. Hermann Rosenberg zog später nach Köln. Von dort flüchtete er in die Niederlande.

Der fünfundsechzigjährige Hermann Rosenberg wurde im Jahre 1942 aus den Niederlanden in das Vernichtungslager Auschwitz deportiert. Als Todesdatum gilt der 29. 9. 1942, als Todesort das Arbeitslager Monowitz bei Auschwitz.

Hermann Rosenkranz

wurde am 14. 5. 1886 in Hann. Münden geboren. Über seine Angehörigen ist nichts bekannt.

Hermann Rosenkranz war von Beruf Kaufmann und lebte in der Zeit von 1916 bis 1935 in der Baustraße 4.

Am 19. 3. 1935 zog er nach Hannover.

Hermann Rosenkranz wurde im Alter von vierundfünfzig Jahren am 15. 12. 1941 in das Ghetto Riga deportiert. Er gilt als verschollen.

Martha Rothenberg, geb. Neuburg

wurde am 25. 9. 1881 in Hameln als Tochter von Adolf und Fanny Bernstein geboren.

Bei der ebenfalls deportierten Ida Weinberg, geb. Neuburg, handelt es sich um ihre Schwester.

Über Martha Rothenberg ist wenig bekannt. Sie lebte zuletzt in Hannover.

Sie wurde am 15. 12. 1941 mit 59 Jahren über Hannover-Ahlem in das Ghetto Riga deportiert. Sie gilt als verschollen.

Rosa Schenk, geb. Keyser

wurde am 24. 12. 1893 in Hameln als Tochter der Eheleute Salomon und Emma Keyser geboren. Rosa heiratete den Kaufmann Leon Schenk. Die Eheleute hatten zwei Söhne, Walter und Herbert. Aus ihrer Familie wurden ihre Eltern sowie ihre Geschwister Berta Keyser und Selma Gottschalk, aber auch ihr Ehemann und ihre beiden Söhne deportiert.

Rosa wuchs auf im elterlichen Hause Ritterstraße 1. Mit ihrer Familie flüchtete sie 1939 in die Niederlande.

Rosa Schenk wurde im Alter von achtundvierzig Jahren zusammen mit ihrem Ehemann und ihren beiden Söhnen aus den Niederlanden in das Vernichtungslager Auschwitz deportiert. Als ihr Todestag gilt der 5. 10. 1942.

Johanna Schragenheim

wurde am 29. 1. 1859 in Hameln als Tochter der Eheleute Abraham und Rosalie Schragenheim geboren.

Über Johanna Schragenheim ist wenig bekannt. Aus Hameln zog sie nach Stade, später von Stade nach Düsseldorf.

Johanna Schragenheim wurde aus Düsseldorf in das Altersghetto Theresienstadt deportiert.

Am 22. 7. 1942 kam ihr Transport dort an.

Am 20. 9. 1942 starb die dreiundachtzigjährige Frau in Theresienstadt.

Frieda Schwarz

wurde am 10. 6. 1901 als Tochter der Eheleute Max und Regina Schwarz in Hameln geboren.

Ihre Eltern und ihr Bruder Rudolf wurden ebenfalls deportiert, während zwei weitere Geschwister überlebten.

Die unverheiratete Frieda Schwarz lebte stets bei ihren Eltern. Im Jahre 1911 zogen die Eltern von Hameln nach Jülich, wo der Vater ein Textilgeschäft eröffnete.

Frieda Schwarz wurde von Jülich aus deportiert. Sie gilt als verschollen

Max Schwarz

wurde am 4. 4. 1870 geboren. Er heiratete Regina Löwenstein. Aus der Ehe gingen vier Kinder hervor. Außer den Eltern wurden die Tochter Frieda und der Sohn Rudolf deportiert.

Max Schwarz lebte bis 1911 als Viehhändler in Hameln. Von Hameln zog die Familie nach Jülich, wo Max Schwarz ein Textilgeschäft eröffnete.

Max Schwarz wurde am 25. 7. 1942 zusammen mit seiner Ehefrau aus Düsseldorf in das Altersghetto Theresienstadt deportiert.

Im Alter von zweiundsiebzig Jahren starb er dort am 12. 12. 1942.

Regina Schwarz, geb. Löwenstein

wurde am 9. 10. 1870 in Bredenborn bei Höxter als Tochter der Eheleute Moses und Sara Löwenstein geboren. Sie heiratete den Kaufmann Max Schwarz, der in Hameln einen Viehhandel betrieb. Aus der Ehe gingen vier Kinder hervor, die Töchter Aenne und Frieda, die Söhne Rudolf und Erich.

Vier ihrer Geschwister, aber auch ihr Mann und ihre Kinder Rudolf und Frieda wurden ebenfalls deportiert.

Regina Löwenstein wuchs im Hause ihrer Eltern in der Baustraße auf. Im Jahre 1911 ging sie mit ihrem Mann nach Jülich, wo Max Schwarz ein Textilgeschäft eröffnete.

Regina Schwarz wurde zusammen mit ihrem Ehemann am 25. 7. 1942 in das Altersghetto Theresienstadt deportiert. Nach dem Tod ihres Mannes wurde die Dreiundsiebzigjährige am 15. 5. 1944 in das Vernichtungslager Auschwitz verschleppt. Sie gilt als verschollen.

Rudolf Schwarz

wurde am 2. 2. 1900 in Hameln geboren. Seine Eltern waren der Viehhändler Max Schwarz und seine Ehefrau Regina. Rudolf Schwarz war verheiratet. Über seine Ehefrau ist nichts bekannt. Seine Tochter Judith konnte überleben. Aus seiner Familie wurden seine Eltern und seine Schwester Frieda deportiert.

Über das Schicksal von Rudolf Schwarz ist wenig bekannt.

Rudolf Schwarz wurde im Jahre 1940 im Konzentrationslager Buchenwald ermordet. Er war damals 40 Jahre alt.

Ludwig Selberg

wurde am 30. 6. 1922 in Hameln geboren.

Über Ludwig Selberg ist außer den Geburtsdaten und dem Sterbeort nichts bekannt.

Der zwanzigjährige Ludwig Selberg wurde 1942 in das Vernichtungslager Auschwitz deportiert. Er gilt als verschollen.

Ida Weinberg, geb. Neuburg

wurde am 8. 2. 1877 in Hameln geboren. Ihre Eltern waren Adolf und Fanny Neuburg.

Die ebenfalls deportierte Martha Rothenberg war ihre Schwester.

Über Ida Weinberg ist wenig bekannt. 1939 lebte sie in der Osterstraße 7 bei Johanne Michaelis. Nachdem Johanne Michaelis ihr Haus verkaufen mußte, wurde Ida Weinberg gezwungen, in das „Judenhaus" Pferdemarkt 8 zu ziehen.

Ida Weinberg gilt als verschollen. Das Amtsgericht Hameln hat sie für tot erklärt.

Herta Wildau, geb. Rose

wurde am 20. 9. 1889 in Buer geboren. Sie war die Ehefrau von Hugo Wildau.

Die Eheleute lebten in Hemeringen bei Hameln in der Dorfstraße 115.

Herta Wildau wurde am 23. 7. 1942 im Alter von 52 Jahren mit ihrem Ehemann aus Hemeringen über Hannover-Ahlem in das Altersghetto Theresienstadt deportiert.

Von dort wurde sie mit ihrem Ehemann am 6. 10. 1944 in das Vernichtungslager Auschwitz verschleppt. Sie gilt als verschollen.

Hugo Wildau

wurde am 7. 8. 1886 in Schmechten geboren. Er heiratete Herta Rose. Die Eheleute lebten in Hemeringen bei Hameln, Dorfstraße 115.

Seit 1940 fuhr Hugo Wildau täglich von Hemeringen nach Hannover-Herrenhausen zur Zwangsarbeit.

Hugo Wildau wurde am 23. 7. 1942 im Alter von 55 Jahren zusammen mit seiner Ehefrau von Hemeringen über Hannover-Ahlem in das Altersghetto Theresienstadt deportiert. Von dort wurde er am 6. 10. 1944 mit seiner Ehefrau in das Vernichtungslager Auschwitz verschleppt. Er gilt als verschollen.

Anna Windmüller

wurde am 9. 2. 1900 in Hameln als Tochter der Eheleute Isaak und Bertha Windmüller geboren. Die Eltern lebten in der Alten Marktstraße 2.

Über Anna Windmüller ist wenig bekannt. Von Hameln verzog sie nach Wunstorf.

Anna Windmüller gilt als verschollen.

Joseph Ivan Wollberg

wurde am 18. 11. 1887 in Hameln als Sohn der Eheleute David und Theodore Wollberg geboren.

Seine Eltern lebten in Hameln in der Baustraße 8.

Joseph Wollberg arbeitete nach dem Tode der Eltern als Landarbeiter bei einem Bauern in Grohnde Nr. 42 und wohnte dort auch.

Joseph Wollberg wurde im Jahre 1942 deportiert. Er war damals 55 Jahre alt. Er gilt als verschollen.

Karl Wollberg

wurde am 23. 6. 1864 als Sohn der Eheleute Behrend und Hannchen Wollberg geboren.

Er erhielt eine Ausbildung als Kaufmann und lebte in Hildesheim.

Im Alter von 78 Jahren wurde Karl Wollberg aus Hildesheim über Hannover-Ahlem in das Altersghetto Theresienstadt deportiert. Er starb dort am 18. 3. 1945, wenige Tage vor der Befreiung des Lagers.

Anhang

Bildnachweis

Seiten		
Seiten	10, 11, 16, 22, 29, 30, 105, 107	Stadtarchiv Hameln (Bestand M. Keyser)
	14	Wirtschaftsarchiv Baden-Württemberg
	15, 49 (2 mal), 63, 69	Stadtarchiv Hameln
	24, 56 (2 mal)	Herr Fricke, Hameln
	31	Gertrud Ritzau, Hameln
	41, 42	Hameln-Pyrmont. Ein Heimatbuch des Kreises, 1934, S. 4
	61, 84	Carl C. Katz, New York
	73, 79	Israel Paran, Israel
	73	Gelderblom
	99, 102 (2 mal)	Ruth Keret, Israel
	106 (3 mal)	Dina Friede, Israel
	108, 109 (2 mal)	Hete Conrad, USA
	108	Judith Shmueli, Israel
	109	Hilde de Jong-Löwenstein, Niederlande
	109, 110 (Umschlagbild)	I. Lowenstein, Großbritannien
	110	R. W. Löwenstein, South Africa
	117	I. B., Hess. Oldendorf
	118	Gerda Sagebiel, Bodenwerder

Briefwechsel mit ehemaligen jüdischen Bürgern der Stadt und ihren Angehörigen

- Akte Korrespondenz mit Juden im Stadtarchiv Hameln (u.a. Briefwechsel Sielaff)
- Briefwechsel Bruno Scharf, bei Bruno Scharf, Dokumente
- Briefe im Besitz des Verfassers

Mündliche Interviews

Es wurden insgesamt 23 Interviews geführt, davon
- 7 Interviews mit ehemaligen Hamelner Juden,
- 12 Interviews mit Zeitzeugen aus Hameln und Umgebung sowie
- 4 Interviews mit Kindern aus verfolgten „Mischehen“; sie leben ebenfalls in Hameln.

Archive

Niedersächsisches Hauptstaatsarchiv Hannover
Hann. 87 (Polizeidirektion Hannover, Gestapoakten)
Hann. 174 Springe (Landkreis Springe)
Hann. 174 Neustadt (Landkreis Neustadt)
Hann. 180 Hann. (Regierungspräsident)
Hann. 210 (Oberfinanzpräsident)
Hann. 310 I (NSDAP, Gau Süd-Hannover-Braunschweig)

Stadtarchiv Hameln
Bestand 1 371, 439, 440, 442, 672, 727, 833, 839, 1148, 2489, 2739, 2740, 2741, 2743, 3136, 3137, 3138, „Akte U“, Ordner „Korrespondenz mit Juden“

Stadtverwaltung Hameln
Einwohnermeldeabteilung
Grünflächenamt
Personalamt
Standesamt

außerdem
Beit Theresienstadt, Givat Chaim-Ichud, Israel
Bundesarchiv, Potsdam
The Central Archives for the History of the Jewish People, Jerusalem, Israel
Gemeindearchiv Ottenstein
Internationaler Suchdienst (ITS), Arolsen
Pamatnik Terezin, Terezin, Tschechische Republik
Wirtschaftsarchiv Baden-Württemberg, Stuttgart

Zeitungen

Deister- und Weserzeitung (DWZ)
Hamelnsche Anzeigen zum Besten der Armen
Niedersächsische Tageszeitung (NTZ) Weserbergland
Niedersächsische Volksstimme
Weserecho

Literatur

H. G. Adler, Die verheimlichte Wahrheit. Theresienstädter Dokumente, Tübingen 1958

Ders., Der verwaltete Mensch. Studien zur Deportation der Juden aus Deutschland, Tübingen 1974

Zvi Asaria, Die Juden in Niedersachsen, Leer 1979

Manfred Börsch, Hameln – eine Stadt religiöser Toleranz? DWZ vom 17. 11. 1978

Hubert Brieden, „Die Polizei griff ein ...". Die vergessene Geschichte der Hamelner Arbeiterbewegung, Hannover 1994

Brunsvicensia Judaica. Gedenkbuch für die jüdischen Mitbürger der Stadt Braunschweig 1933–1945 (Braunschweiger Werkstücke Bd. 35), Braunschweig 1966

Marlis Buchholz, Die hannoverschen Judenhäuser. Zur Situation der Juden in der Zeit der Ghettoisierung und Verfolgung 1941 bis 1945, Hildesheim 1987

Dies., Chronologie einer Ausweisung. Zur Rolle der jüdischen Gemeindevertretung bei der Ghettoisierung der hannoverschen Juden, in Marlis Buchholz u.a., Nationalsozialismus und Region (Hannoversche Schriften zur Regional- und Lokalgeschichte Bd. 11), Bielefeld 1996, S. 63–78

Bundesarchiv Koblenz, Opfer der Verfolgung der Juden unter der nationalsozialistischen Gewaltherrschaft in Deutschland 1933–1945. Gedenkbuch, 2 Bände, Frankfurt 1986

Renate Cramer, Wie Hameln zu seiner Synagoge kam, ungedruckter Vortrag in Hameln am 31. 1. 1991

Günther Deschner, Reinhard Heydrich – Technokrat der Sicherheit, in Ronald Smelserund Rainer Zitelmann, Die Braune Elite, Darmstadt 1989

Peter Eilitz, Leben und Werk des königl. hannoverschen Baurats Edwin Oppler, in Hannoversche Geschichtsblätter Neue Folge Band 25, Hannover 1971, S. 127–310

Werner Fölling und Wolfgang Melzer, Gelebte Jugendträume. Jugendbewegung und Kibbutz, Witzenhausen 1989

Führer durch die jüdische Gemeindeverwaltung und Wohlfahrtspflege 1932–1933, Berlin o. J.

Gedenkstätte Ahlem (Hrsg.), Ahlem – Sammelstelle für die Deportationen der Juden in die Konzentrations- und Vernichtungslager 1941–1944 (Faltblatt 5), Hannover 1988

Bernhard Gelderblom, Der jüdische Friedhof in Hameln, Hameln 1988

Ester Golan, Auf Wiedersehen in unserem Land, Düsseldorf 1995

Ulrich Herbert, Von der „Reichskristallnacht" zum „Holocaust". Der 9. November und das Ende des „Radauantisemitismus", in Thomas Hofmann u.a., Pogromnacht und Holocaust, Weimar 1994, S. 58–80

Raul Hilberg, Die Vernichtung der europäischen Juden, Bände 1–3, Frankfurt 1990

Ders., Täter, Opfer, Zuschauer. Die Vernichtung der Juden 1933–1945, Frankfurt 1992

Walther Hofer, Der Nationalsozialismus. Dokumente 1933–1945, Frankfurt 1974

Erik Hoffmann, Jüdische Nachbarn in Hess. Oldendorf 1322–1942 (ungedruckte Examensarbeit), 1995

Friedel Homeyer, Gestern und Heute. Juden im Landkreis Hannover, Hannover 1984

Eberhard Jäckel, Hitlers Herrschaft. Vollzug einer Weltanschauung, Darmstadt 1991

Victor Klemperer, Ich will Zeugnis ablegen bis zum letzten. Band 1, Tagebücher 1933–

1941; Band 2, Tagebücher 1942–1945, Berlin 1995

Kreisausschuß des Kreises Hameln-Pyrmont (Hrsg.), Hameln-Pyrmont. Ein Heimatbuch des Kreises, Magdeburg 1934

D. Kuessner, Die Pogromnacht im Braunschweiger Land, (Arbeiten zur Geschichte der Braunschweigischen ev.-luth. Landeskirche im 19. und 20. Jahrhundert Nr. 6), Büddenstedt-Offleben 1988

Monika Minninger u.a., Antisemitisch Verfolgte, registriert in Bielefeld 1933–1945. Eine Dokumentation jüdischer Einzelschicksale (Bielefelder Beiträge zur Stadt- und Regionalgeschichte 4), Bielefeld 1985

Klaus Mlynek, Gestapo Hannover meldet … . Polizei- und Regierungsberichte für das mittlere und südliche Niedersachsen zwischen 1933 und 1937, Hildesheim 1986

Walter H. Pehle, Der Judenpogrom 1938. Von der „Reichskristallnacht" zum Völkermord, Frankfurt 1988

Reichsbund jüdischer Frontsoldaten (Hrsg.), Die jüdischen Gefallenen des deutschen Heeres, der deutschen Marine und der deutschen Schutztruppen 1914–1918. Ein Gedenkbuch, Mörs 1979 (Nachdruck der Ausgabe von 1932)

Jehuda Reinharz, Dokumente zur Geschichte des deutschen Zionismus 1882–1933, Tübingen 1981

Hubertus Rollfing, Die Machtübernahme durch die Nationalsozialisten in Hameln (Beiträge zur Stadtgeschichte Hameln 1919–1949, Band 2), o.O., o. J.

Ders., Nationalsozialismus in Hameln (Beiträge zur Stadtgeschichte 1919–1949, Band 3), o. O., o. J.

Uta Schäfer-Richter und Jörg Klein, Die jüdischen Bürger im Kreis Göttingen 1933–1945. Göttingen – Hann. Münden – Duderstadt. Ein Gedenkbuch, Göttingen 1993

Bruno Scharf, Das Schicksal der Juden in Hameln in der Zeit des 3. Reiches, Band 1, Darstellung; Band 2, Dokumente (ungedruckte Examensarbeit), 1977

Hans-Peter Schwarz, Die Architektur der Synagoge (Deutsches Architekturmuseum Frankfurt), Stuttgart 1988

Heinrich Spanuth und Rudolf Feige und Fritz Seifert, Geschichte der Stadt Hameln, Hameln 1983

Harry Stein, Juden im Konzentrationslager Buchenwald 1938–1942, in Thomas Hofmann u. a., Pogromnacht und Holocaust, Weimar 1994, S. 81–171

Joseph Walk, Das Sonderrecht für die Juden im NS-Staat. Eine Sammlung der gesetzlichen Maßnahmen und Richtlinien – Inhalt und Bedeutung, Heidelberg 1981

Johann Wittkowsky, Zur Geschichte der Juden in Hameln 1919–1943 (Beiträge zur Stadtgeschichte Hameln 1919–1949, Band 5), o. O., o. J.

Namenregister